新时代的温度

——人民是共和国的坚实根基

李维 著

人民东方出版传媒
東方出版社

目　录

前　言

党的十八大以来，中国特色社会主义进入新时代，以习近平同志为核心的党中央不忘初心、牢记使命，把人民对美好生活的向往作为奋斗目标，牢记全心全意为人民服务的宗旨，坚持以人民为中心的发展思想，坚持人民主体地位，把人民放在心中最高的位置，把实现好、维护好、发展好最广大人民的根本利益作为一切工作的出发点和落脚点，把人民高兴不高兴、满意不满意、答应不答应作为检验一切工作的标准，一切为了人民，一切依靠人民，以“我将无我，不负人民”的精神状态，真心实意为人民谋幸福，一心一意为民族谋复兴，和人民想在一起、干在一起，千方百计保障和改善民生，千方百计为人民谋利益，使中国人民的获得感、幸福感、安全感明显提高。

中国人民从习近平新时代中国特色社会主义思想中，从党的执政思想和执政理念中，从党中央对经济社会发展的总体布局和战略布局中，从党中央的一系列重大决策部署中，从党中央为人民办的千万件实事、好事中，深切感受到了党中央对人民的关注、关心和关爱之情，深切感受到了党中央深深的人民情结、深厚的人民情怀，深切感受到了无时不在的温暖，享受到了日益增长的幸福。

从总书记“人民对美好生活的向往，就是我们的奋斗目标”、“老百姓是天，老百姓是地”、“人民是共和国的坚实根基，人民是我们执政的最大底气”、“千千万万普通人最伟大”这些重要论述中，中国人民感受到了无比的尊严。

从总书记“时代是出卷人，我们是答卷人，人民是阅卷人”、“确保党始终同人民想在一起、干在一起”、“中南海要始终直通人民群众，我们要始终把人民群众放在心中脑中”这些重要论述中，中国人民感受到了党中央就在自己身边。

从总书记“任何时候都不能忘记为了谁、依靠谁、我是谁”、“我们一定要始终与人民心心相印、与人民同甘共苦、与人民团结奋斗”、“坚持‘以百姓心为心’”这些重要论述中，中国人民感受到党中央深深的人民情结、深厚的人民情怀。

从总书记“对困难群众，我们要格外关注、格外关爱、格外关心，千方百计帮助他们排忧解难”、“决不能让困难地区和困难群众掉队”、“决不能让老区群众在全面建成小康社会进程中掉队”这些重要论述中，中国人民感受到了党中央的爱民之心，对困难群众的关注、关心、关爱之情。

从总书记“打铁必须自身硬”、“治国必先治党，治党务必从严”、“把权力关进制度的笼子里”这些重要论述中，中国人民感受到党中央管党治党的清醒自觉。

从总书记“不得罪成百上千的腐败分子，就要得罪十三亿人民”、“坚持以零容忍态度惩治腐败”、“要坚持‘老虎’、‘苍蝇’一起打”、“对腐败分子，发现一个就要坚决查处一个”这些重要论述中，中国人民感受到了党中央反腐败的坚定决心和责任担当。

从总书记“空谈误国，实干兴邦”、“踏石留印、抓铁有痕”、“发扬钉钉子的精神”、“有多大担当才能干多大事业”这些重要论述中，中国人民看到了党中央求真务实、勇于担当的作风。

从总书记“横下一条心纠正‘四风’”、“不正之风离我们越远，群众就会离我们越近”、“下大气力整治发生在老百姓身边的不良行为”这些重要论述中，中国人民看到了党中央纠正“四风”的坚定决心和巨大魄力。

从总书记“中国梦是国家的、民族的，也是每一个中国人的”、“中国梦归根到底是人民的梦，必须紧紧依靠人民来实现，必须不断为人民造福”、“让全体中国人民和中华儿女在实现中华民族伟大复兴的历史进程中共享幸福和荣光”这些重要论述中，中国人民感受到自己和中国梦紧紧连在一起。

从总书记“我始终惦记着困难群众”、“我是人民的勤务员，是为人民服务的”、“我将无我，不负人民。我愿意做到一个‘无我’的状态，为中国的发展奉献自己”这些亲切的话语中，中国人民看到了总书记精准的角色定位、低调务实的品格和忘我无私的精神。

新时代是一个有温度的时代，是一个充满温暖的时代。以习近平同志为核心的党中央始终对人民充满真心、真情，始终让人民感受到温情、温暖，始终让人民感受到开心、幸福，始终让人民憧憬未来和希望，始终团结带领人民为实现“两个一百年”奋斗目标、为实现中华民族伟大复兴的中国梦而奋斗，中国人民感受到了满满的正能量。

新时代有温度，中国人民就有温暖。在一个有温度的时代，人民时时处处感受到温暖，我们党就能把十三亿多人民团结在一起，就能凝聚起中华民族的磅礴力量，就能攻无不克，战无不胜，从胜利走向胜利，在中华民族伟大复兴的道路上阔步前进。新时代的温度给我们温暖，给我们信心，给我们力量。

新时代属于每个人，我们都在努力奔跑，我们都是追梦人。本书将带着你感受新时代的温度，享受一份特别的温暖。

第一章
不忘初心，把人民放在心中最高的位置

第一节　把人民放在心中最高的位置

习近平总书记要求全体共产党员特别是党的领导干部“要坚定理想信念，始终把人民放在心中最高的位置”，这话让十三亿多中国人民感到亲切、温暖，充分体现了我们党对人民的尊重、敬重，充分体现了我们党是全心全意为人民服务的马克思主义执政党。人民在党心中的位置，比珠穆朗玛峰还高；党对人民的情谊，比长江水还长。

始终把人民放在心中最高的位置，这对全体共产党员特别是党的领导干部牢记党的群众路线，践行全心全意为人民服务的宗旨，提出了新的更高的要求。

始终把人民放在心中最高的位置，与党的宗旨一脉相承。民惟邦本，本固邦宁。以民为本，国泰民安。中国人民是伟大的人民，中华民族是伟大的民族。领导干部要时时把人民装在心里，放在心中的最高位置，做人、做事、做官首先想到人民，处处维护人民的根本利益。

一、牢记老百姓是天，老百姓是地，尊重人民的主体地位

有一首名叫《江山》的歌里有这样一句歌词：“老百姓是地，老百姓是天，老百姓是共产党永远的挂念。”这听起来十分亲切感人。

水能载舟，亦能覆舟。这个道理我们必须牢记，任何时候都不能忘却。老百姓是天，老百姓是地。忘记了人民，脱离了人民，我们就会成为无源之水、无本之木，就会一事无成。我们要坚持党的群众路线，始终保持党同人民群众的血肉联系，始终接受人民群众的批评和监督，心中常思百姓疾苦，脑中常谋富民之策，使我们党永远赢得人民群众的信任和拥护，使我们的事业始终拥有不竭的力量源泉。

水能载舟，亦能覆舟。这个“水”，就是老百姓。中国共产党是中国工人阶级的先锋队，同时是中国人民和中华民族的先锋队。我们必须清醒地认识到，中国共产党从成立之日起就来自人民，根植人民，与人民是片刻不可分割的。

老百姓是天，就是说，我们党的头顶上有一片天，那就是老百姓。正因为是老百姓“罩”着我们党，我们党才会不断发展壮大，成为拥有 8900 多万名党员、450 多万个基层党组织，领导着一个拥有十三亿多人口国家的马克思主义政党。老百姓是天，高高在上，我们只能仰视。对老百姓，我们一定要有一种敬畏之情，有一颗敬畏之心。那种凌驾于老百姓之上，目无老百姓，欺

压老百姓，侵害老百姓利益的人，就是典型的“以下犯上”，最终要受到老百姓的惩处。在思改革、谋发展的过程中，我们一定要坚持党的群众路线，深入到群众中去问政于民、问需于民、问计于民，多看“天”色，把老百姓高兴不高兴、满意不满意、答应不答应作为检验一切工作的标准，多做顺民意、得民心的好事、实事，不做违背老百姓意愿、破坏党群关系的事。

老百姓是地，就是说，我们党植根于大地，这个大地就是老百姓。试想：每一个共产党员，有哪一个不是来自老百姓？老百姓是我们党生存的根基、力量的源泉。没有亿万老百姓无私无畏的支持，我们党不可能走到今天。史无前例的中国工农红军长征，二万五千里的长征路，充满了艰难险阻，如果没有老百姓的无私帮助，我们能走得过来吗？著名的淮海战役，如果没有成千上万的老百姓把自己的儿女送去当兵，推着独轮车支援前线，我们能取得决定性的胜利吗？老百姓支撑了我们党的事业发展壮大。对老百姓，我们要始终怀感恩之心、感激之情。

天不可欺，地不可蹂。老百姓就是我们的衣食父母，是我们党的执政之基、力量之源。全心全意为人民服务，是我们党的根本宗旨。我们一定要把人民放在心中最高的位置，把人民对美好生活的向往作为我们的奋斗目标，时时处处想着人民，时时刻刻为了人民，把最广大的人民团结起来，把实现好、维护好、发展好最广大人民的根本利益作为一切工作的出发点和落脚点，努力为人民办实事、办好事，真心赢得群众的信任。只有这样，我们才能不断巩固党的执政基础，不断推动党和人民的事业持续发展。

二、办好中国的事情，既要靠党和政府，也要靠十三亿人民

把人民放在心中最高的位置，要肩负起人民的重托，坚定理想信念。坚定不移地推进中国特色社会主义事业，到2020年实现全面建成小康社会，在新中国成立100周年时建成富强民主文明和谐美丽的社会主义现代化强国，我们党必须向历史、向人民交出一份合格的答卷。

对一个家庭来说，天一亮就有做不完的事情。以前，老百姓喜欢说开门七件事——柴、米、油、盐、酱、醋、茶，少一件都过不好日子。现在，一家人要做的事情可远远不止这些。作为拥有十三亿多人口的世界上最大的发展中国家，中国每天有多少事情要办？怎么把中国的事情办好？这些是我们大家都需要思考的问题。

习近平总书记指出："办好中国的事情，既要靠党和政府，也要靠十三亿人民。"总书记的这一重要论述蕴含深刻的思想，对指导我们做好各项工作具有重要的意义。从总书记朴实的话语中，我们可以看到以习近平同志为核心的党中央全心全意为了人民、相信人民、依靠人民的执政理念和执政方式。

中国人民正在为全面建成小康社会、实现中华民族伟大复兴的中国梦而奋斗。改革已经进入攻坚期和深水区，发展任重道远，责任重大。再大的责任，再多的事情，再难的工作，我们都要一往无前、勇担重任，把中国的事情办好，干好每一天，干好

每一年，干好每一件工作。只有把中国的事情办好，才能持续推动经济平稳健康发展，维护社会和谐稳定，才能不断增强国家的经济实力和综合国力。

办好中国的事情，要靠党和政府。在推进中国特色社会主义伟大事业的进程中，我们必须坚持中国共产党的领导，全方位推进经济建设、政治建设、文化建设、社会建设、生态文明建设和党的建设，每一条战线、每一个领域都有很多工作要做。要在党和政府的坚强领导下，统筹经济社会发展全局，对长远发展目标和近期工作任务进行整体谋划，调动各方面的资源，发挥各方面的积极性，形成攻坚克难、加快发展的合力，不断推进党和人民的事业发展。

办好中国的事情，要靠十三亿多中国人民。人民，只有人民，才是创造世界历史的动力。要把人民放在心中最高的位置，始终坚持党的群众路线，为了人民、相信人民、依靠人民，把各族人民团结起来，把人民的积极性和创造性发挥出来，把人民的力量凝聚起来，心往一处想，劲往一处使，形成办好中国事情的巨大合力。要用共同理想团结人民，用共同目标凝聚人民，用共享成果激励人民，始终与人民心心相印，始终与人民同甘共苦，这样，我们就会有无穷的力量源泉，就能把中国的事情办好。

三、人民是共和国的坚实根基，人民是我们执政的最大底气，千千万万普通人最伟大

党的十八大以来，如果要问习近平总书记使用频率最高的词

是什么，那肯定就是“人民”。习近平总书记深深的爱民情怀、渊源深远的人民情结、甘做人民勤务员的高尚品格，都源自他把人民放在心中最高的位置、全心全意为人民服务的坚定信念和以人民为中心的发展思想。

习近平总书记指出：“人民是共和国的坚实根基，人民是我们执政的最大底气。”我们可以看到人民在总书记心中具有无可替代的位置。

人民是共和国的坚实根基。在2019年新年贺词中，习近平总书记把过去取得的成就归功于人民，深情赞颂中国人民，热情讴歌人民的力量。中国有十三亿多人民。在中国共产党的坚强领导下，正是亿万人民创造了社会主义建设的奇迹，开辟了改革开放的新天地，成就了中国特色社会主义伟大事业，创造了新时代的辉煌。

国家统计局对外发布的改革开放40年经济社会发展成就报告显示，40年来中国经济发生巨变。1978年，中国国内生产总值只有3,679亿元，2017年站上80万亿元的历史新台阶，达到827,122亿元。40年来，中国经济总量跃居世界第二，经济结构实现重大变革，发展的协调性和可持续性明显提高，基础产业和基础设施跨越式发展，供给能力实现从短缺匮乏到丰富充裕的巨大转变，工业生产能力不断提升，交通运输建设成效突出，邮电通信业快速发展，科技创新成果大量涌现，发展新动能快速崛起。

在中国共产党带领下，正是亿万人民撑起了共和国这一大片天，把成立之初一穷二白的中国发展成为世界第二大经济体，中华民族实现从站起来、富起来到强起来的历史性飞跃。

人民是我们执政的最大底气。正是十三亿多人民始终与我们党站在一起，我们党才有了执政的最大底气。中国共产党始终站稳人民立场，坚持以人民为中心，坚持一切为了人民，始终依靠人民，全心全意为人民服务，前仆后继、一心一意为人民谋幸福、为民族谋复兴，除了人民的利益外没有自己的特殊利益。中国共产党执政70年的历程充分证明，人民是我们执政的最大底气。坚定的人民立场，是我们党最大的政治优势。有十三亿多人民和我们站在一起，拥护和支持我们，中国共产党执政就有最大的底气。

人民是共和国的坚实根基，人民是我们执政的最大底气，我们一定要把人民放在心中最高的位置，始终坚持以人民为中心的发展思想，带着一颗感恩的心，千方百计为人民谋幸福，切实保障和改善民生，努力实现好、维护好、发展好最广大人民的根本利益，让人民共享改革发展成果，不断提高人民的获得感、幸福感、安全感，不辜负人民的期望，奋力推进中国特色社会主义伟大事业，为实现“两个一百年”奋斗目标和中华民族伟大复兴的中国梦而奋斗！我们坚信，在习近平新时代中国特色社会主义思想指引下，在以习近平同志为核心的党中央坚强领导下，十三亿多人民一起追梦，亿万人民同奔跑，共同奋进新时代，就一定能在新时代创造让世界刮目相看的新的更大奇迹。

我们一定要深刻认识人民是共和国的坚实根基，人民是我们执政的最大底气；我们一定要看到，千千万万普通人最伟大，对群众要高看一眼。

在海拔3600多米、每年大雪封山半年多的西藏山南市隆子县玉麦乡，有这样一个感人的故事。

藏族老民兵桑杰曲巴放牧守边34年，从未离开过那片土地。在桑杰曲巴的带领下，他的两个女儿卓嘎、央宗姐妹加入了中国共产党。半个多世纪以来，父女两代人以放牧为生，默默守护着祖国数千平方公里的国土。桑杰曲巴经常对卓嘎和央宗说："如果我们走了，这块国土上就没有人了！"这句话，两个女儿记了一辈子。他们知道，守护土地，就是守护国家。

一个父亲，两个女儿。一栋房子，既是乡政府，也是他们的家。1964年至1996年，桑杰曲巴家是这片土地上仅有的一户人家。在桑杰曲巴的影响下，卓嘎、央宗姐妹始终坚定"家是玉麦，国是中国，放牧守边是职责"的信念，几十年如一日，守护着祖国的领土，谱写了爱国守边的动人故事和时代赞歌。

桑杰曲巴一家两代人几十年爱国守边疆，只是千千万万普通人的缩影。

习近平总书记在2018年新年贺词中称赞"千千万万普通人最伟大"，让十三亿多中国人民感到无比温暖。中国人民勤劳善良、真诚朴实，为实现"两个一百年"奋斗目标和中华民族伟大复兴的中国梦，为了国家富强、民族振兴，为了推动经济社会持续健康发展，再苦再累也无怨无悔，有总书记这一句充满温度、充分赞美的话，就心满意足、心里踏实。"千千万万普通人最伟大"，透出的是总书记深深的人民情结、强烈的人民情怀，透出的是总书记对千千万万普通人的关注、关心、关爱之情，彰显的是总书记把人民放在心中最高的位置、始终坚持以人民为中心的发展思想。

千千万万普通人，代表的是最广大的人民群众。在以习近平同志为核心的党中央坚强领导下，正是千千万万普通人立足岗位辛勤工作、坚定自信不懈奋斗，2017 年我们开启了全面建设社会主义现代化国家的新征程，不断实现新跨越，创造新辉煌。2017 年，我国国内生产总值迈上 80 万亿元的台阶，经济总量稳居世界第二位，各项民生事业加快发展，生态环境逐步改善，人民群众有了更多获得感、幸福感、安全感。这些成就，凝聚了千千万万普通人的汗水和智慧！

在 2018 年新年贺词中，习近平总书记为中国人民迸发出来的创造伟力喝彩：“科技创新、重大工程建设捷报频传。‘慧眼’卫星遨游太空，C919 大型客机飞上蓝天，量子计算机研制成功，海水稻进行测产，首艘国产航母下水，‘海翼’号深海滑翔机完成深海观测，首次海域可燃冰试采成功……”这些科技创新、重大工程建设成就，凝聚了广大科技工作者、千千万万普通人的智慧！

在 2018 年新年贺词中，我们可以看到，习近平总书记把普通人惦记在心：“2017 年，我又收到很多群众来信，其中有西藏隆子县玉麦乡的乡亲们，有内蒙古苏尼特右旗乌兰牧骑的队员们，有西安交大西迁的老教授，也有南开大学新入伍的大学生，他们的故事让我深受感动。”总书记惦记的这些普通人，是千千万万普通人的代表，他们把对党的忠诚、对国家的热爱、对事业的执着、对人民的真情，融入到普普通通的工作、学习、生活中，他们为党和人民的事业作出了贡献！

千千万万普通人就是党的执政根基，就是党的力量源泉。我们要始终坚持以人民为中心的发展思想，始终把老百姓放在心中最高的位置，任何时候都不要忘记人民群众的历史性贡献，让人民共享改革发展成果，不断保障和改善民生，努力让人民生活得更加幸福。

四、不忘初心，继续前进，做好新时代的答卷人

习近平总书记在庆祝中国共产党成立95周年大会上的重要讲话中指出："面向未来，面对挑战，全党同志一定要不忘初心、继续前进。"习近平总书记在讲话中10次讲到了"不忘初心、继续前进"，并深刻阐述必须牢牢把握的八个方面要求，为全党在新的历史起点上做好党和国家各项工作，指明了前进方向，明确了行动指南。

不忘初心，就是不忘根本，不能忘记我们从哪里来。中国共产党的"初心"，就是自建党之初就树立的责任担当、奋斗目标、进取精神和赤子之心。中国共产党的"初心"，就是中国共产党人的"本"和"魂"，忘记意味着忘本，忘本意味着背叛。中国共产党人的初心，就是为人民谋幸福，为民族谋复兴。本固党兴，本固邦宁。不忘初心，就是不忘党的本质属性，不忘党的根本，不忘党为什么出发，不忘党走过的历史，不忘党不断取得新

胜利的成功经验。

继续前进，就是不能忘记我们要到哪里去，就是要努力推进党和人民的事业不断取得新突破，实现新发展，完成阶段性任务，努力实现长远奋斗目标。面对挑战，时代期待中国共产党人新的出发，8900多万名党员必须不忘初心、继续前进，不断开创中国特色社会主义事业新境界，努力实现“两个一百年”奋斗目标，为实现中华民族伟大复兴的中国梦而奋斗，向历史、向人民交出新的更加优异的答卷。

坚持不忘初心、继续前进，从历史走向未来，从胜利走向胜利，我们要认真贯彻落实习近平总书记的要求，坚持马克思主义的指导地位，坚持把马克思主义基本原理同当代中国实际和时代特点紧密结合起来，推进理论创新、实践创新，不断把马克思主义中国化推向前进；牢记我们党从成立起就把为共产主义奋斗确定为自己的纲领，坚定共产主义远大理想和中国特色社会主义共同理想，不断把为崇高理想奋斗的伟大实践推向前进；坚持中国特色社会主义道路自信、理论自信、制度自信、文化自信，坚持党的基本路线不动摇，不断把中国特色社会主义伟大事业推向前进；统筹推进“五位一体”总体布局，协调推进“四个全面”战略布局，全力推进全面建成小康社会进程，不断把实现“两个一百年”奋斗目标推向前进；坚定不移高举改革开放旗帜，勇于全面深化改革，进一步解放思想、解放和发展社会生产力、解放和增强社会活力，不断把改革开放推向前进；坚信党的根基在人民、党的力量在人民，坚持一切为了人民、一切依靠人民，充分发挥广大人民群众的积极性、主动性、创造性，不断把为人民造福事业推向前进；始终不渝走和平发展道路，始终不渝奉行互利共赢的开放战略，加强同各国的友好往来，同各国人民一道，不断把人类和平与发展的崇高事业推向前进；保持党的先进性和纯洁性，着力提高执政能力和领导水平，着力增强抵御风险和拒腐防变能力，不断把党的建设新的伟大工程推向前进。

不忘初心，牢记使命，就要正确处理好出卷人、答卷人和阅卷人的关系，做好新时代的答卷人。

习近平总书记深刻指出："时代是出卷人，我们是答卷人，人民是阅卷人。"这一精辟论述，通过一份共同的"试卷"，把时代、党和人民紧紧地连在一起，有机统一于中国共产党团结带领人民实现中华民族伟大复兴的伟大事业中，令人耳目一新，发人深省。

时代是出卷人，要求正确把握时代脉搏，找准时代新方位。时代不断给中国共产党人推出一份份必答的考卷。不同的时代面临着不同的困难、矛盾和问题，有不一样的问卷。如何坚持和发展中国特色社会主义？如何实现中华民族的伟大复兴？这就是时代给出的大问卷。党的十九大作出了"中国特色社会主义进入了新时代"的重大判断，深刻阐明了中国共产党的初心和使命就是为中国人民谋幸福，为中华民族谋复兴，系统阐述了习近平新时代中国特色社会主义思想和基本方略。中国特色社会主义新时代，是承前启后、继往开来、在新的历史条件下继续夺取中国特色社会主义伟大胜利的时代，是决胜全面建成小康社会、进而全面建设社会主义现代化强国的时代，是全国各族人民团结奋斗、不断创造美好生活、逐步实现全体人民共同富裕的时代，是全体中华儿女勠力同心、奋力实现中华民族伟大复兴的中国梦的时代。

问题是时代的声音。进入新时代，我国社会的主要矛盾已经转化为人民日益增长的美好生活需要和不平衡不充分的发展之间的矛盾。如何化解这一主要矛盾？如何实现人民日益增长的美好生活需要？如何破解不平衡不充分的发展？如何解决前进道路上的一系列问题？如何谱写中国特色社会主义事业新篇章？如何持续推进中华民族伟大复兴的中国梦进程？如何坚持和发展中国特色社会主义？等等。这些都是时代交给我们的新问卷，都是必答题，没有选择题。新时代的新形势、新任务、新机遇、新挑战，要求我们正视每一个新课题，认真回答好每一道题。

我们是答卷人，要求中国共产党人引领时代发展，不辜负新时代。中国共产党人是时代试卷的答卷人，是回答时代之问的人。中国共产党自从诞生之日起，就勇立时代潮头，在破解时代难题中推动时代发展，为中国人民谋幸福，为中华民族谋复兴，得到最广大人民的支持和信任。完成新时代的任务和使命，必须坚持用习近平新时代中国特色社会主义思想武装头脑、指导实践、推动工作，这是回答好时代问卷的重要法宝，是我们解答时代之问的一把金钥匙。实现“两个一百年”奋斗目标，我们必须把党建设成为始终走在时代前列、人民衷心拥护、勇于自我革命、经得起各种风浪考验、朝气蓬勃的马克思主义执政党。中国共产党人作为答卷人，既要准确把握时代要求，又要遵循历史发展规律，既要充分发挥主观能动性，又要调动人民创造性，形成推动时代发展的合力。我们要坚定前进的目标，坚持问题导向，突出主攻方向，解决主要矛盾，把时代之问回答好，把时代难题破解好，不断推进党和国家事业发展，不断开创中国特色社会主义事业新局面，向着实现中华民族伟大复兴的宏伟目标前进。

人民是阅卷人，要求始终坚持以人民为中心。来自人民、根植人民、依靠人民、服务人民是中国共产党区别于其他政党的显著标志。人民是历史的创造者，也是历史的参与者、见证者，是最公正的阅卷人和最终评判人。人民是中国共产党人回答时代之问、评判答卷的最终阅卷人。把人民作为阅卷人，充分体现了习近平总书记强烈的群众观点和对人民的厚爱之情。习近平总书记指出："检验我们一切工作的成效，最终都要看人民是否真正得到了实惠，人民生活是否真正得到了改善，这是坚持立党为公、执政为民的本质要求，是党和人民事业不断发展的重要保证。"中国共产党人能顺应时代要求，回应人民心声，破解时代难题，推动时代发展，完成时代使命，促进民族复兴，人民看在眼里、喜在心头，就会在答卷上给出高分。这就需要我们坚持以人民为中心，把人民高兴不高兴、满意不满意、答应不答应作为检验一切工作的标准，努力实现好、维护好、发展好最广大人民的根本利益，努力交上一份人民满意的答卷。

五、坚持一切为了人民，不断增强人民的获得感、幸福感、安全感

习近平总书记指出："我们要牢记人民对美好生活的向往就是我们的奋斗目标，坚持以人民为中心的发展思想，努力抓好保障和改善民生各项工作，不断增强人民的获得感、幸福感、安全感，不断推进全体人民共同富裕。"

获得感、幸福感、安全感，被称为"民生三感"，是建立在物质生活与精神生活达到相应程度基础上的心理感受。不断增强人民的获得感、幸福感、安全感，顺应了人民对美好生活的向往，是新时代民生目标的升华。获得感、幸福感、安全感，相互联系，互为支撑，统一于民生质量之中。获得感是基础，幸福感是关键，安全感是保障，幸福感和安全感是获得感的表现形式。

获得感是人民群众在日常劳动以及共享国家改革发展成果中提高物质文化生活质量的突出感受，包括增加收入、提高福利、改善就业和住房状况等，是改革发展成果惠及全体人民的具体体现。在物质层面，人民群众住房有改善、收入有增加，能共享优质教育、有病看得起、养老有保障，在精神层面，群众有梦想、有追求，能够享有公平正义，活得更有尊严、更体面，都反映群众的获得感。

幸福感是人民在自身需求得到满足的条件下产生的快乐情感和乐观心态，如工作尊严、生活体面等。提高群众的幸福指数，群众的幸福感就会增强。幸福感是经济社会发展状况的"风向

标”，群众的幸福感高，对社会的认可度就高。党的十八大以来，随着改善民生向纵深推进，群众的生活水平不断提升，数千万贫困群众脱贫，人民的幸福感显著增强。但是，一系列新老民生问题仍然影响人民的幸福感，这就需要我们正视问题，认真解决教育、就业、医疗、养老等领域的具体问题，不断提高人民的幸福指数。

安全感是渴望稳定、安全的心理需求。具有稳定预期，拥有稳定又有质量的就业、健全的社会保障体系，社会公平正义得到有力维护，没有后顾之忧，安全感就强。要在收入、福利、身体健康、情感体验等方面切实让人民有获得感，人民才会在幸福中享受生活，并转化为推动社会改革进步的强大动力。要通过阳光司法、公正司法来切实维护公平正义，让人民群众的权益得到充分保障。要通过建设诚信社会，让守信者获益，让失信者付出代价，形成诚实守信的社会氛围，增强社会安全感。

进一步提升人民的获得感、幸福感与安全感，还需要顺应人民群众日益增长的美好生活需要，在补齐民生短板、保障困难群体生活与发展上持续努力。我们应该看到，人民的获得感、幸福感、安全感还需要全社会共同努力，人人参与、人人尽责、奋发向上，在共同创造中承担起应该有的责任，在实现共同理想和远大理想中获得成就感。这就需要人民群众发挥主观能动性，培育健康向上的社会心态，更好地实现社会融合发展，促进社会和谐。

党的十九大报告指出，完善公共服务体系，保障群众基本生活，不断满足人民日益增长的美好生活需要，不断促进社会公平正义，形成有效的社会治理、良好的社会秩序，使人民获得感、幸福感、安全感更加充实、更有保障、更可持续。这就为增强人民的获得感、幸福感、安全感提出了更高的要求，明确了新的目标。

六、把人民放在心中最高的位置，为人民掌好权、用好权

每一个领导干部手中都掌握着党和人民赋予的权力。如何正确对待权力？如何正确行使权力？这是领导干部必须正确面对、必须作出回答的问题。

领导干部要坚持权为民所用、情为民所系、利为民所谋，为人民掌好权、用好权，把群众的安危冷暖放在心上，全心全意为人民谋幸福，实现好、维护好、发展好最广大人民的根本利益。

习近平总书记要求领导干部“必须始终牢记宗旨、牢记责任，自觉把权力行使的过程作为为人民服务的过程，自觉接受人民监督，做到为民用权、公正用权、依法用权、廉洁用权”。

权力这把双刃剑握在手上，用得好就可以更好地为党工作、为民造福，用不好就会损害党和人民的利益，伤了组织、毁了自己。那些走上违法犯罪道路的领导干部，无一例外都是滥用权力，最终走上了一条不归路。习近平总书记要求领导干部做到“为民用权、公正用权、依法用权、廉洁用权”。短短十六个字，教会了领导干部要为谁用权，怎样用权。

在现实生活中，我们不难看到这样的情况：有的领导干部一拿到任职通知，脸就变了，心态就变了，头就抬高了，就感到大权在握了，就淡忘了权力是党和人民赋予的。这是非常危险的，从一开始就进入了一个很大的误区。

要树立正确的权力观。必须坚持立党为公、执政为民，牢记权为民所赋，权力来自人民。要清醒地认识到，权力是一份职责、一种担当，权力越大，责任越大，必须以对党和国家高度负责的精神，为人民行使好权力。

要为民用权。必须牢记权为民所赋、权为民所用，领导干部手中的权力是用来为党和国家工作、为人民服务的。要在履行职责的过程中为人民服务，为人民谋利益，努力实现好、维护好、发展好最广大人民的根本利益，推动党的事业发展。

要为人民谋幸福。不能为自己、为少数人用权，谋取私利。要公正用权，维护社会公平正义，领导干部肩负重任。领导干部手中的权力，是人民的权力，不是个人的权力。在行使权力的过程中，一定要出于公心、事业为重，公正用权、秉公用权，一切都是为人民谋幸福。

要依法用权。在法治社会，权没有法大，任何领导干部都不能游离于法律之外，更不能超越法律行使权力。要自觉遵守党纪党规、国家法律法规，自觉把权力关进制度的笼子里。要自觉接受法律和人民的监督，不让权力偏离法律轨道。

要廉洁用权。廉洁从政是对领导干部的基本要求。廉洁从政，就要廉洁用权。只有廉洁用权，才能为人民掌好权、用好权。领导干部手中的权力朝着一个正确方向运行，党就放心，人民就满意，事业就发展。

领导干部用好党和人民赋予的权力，要坚持以人为本、关注民生，多谋民生之利，多解民生之忧，解决好人民群众最关心、最直接、最现实的利益问题，让广大人民群众学有所教、劳有所得、病有所医、老有所养、住有所居，共享改革发展成果，让人民群众的生活越过越好，如芝麻开花节节高。

第二节　始终坚持人民立场

立场是人类观察事物和处理问题时所站的价值原点。人民立场是中国共产党的根本政治立场，是马克思主义政党区别于其他政党的显著标志。人民立场是一个根本性的问题，关系到党的政治命运和存在价值，我们一定要始终坚持，不可动摇。坚持人民立场，就要一切为了党和人民的利益，一切为了人民的幸福。

一、牢记人民对美好生活的向往，就是我们的奋斗目标，永远不脱离群众

向往是一棵屹立在远方的常青树，四季常绿，春华秋实。一个人，只要有向往，心中就会多一分纯净，多一种淡定从容；就会多一束阳光，时时感受到温暖；就会多一分希望，对未来充满信心。有向往就有希望，有向往就有力量。一个对美好生活有向往的人，心中就多一点温度、多一种热度，就是有信心的人、有力量的人。

习近平总书记在十八届中共中央政治局常委同中外记者见面

时指出："人民对美好生活的向往，就是我们的奋斗目标。"

人民对美好生活有向往，说明我们的人民是有追求的、有理想的、有期待的。人民对衣、食、住、行，对工作、收入、教育、医疗、养老，对安全、环境有更高的追求，需要我们更加努力。人民对美好生活有向往，说明人民信任我们党、依靠我们党，我们要把这种信任化为动力，团结带领全党全国各族人民，继续解放思想，坚持改革开放，不断解放和发展社会生产力，努力解决群众的生产生活困难，坚定不移走共同富裕的道路，让人民天天都过好日子。

"人民对美好生活的向往，就是我们的奋斗目标"，一句充满深情的话语，一下子拉近了党和人民的距离。党中央领导集体的心中有人民，让十三亿多中国人民心里感到温暖。把人民的向往变成现实，让人民群众过上美好生活，脸上时常绽放笑容，能够轻松愉快地歌唱，让人民群众对我们党更有信心，加强党和人民的血肉联系，就是我们的努力方向。

全心全意为人民服务，是我们党的根本宗旨。人民群众是我们党的立党之本、执政之基、力量之源。人民群众永远是我们党的服务对象。我们要把人民放在心中最高的位置，始终与人民一条心，与人民站在一起，与人民坐在一条凳子上，与人民同呼吸、共命运、心连心，想人民所想，急人民所急，解人民所困，解人民所难，高度关注人民群众的生产生活，努力实现好、维护好、发展好最广大人民的根本利益。

我们要把人民对美好生活的向往，作为我们的奋斗目标，作为我们的现实责任和长远追求，凝心聚力促进经济持续健康发展和社会和谐稳定，心无旁骛地奋斗，奉献、奉献、再奉献，让人民对美好生活的向往不断变成现实，让人民深切感受到中国共产党的真心实意。

坚持人民立场，就要努力实现最广大人民的根本利益。从总体上和长远来看，我们党的利益与最广大人民的根本利益是一致的，中国共产党除了人民的利益，没有自己的特殊利益。坚持人民立场，要把人民放在心中最高位置，坚持全心全意为人民服务的根本宗旨，努力实现好、维护好、发展好最广大人民的根本利益，把人民高兴不高兴、满意不满意、答应不答应作为衡量一切工作得失的根本标准。

坚持人民立场，就要为人民创造幸福生活。人民对美好生活的向往，就是我们的奋斗目标。作为中国特色社会主义事业的坚强领导核心，我们党要顺应人民群众对美好生活的向往，坚持以人民为中心的发展思想，以保障和改善民生为重点，发展各项社会事业，加大收入分配调节力度，打赢脱贫攻坚战，保障人民平等参与、平等发展的权利，使改革发展成果更多更公平惠及全体人民，朝着实现全体人民共同富裕的目标稳步迈进，不断增加人民的获得感，提高人民的幸福指数，让人民充分感受到中国共产党一心为人民谋幸福。

中国共产党是马克思主义政党，在拥有十三亿多人口的中国执政，面临着深化改革、扩大开放、加快发展的繁重任务，肩负着实现国家富强、民族振兴、人民幸福的重任，使命光荣、任务艰巨、任重道远。党与人民风雨同舟、生死与共，始终保持党与人民群众的血肉联系，是党战胜一切困难和风险的根本保证。

中国共产党人靠什么来支撑？靠坚定的信仰！靠什么力量来支持？靠中国人民！习近平总书记指出："只要我们永不动摇信仰、永不脱离群众，我们就能无往而不胜。"

崇高信仰始终是我们党的强大精神支柱，人民群众始终是我们党的坚实执政基础。永不动摇信仰、永不脱离群众，给了我们战胜困难、夺取胜利的信心和力量。中国共产党有坚定的信仰，党的旗帜上永远写着为实现共产主义而奋斗，永远写着坚持马克思列宁主义，永远写着坚持和发展中国特色社会主义。我们党高举中国特色社会主义伟大旗帜，是有理想、有信仰、有追求的马克思主义执政党。在当代，我们要坚定共产主义理想，坚定中国特色社会主义信念，坚定中华民族伟大复兴的中国梦共同理想，努力实现全面建成小康社会，建设社会主义现代化强国，不断开创中国特色社会主义伟大事业新局面。

要实现党的奋斗目标，关键是我们党永远不动摇信仰，要坚定信念、坚定不移，认准目标、毫不动摇，胸怀梦想、勇往直前，遇到困难就攻坚克难，遇到风险就化解风险，遇到问题就解决问题，努力完成各个阶段的任务，不断把中国特色社会主义事业推向前进。我们党要永远不脱离群众，始终坚持立党为公、执政为民，全心全意为人民服务，始终与人民群众保持血肉联系，把人民对美好生活的向往，作为我们的奋斗目标，努力实现好、维护好、发展好最广大人民的根本利益。

只要我们永不动摇信仰，我们就不会偏离方向，就会有坚持不懈的信心；只要我们永不脱离群众，我们就能得到人民的支持，就有无穷的力量，就能肩负国家、民族和人民的重托，无往而不胜，不断开创中国特色社会主义事业新局面，在新时代创造新业绩。

二、充分认识方向决定道路，道路决定命运，始终坚持党的基本路线

改革开放以来，我们始终坚持党的基本路线，把党的基本路线作为党和国家的生命线，始终坚持以经济建设为中心，坚持四项基本原则，坚持改革开放，把一个中心、两个基本点统一于中国特色社会主义的伟大实践，既不走封闭僵化的老路，也不走改旗易帜的邪路。

习近平总书记指出："面向未来，我们必须坚持走自己的路。方向决定道路，道路决定命运。我们自己的路，就是中国特色社会主义道路。"

方向决定道路。没有改革开放，就没有中国的今天，也就没有中国的明天。改革开放是决定当代中国命运的关键抉择，是建设中国特色社会主义的活力之源，是全面建成小康社会，建设社会主义现代化国家，实现中华民族伟大复兴的必然要求。坚持改革开放是我们坚定不移的方向，任何时候都不能动摇。坚持改革开放的方向，决定了必须坚持中国特色社会主义道路，改革开放必须始终走在中国特色社会主义道路上。

道路决定命运。道路问题是关系党的事业兴衰成败第一位的问题，道路就是党的生命。中国道路就是中国特色社会主义道路，是实现国家富强、民族振兴、人民幸福的政治前提、基本条件、总体方向。中国特色社会主义是科学社会主义理论逻辑和中国社会发展历史逻辑的辩证统一，是根植于中国大地、反映中国人民意愿、适应中国和时代发展进步要求的科学社会主义，是全面建成小康社会、加快推进社会主义现代化、实现中华民族伟大复兴的必由之路。

路径选择很重要，没有正确的道路，再美好的愿景、再伟大的梦想，都是不可能实现的。坚持中国特色社会主义道路就是党的生命，决定党、国家、民族和人民的命运。中国人民一定要坚定中国特色社会主义道路自信、理论自信、制度自信、文化自信，在自己选择的道路上实现自己的梦想。

坚持改革开放的发展方向，坚持中国特色社会主义道路，既不走封闭僵化的老路，也不走改旗易帜的邪路。封闭僵化的老路是一条死路，只会让国家和民族积贫积弱，陷入被动挨打的落后状态；改旗易帜的邪路是一条绝路，只会葬送中国改革发展的美好前程。中国特色社会主义道路是一条被实践证明、被人民欢迎的成功之路，代表了当代中国发展进步的根本方向，是实现中华民族伟大复兴的必由之路，我们必须坚定不移地走下去。

党在社会主义初级阶段的基本路线，是在党的第十三次全国代表大会上确定的。实践已经充分证明，我们长期坚持党的基本路线，实现了经济持续快速发展，人民生活不断改善，综合国力大幅度提升，我国已经成为世界第二大经济体。我国能够实现经济发展、国家富强、人民幸福、社会和谐稳定，正是因为我们党坚定不移地坚持党的基本路线。

邓小平同志曾经语重心长地告诫我们："基本路线要管一百年，动摇不得。只有坚持这条路线，人民才会相信你，拥护你。谁要改变三中全会以来的路线、方针、政策，老百姓不答应，谁就会被打倒。"习近平总书记明确提出"党的基本路线是国家的生命线、人民的幸福线"，充分反映了全党全国人民的共同愿望。

党的基本路线是国家的生命线。党的基本路线为什么有强大的生命力？为什么得到全国人民的衷心拥护？因为它抓住了我们党治国理政必须解决的主要矛盾、根本问题，明确了工作重点和发展目标。坚持以经济建设为中心，我们就抓住了全部工作的"一个中心"，发展是硬道理，发展是党执政兴国的第一要务，是解决中国所有问题的关键，凝心聚力发展经济，是我们一切工作的重中之重。坚持四项基本原则，坚持改革开放，是我们必须牢牢把握的"两个基本点"。坚持四项基本原则是我们的立国之本，关系到我国经济社会发展的旗帜方向；坚持改革开放是强国之路，关系到我国经济社会发展的动力活力。所以，党的基本路线是我们国家的生命线，任何时候都不能有丝毫动摇。

党的基本路线是人民的幸福线。党的基本路线凝聚着我们党对基本国情、战略目标、发展动力、领导力量和依靠力量的认识，符合中国的国情和最广大人民的根本利益，从根本上改变了中国人民和中华民族的前途命运，关乎党的命脉，关乎国家前途、民族命运、人民幸福。坚持以经济建设为中心，把经济建设搞好，就能不断推进国强民富，奠定坚实的物质基础，不断增加人民的获得感，不断提高人民的幸福指数；坚持四项基本原则，是全党和全国各族人民团结、稳定、发展、进步的最重要政治基础，就能为实现人民幸福提供政治保障；坚持改革开放，在开放中与世界实现共享发展，就能为实现人民幸福注入推动力量。

我国仍处于并将长期处于社会主义初级阶段的基本国情没有变，我国是世界上最大发展中国家的国际地位没有变。中国特色社会主义进入新时代，我国社会主要矛盾已经转化为人民日益增长的美好生活需要和不平衡不充分的发展之间的矛盾。坚持党在社会主义初级阶段的基本路线，就是坚持国家的生命线和人民的幸福线，一定要旗帜鲜明，任何时候都不能有丝毫动摇。

三、坚持和发展中国特色社会主义，决不能在根本性问题上出现颠覆性错误

中国特色社会主义理论体系，包括邓小平理论、“三个代表”重要思想、科学发展观、习近平新时代中国特色社会主义思想，同马克思列宁主义、毛泽东思想是坚持、发展和继承、创新的关系。习近平新时代中国特色社会主义思想是马克思主义中国化的最新成果，是党和人民实践经验和集体智慧的结晶。中国特色社会主义理论体系的形成，凝结了几代中国共产党人带领人民不懈探索实践社会主义的心血，是全党、全国各族人民集体智慧的重要理论成果。

习近平总书记指出："坚持和发展中国特色社会主义是一篇大文章。"这篇大文章气势恢宏、构思宏大，主题鲜明、目标明确，思路清晰、重点突出。新中国成立以后，特别是改革开放以来，这篇文章已经有了很好的开头，已经写下了很多精彩的篇章。邓小平同志为它确定了基本思路和基本原则，以江泽民同志为核心的党的第三代中央领导集体、以胡锦涛同志为总书记的党中央在这篇大文章中都写下了精彩的篇章。在中国特色社会主义新时代，我们这一代共产党人要继续把这篇大文章写下去，写得更精彩。

高举中国特色社会主义伟大旗帜，坚定中国特色社会主义道路自信、理论自信、制度自信、文化自信，对于全面建成小康社会，建设社会主义现代化强国，实现中华民族的伟大复兴，具有重大的现实意义和深远的历史意义。我们这一代共产党人，要继续把这篇大文章写下去，要有一种责任、一份担当，肩负起时代和人民赋予的责任，用真心、动真情、出真力把中国特色社会主义这篇大文章写好。

要写好这篇大文章，一定要坚持正确方向。要坚持中国特色社会主义，坚持马克思主义基本原理和科学社会主义基本原则，把马克思主义普遍原理与中国实际结合起来，做到既不走封闭僵化的老路，也不走改旗易帜的邪路，始终走在中国特色社会主义道路上。

要写好这篇大文章，一定要坚持改革创新。马克思主义是不断发展的科学理论，马克思主义只有在实践中发展，才能始终保持旺盛的生命力。我们党始终具有高度的实践自觉与理论自觉，通过总结社会主义实践，不断开辟新的发展道路，进入新的理论境界。坚定中国特色社会主义道路自信、理论自信、制度自信、文化自信，要坚持发展的观点，坚持解放思想、实事求是、与时俱进，在社会主义现代化建设的实践中不断总结经验，创新理论成果，不断坚持和发展中国特色社会主义。

党的十一届三中全会以来，我们坚持党在社会主义初级阶段的基本路线，极大地解放和发展社会生产力，使中国特色社会主义制度不断完善和发展，中国特色社会主义焕发出强大生机活力。

中国是一个拥有十三亿多人口的大国，是世界第二大经济体，是世界上最大的发展中国家。中国的发展关系到世界的发展。习近平总书记指出："中国是一个大国，决不能在根本性问题上出现颠覆性错误，一旦出现就无法挽回、无法弥补。"这就告诫我们，必须坚定不移走中国特色社会主义道路，坚持改革开放的正确方向，不断推进中国特色社会主义制度自我完善和发展。在前进的道路上，胆子要大，步子要稳，既要敢于啃硬骨头，敢于涉险滩，敢于向积存多年的顽症痼疾开刀，又要切实做到改革不停顿、开放不止步，始终坚持改革开放的正确方向。

我国改革开放取得巨大成功，根本原因就是坚持把党的基本路线作为党和国家的生命线，坚持把以经济建设为中心同四项基本原则、改革开放这两个基本点统一起来，既不走封闭僵化的老路，也不走改旗易帜的邪路。中国在根本性问题上，不能出现颠覆性错误，一旦出现就会给党和国家带来灾难，葬送党和人民的事业。

改革开放是决定当代中国命运的关键一招。我国的改革开放必须坚持正确方向，这就是中国特色社会主义道路。我国的改革开放必须在党的领导下，在坚持中国特色社会主义道路的前提下进行，积极稳妥推进经济体制、政治体制、文化体制、社会体制、生态文明体制和党的建设制度改革，解放和发展社会生产力，促进现代化建设各个环节、各个方面相协调，促进生产关系与生产力、上层建筑与经济基础相协调。

我们要认真落实习近平总书记的重要指示，坚持改革开放的正确方向，始终坚定中国特色社会主义道路自信、理论自信、制度自信、文化自信。在改革开放再出发的进程中，既大胆探索，敢于创新，勇于开拓，又稳妥审慎，深思熟虑，三思而行，把改革开放的路走稳当、走扎实。

四、坚定不移走好走稳自己的路，始终同人民想在一起、干在一起

党的十八届三中全会作出全面深化改革的战略部署后，改革大潮潮起潮涌、势头强劲，改革蹄疾步稳、扎实推进。在以习近平同志为核心的党中央的坚强领导下，财税体制改革、户籍制度改革、司法体制改革、农村土地改革等一些重要领域和关键环节的改革深入推进。党的十八大以来，中国推出 1600 多项改革方案，一批重要领域和关键环节的改革取得突破性进展。全面深化

改革，为中国发展注入了强大动力。

在全面深化改革的关键时候，习近平总书记要求我们“坚定不移走好走稳自己的路”，具有很强的针对性和重大的现实指导意义，我们一定要认真领会，深入把握。

坚定不移走好走稳自己的路，要正确认识“走好”和“走稳”的关系。“走好”是总方向和总目标，要求坚持正确方向，朝着既定的目标前进，不断推进中国特色社会主义伟大事业；“走稳”是基础和保障，要求稳中求进，稳扎稳打，步步为营，不折腾、不反复。只有做到既走好又走稳，才能完成全面建成小康社会、全面深化改革、全面依法治国、全面从严治党的战略部署，实现各项任务目标。

坚定不移走好走稳自己的路，要保持政治定力，坚守政治原则。道路问题是党的生命。要始终高举中国特色社会主义伟大旗帜，坚定中国特色社会主义道路自信、理论自信、制度自信、文化自信，既不能因循守旧、墨守成规，走封闭僵化的老路，也不能罔顾国情、东施效颦，走改旗易帜的邪路，让改革发展始终走在中国特色社会主义道路上。只有这样，我们的路才能越走越正，越走越远。

坚定不移走好走稳自己的路，要把握全面深化改革的总方向。完善和发展中国特色社会主义制度、推进国家治理体系和治理能力现代化，是全面深化改革的总目标。改革是社会主义制度的自我完善和发展，不是推倒重来、另起炉灶，必须坚持中国特色社会主义；改进和完善国家治理体系，推进国家治理能力现代化，要在中国特色社会主义的框架内，怎么改、怎么完善，我们要有主张、有定力，不能全盘西化，犯颠覆性错误。

坚定不移走好走稳自己的路，前面的路就会越来越宽广，我们就能得到最广大人民的支持，经受住各种考验和挑战，战胜前进道路上的各种困难，在经济新常态下实现经济社会持续健康发展。

党的十八大以来，中国特色社会主义进入新时代。新的历史方位赋予我们新的历史使命。伟大的事业必须有坚强的党来领导，中国共产党是中国特色社会主义事业的坚强领导核心，必须把我们党建设好、建设强。

习近平总书记要求“确保党始终同人民想在一起、干在一起”，彰显了我们党一刻也不脱离人民群众的鲜明态度。这是对全党提出的要求，也给人民带来了温暖和信心。党始终同人民想在一起，就有共同的目标和方向；党始终同人民干在一起，就能形成实现梦想的巨大力量。只要我们党始终同人民想在一起、干在一起，党团结带领人民进行伟大斗争、建设伟大工程、推进伟大事业、实现伟大梦想，就有了坚不可摧的阶级基础和群众基础，就有了源源不断的力量支撑。

始终同人民想在一起。人民是历史的创造者，是决定党和国家前途命运的根本力量。带领人民创造美好生活，是我们党始终不渝的奋斗目标。同人民想在一起，必须坚持人民主体地位，坚持以人民为中心的发展思想，始终把人民利益摆在至高无上的地位，坚持立党为公、执政为民，践行全心全意为人民服务的根本宗旨，依靠人民创造历史伟业，让改革发展成果更多更公平地惠及全体人民，朝着实现全体人民共同富裕不断迈进。

我国社会的主要矛盾已经转化为人民日益增长的美好生活需要和不平衡不充分的发展之间的矛盾。实现幼有所育、学有所教、劳有所得、病有所医、老有所养、住有所居、弱有所扶，这是我们党对人民的承诺。同人民想在一起，就要把人民对美好生活的向往作为我们的奋斗目标，以造福人民为最大政绩，想人民所想，干人民所盼，做到民有所呼我有所应，民有所困我有所帮，民有所难我有所解，一切为了人民的幸福。

始终同人民干在一起。改革开放再出发，我们要始终与人民心心相印、与人民同甘共苦、与人民团结奋斗，让人民生活更加幸福、更有尊严。2020 年，全面建成小康社会；2035 年，基本实现社会主义现代化；2050 年，全面建成社会主义现代化强国……这些都是我们需要把握的重要时间节点，需要全党全国人民共同奋斗。只要 450 多万个基层党组织、8900 多万名党员始终同人民想在一起、干在一起，团结人民、为了人民、依靠人民，坚定舍我其谁的信念，以“功成不必在我”的精神境界和“功成必定有我”的历史担当，敢于负责、勇挑重担，与人民同心协力、共同奋斗，推动改革不停顿、开放不止步，就能与亿万人民一起奋力夺取新时代中国特色社会主义伟大胜利。

坚持人民立场，就要充分尊重人民主体地位。人民是国家的主人，是国家的权力主体，处在主体地位上，必须保证人民当家作主。我们要毫不动摇地走中国特色社会主义政治发展道路，长期坚持、全面贯彻、不断发展人民代表大会制度、中国共产党领导的多党合作和政治协商制度、民族区域自治制度、基层群众自治制度，发展社会主义协商民主，巩固和发展最广泛的爱国统一战线，扩大人民群众有序政治参与，保证人民广泛参加国家治理和社会治理，形成生动活泼、安定团结的政治局面。

坚持人民立场，就要全心全意依靠人民群众。人民是历史的创造者，是真正的英雄。坚信党的根基在人民、党的力量在人民，坚持一切为了人民、一切依靠人民，充分发挥广大人民群众的积极性、主动性、创造性。我们党只有深深根植人民，得到人民群众的支持和拥护，才能不断提高执政能力。统筹推进“五位一体”总体布局，协调推进“四个全面”战略布局，实现“两个一百年”奋斗目标，必须充分相信和依靠人民群众，把十三亿多人民的力量汇聚起来，才能形成巨大的推动力，实现预期的目标。要以识才的慧眼、爱才的诚意、用才的胆识、容才的雅量、聚才的良方，广开进贤之路，广纳人才，汇聚英才，努力形成人人渴望成才、人人努力成才、人人皆可成才、人人尽展其才的良好局面。

中国共产党在各个历史时期，始终与人民群众同呼吸、共命运，始终与广大人民群众想到一起、干在一起，同甘共苦、共同奋斗，保持了与人民群众的血肉联系，得到了广大人民群众的衷心拥护和支持。中国共产党必须始终与人民心连心、同呼吸、共命运，必须一切为了人民、一切依靠人民，才能不断推动中国特色社会主义伟大事业的发展。我们要继续发扬同人民想在一起、干在一起的传统，不断开创新时代中国特色社会主义事业新局面。

五、加强与人民群众的联系，中南海要始终直通人民群众

说起中南海，人们心中都会充满一种庄严感。因为党中央和国务院都在中南海办公，中南海是中华人民共和国的国家中枢。

习近平总书记在主持召开中共中央政治局民主生活会时指出："中南海要始终直通人民群众，我们要始终把人民群众放在心中脑中。"

习近平总书记提出"中南海要始终直通人民群众"，充分体现了以习近平同志为核心的党中央把人民立场作为马克思主义政党的根本政治立场，把人民作为历史进步的真正动力，把群众作为真正的英雄，把人民利益作为我们党一切工作的根本出发点和落脚点，坚持以人民为中心的发展思想，坚持立党为公、执政为民，始终把人民放在心中脑中，加强党和人民群众血肉联系的坚定决心、强烈的群众观念和浓厚的人民情怀，让中国人民感受到无尽的温暖，真切感受到党中央时时牵挂着群众，人民与党中央在一起。

实现中华民族伟大复兴的中国梦，就是要实现国家富强、民族振兴、人民幸福。中国梦是十三亿多人民的梦，必须紧紧依靠人民，必须把人民团结起来，充分调动最广大人民的积极性、主动性、创造性，依靠人民共同奋斗。

能否保持党同人民群众的血肉联系，决定着党的事业的成败。“中南海要始终直通人民群众”，就是要加强党与人民群众的密切联系。各级领导干部要经常深入基层、深入群众，及时掌握群众的所思、所想、所愿，及时为群众排忧解难，在服务群众的过程中保持党同人民群众的血肉联系，不断夯实我们党执政的基础。要坚持问题导向，从人民群众的身边事抓起，保障和提高公共产品和服务的供给数量和质量，补上民生建设的短板。

“中南海要始终直通人民群众”，就是要把人民群众放在心中的最高位置。我们党来自人民、根植人民、服务人民，党的根基在人民、血脉在人民、力量在人民。要牢固树立以人民为中心的发展思想，坚持以民为本，心中有人民、一心为人民，把人民群众的冷暖时刻放在心上，顺应人民群众的呼声，切实解决关系人民群众切身利益的问题。要以人民忧乐为忧乐、以人民甘苦为甘苦，把群众的小事作为我们的大事来办，想群众之所想、急群众之所急、解群众之所困，带着真情来办，用尽全力来办，办到群众满意为止，在学有所教、劳有所得、病有所医、老有所养、住有所居上持续取得新进展，真正让群众看到我们党全心全意为人民服务，从内心深处信服党、听党话、跟党走。

“中南海要始终直通人民群众”，就是要为人民群众谋幸福。人民对美好生活的向往，就是我们的奋斗目标。要始终怀着强烈的忧民、爱民、为民、惠民之心，高度关注民生，下基层、到一线、察民情、接地气、解民忧，倾听群众呼声，反映群众诉求，把群众最关心的实际问题解决好，回应民生关切，将人民群众身边的事办好，让人民共享改革发展的成果，不断增强人民的获得感、幸福感、安全感，把全心全意为人民服务落到实处，让群众真正得到实惠，努力创造经得起实践、人民、历史检验的实绩。

六、着眼未来，把广大青年团结在党的周围

青年是国家的未来，青年精神彰显中国精神，青年力量体现中国力量，青年未来就是中国未来。青春理想，青春活力，青春奋斗，是中国精神和中国力量的生命力所在。党的队伍中始终有一大批怀抱崇高理想、充满奋斗精神的青年人，这是我们党历经百年风雨而始终充满生机活力的一个重要原因。

习近平总书记说："我们要主动走近青年、倾听青年，做青年朋友的知心人；我们要真情关心青年、关爱青年，做青年工作的热心人；我们要悉心教育青年、引导青年，做青年群众的引路人。"

党的十八大以来，习近平总书记多次出席青年活动，与青年谈心、给青年回信、为青年鼓劲，为做好新时代党的青年工作身体力行、率先垂范。总书记赞扬志愿服务队"找到了青春方向和人生目标"，寄语青年教师做打造中华民族筑梦人的"梦之队"，鼓励青年工人"不断谱写新时代的劳动者之歌"，叮嘱青年官兵"争当训练尖子、技术能手、精武标兵"……总书记时时关注青年、关心青年、关爱青年、激励青年。

中国共产党只有始终代表广大青年、赢得广大青年、依靠广大青年，用极大热情和力量做好青年工作，才能确保党的事业薪

火相传，确保中华民族永续发展，实现中华民族千秋伟业。习近平总书记要求我们充分信任青年、热情关心青年、严格要求青年，关注青年愿望、帮助青年发展、支持青年创业，做青年朋友的知心人、青年工作的热心人、青年群众的引路人。习近平总书记对青年的信任、关心、支持并寄予厚望，在广大青年中引起强烈共鸣。

把青年一代培养造就成德智体美劳全面发展的社会主义建设者和接班人，是事关党和国家前途命运的重大战略任务、全党的共同政治责任。如何做青年朋友的知心人？这就要落实习近平总书记的要求，主动走近青年，主动倾听青年。

要尊重青年成长的规律。助力青年舒展凌云之志、唱响青春之歌，就要尊重青年成长规律。青年正处于一生中价值观养成、理想扬帆、事业起步的关键阶段，犹如人生的“拔节孕穗期”，最需要精心引导和呵护。当代青年思想活跃、思维敏捷、观念新颖、兴趣广泛，探索未知劲头足，接受新生事物快，主体意识、参与意识强，对实现人生发展有着强烈渴望。这种青春天性赋予青年活力、激情、想象力和创造力，应该充分肯定。同时，青年人阅历不广，容易从自身角度、从理想状态的角度来认识和理解世界，这难免给他们带来局限性。要引导他们把优势做大、把短板补齐，积极投身中国梦的伟大实践，实现人生价值、升华人生境界。

要主动走近青年。走近青年，就要尊重青年，就要信任青年。有了对青年的尊重和信任，心灵才会靠近。走近青年才能了解青年，融入青年才能引领青年。要尊重青年天性，照顾青年特点，经常到青年中去，同青年零距离接触、面对面交流，了解他们的思想动态、价值取向、行为方式、生活方式，指引每个青春梦想在担当中历练、在尽责中成长，指引他们在新时代改革开放的广阔天地中成就出彩人生。

要学会倾听青年。学会倾听，就是很好的尊重。只有倾听青年，才有机会融入青年。要有一颗青年之心，设身处地理解青年，千万不能带有偏见，还没有倾听就认为青年思想不成熟。要认真倾听他们对社会问题和现象的看法，对党和政府工作的意见和建议。即便听到尖锐的甚至是偏颇的批评，也要本着有则改之、无则加勉的原则，与青年真诚讨论，成为青年愿意讲真话、说实话、交真心、诉真情的知心朋友。青年要向年长者学习，年长者也要向青年学习，相互取长补短，相互信任帮助。要在倾听中了解青年的所思所想、所忧所虑，及时掌握他们的思想动态，帮助他们认识世界、理解事物，从正面有效引导。

当好青年朋友的知心人，一定能把广大青年团结在党和人民周围，把青年的力量凝聚起来。习近平总书记深情嘱托："我们有决心为青年跑出一个好成绩，也期待现在的青年一代将来跑出更好的成绩。"让青年握好接力棒，一棒接着一棒跑，始终奔跑在中华民族伟大复兴的大道上，始终做追梦人，为国家富强、民族振兴、人民幸福而奋斗。

如何做青年工作的热心人？这就要落实总书记的要求：真情关心青年、关爱青年。

要真情关心青年。中国特色社会主义进入新时代，实现中华民族伟大复兴，广大青年承载着伟大的时代使命，必须与新时代共同前进，才能拥有广阔的发展空间。中国青年拥有最好的人生机遇，也面临着最大的人生考验。从所处的人生阶段而言，青年处于人生道路的起步阶段，起步好，走得稳，路就走得远。起步阶段，青年在学习、工作、生活方面往往会遇到各种困难和苦恼，需要全社会及时伸出援手。青年面临的压力也会变为成长的动力。跨越成长的坎坷，既需要青年自身的努力，也需要社会各方适时伸出援手。青年在成长的关键处、要紧时，需要我们真情关心，切实解决他们面对的困难。拉一把、帮一下，扶上马、送一程，青年就可以顶住压力、不断发展成才。在青年成长的关键处、要紧时拉一把、帮一下，既能帮助他们丰富知识阅历，有效疏导情绪，又能激发他们向上的奋斗热情。

要真情关爱青年。做好青年工作，很重要的一条就是要落细落小落实，从细微处关注青年，从细小处关爱青年，在成长成才上落实。我们要关注青年所思、所想、所忧、所盼，帮助青年解决好毕业求职、创新创业、社会融入、婚恋交友、老人赡养、子女教育等方面的操心事、烦心事，努力为青年创造良好的发展条件，让他们感受到关爱就在身边、关怀就在眼前。当代青年的成长发展面临更多机会、更大空间，也遇到了很多我们过去从未遇到过的困难。青年面对的困难，都需要我们去关心。一个人面对困难，难上加难；大家一起应对困难，万事不再难。我们要主动走近青年、接近青年、贴近青年，同他们交朋友，成为好朋友，了解他们的酸甜苦辣，把他们的安危冷暖挂在心上，真心实意为他们办实事、办好事，多做雪中送炭的事，让他们有精神支柱、有力量源泉、有心灵家园，真正帮助他们顶过压力、发展成才。

青春无边，奋斗以成。我们要为青年塑造人生提供更多的机会，为青年建功立业创造更好的条件，多深入青年之中，多倾听青年呼声，想青年之所想，急青年之所急，为青年成长成才筑就更广阔的舞台。我们相信，广大青年一定以青春之我、奋斗之我，创造青春之中国、青春之民族，在青春逐梦之路上焕发时代光彩。

如何做青年群众的引路人？这就要落实习近平总书记的要求：悉心教育青年、引导青年。

要悉心教育青年。习近平总书记强调："青年要顺利成长成才，就像幼苗需要精心培育，该培土时就要培土，该浇水时就要浇水，该施肥时就要施肥，该打药时就要打药，该整枝时就要整枝。"总书记把青年比喻为需要精心呵护的幼苗，希望大家帮助青年顺利成长成才，引发广大青年强烈共鸣，引起我们对做好新时代青年工作的思考。幼苗是稚嫩的，也是最有生机和希望的，通过培土、浇水、施肥、打药、整枝，一定会茁壮成长，成为有用之才。

十年树木，百年树人。对待青年，要有长远的战略眼光，既立足当下，又着眼未来，不能心浮气躁、急于求成。青年人知识体系尚未形成，价值观尚未成形，心理尚未成熟，需要精心栽培。要帮助青年扣好人生的第一粒扣子，把社会主义核心价值观有效植入青年心里；要帮助青年擦亮奋斗的明灯，让他们把人生志向转化为奋斗动力；要教育青年正确认识世界，全面了解国情，把握时代大势。

要悉心引导青年。要引导青年正确认识世界，全面了解国情，把握时代大势。既要理解青年所思所想，也要积极教育青年、引导青年。一时的迷路并不可怕，可怕的是身陷迷局无人指点，走上错误的道路。青年成长的道路不会一帆风顺，风雨之中需要有人撑船打伞。当他们的认识陷入困惑、人生抉择处于十字路口时，我们应该帮助他们拨开云雾，让他们看到希望，振奋精神。当他们在事业上遇到困难时，我们要帮助他们排忧解难，让他们重拾信心。当他们取得进步时，我们要热情鼓励，让他们有成就感。当他们犯了错误时，我们要及时指出并帮助纠正。对一些青年思想上的一时冲动或偏激要多教育引导，对他们的失误要多包容，不要过于苛责，在他们犯错误时要多帮助，引导他们提高认识、纠正错误。

只要我们坚持关心厚爱和严格要求相统一、尊重规律和积极引领相统一，既理解青年所思所想，又帮助青年提高认识、正确看待事物，既耐心教育青年，又积极引导青年，为青年创造人人努力成才、人人皆可成才、人人尽展其才的发展条件，让他们在新时代的春风里放飞青春梦想，我们相信，广大青年一定能把自己的小我融入祖国的大我、人民的大我之中，努力书写充满激情与奋斗的精彩人生，为实现“两个一百年”奋斗目标和中华民族伟大复兴的中国梦作出应有的贡献。

第三节　坚持以人民为中心的发展思想

中国共产党成立近百年来，能够从小到大、从弱到强，关键就在于始终把人民放在心中最高的位置，始终做到权为民所用、情为民所系、利为民所谋，全心全意为人民服务，真心实意为人民谋幸福，得到了人民的拥护和支持。习近平总书记明确要求“必须坚持以人民为中心，不断实现人民对美好生活的向往”。

为中国人民谋幸福，为中华民族谋复兴，是中国共产党人的初心和使命，也是改革开放的初心和使命。坚持以人民为中心的发展思想，深刻诠释了党的根本政治立场和价值取向，体现了鲜明的人民立场，蕴含深厚的民生情怀，彰显共产党人的责任担当，为我们进一步做好民生工作、决胜全面建成小康社会指明了方向。

坚持以人民为中心，一切为了人民、一切依靠人民，坚持人民利益高于一切，发展成果由人民共享，我们党就有创造力、凝聚力、战斗力，就能汇聚起进行伟大斗争、建设伟大工程、推进伟大事业、实现伟大梦想的磅礴力量，不断开创新时代中国特色社会主义伟大事业新局面，谱写中华民族伟大复兴的中国梦的新篇章。

一、群众意见是一把最好的尺子，是我们最好的镜子，必须深入群众

党的根基在人民、力量在人民，坚持以人民为中心，是中国特色社会主义的根本特征，是推进中国特色社会主义伟大事业、实现“两个一百年”奋斗目标和中华民族伟大复兴的中国梦的力量源泉。全心全意为人民服务，必须以实现好、维护好、发展好最广大人民的根本利益作为我们一切工作的出发点和落脚点，坚持把人民拥护不拥护、赞成不赞成、高兴不高兴作为制定政策的依据，顺应民心、尊重民意、关注民情、致力民生，一切为了人民谋幸福。

党的十八大以来，以习近平同志为核心的党中央高度关注民生，把保障和改善民生贯穿治国理政的方方面面，持续出台惠民举措，不断深化民生改革，人民群众的获得感、幸福感不断增强，极大地凝聚了人心、提振了人民信心。习近平总书记提出把“人民对美好生活的向往”作为我们党的奋斗目标，作出“抓民生也是抓发展”的科学论断，提出坚持创新、协调、绿色、开放、共享的新发展理念，时时惦记着困难群众，深入边疆、民族、贫困地区，深入革命老区，看真贫、解民忧，爱民之情感人至深。

知屋漏者在宇下，知政失者在草野。党的性质和宗旨决定了我们党始终把人民放在心中最高的位置，全心全意为人民服务。习近平总书记提出：“让群众满意是我们党做好一切工作的价值

取向和根本标准，群众意见是一把最好的尺子。”这就为我们做好工作指明了价值取向，提出了根本标准，那就是：让群众满意。同时，总书记还为我们提出了检验工作的最好尺子，那就是：群众意见。我们一定要深刻理解和把握，并将其运用到实际工作中。

我们党肩负着实现“两个一百年”奋斗目标、实现中华民族伟大复兴的中国梦的历史重任，肩负着实现国家富强、民族振兴、人民幸福的历史重任。在这个历史进程中，我们党全心全意为人民服务的宗旨决定了我们所做的一切工作，都是为了实现好、维护好、发展好最广大人民的根本利益，为了让人民过上幸福美满的生活。让人民满意，是我们一切工作的价值取向。这就要求我们在做任何工作之前，首先要想一想：人民会不会满意？在做完工作后，也要想一想：人民满意吗？总之，一切工作都要围绕着让人民满意来开展，多做让人民满意的事。人民满意了，人民就会支持我们，我们的工作就会有无穷的力量；人民满意了，我们的工作才会有实际意义，有实在价值。

习近平总书记提出把群众意见作为检验工作的最好尺子，具有深刻的内涵和重大的指导意义。群众对我们的工作能提意见，本身就是对我们的关心，是对我们的支持，说明群众与我们一条心，希望把工作做得更好。这就要求我们高度重视群众的意见，正确看待群众的意见，虚心接受群众的意见，不断改进我们的工作。

群众对我们的工作满意不满意，群众意见就是一把最好的尺子，用这把尺子量一量，我们就知道工作的好与坏，好的方面继续发扬光大，不足的方面用心改进；群众对我们做的事高兴不高兴、答应不答应，群众意见就是一面最好的镜子，用这面镜子照一照，我们就能看到工作中存在的问题，下决心解决问题，让群众满意。在实际工作中，我们一定要把群众意见这把尺子随时拿在手上，用好这把尺子。

从让群众满意出发，重视听取群众的意见，用群众意见检验我们的工作，不断改进我们的工作，直到让群众满意，这就是我们应该掌握的基本的工作方法，也是我们对待群众的根本态度。

群众的眼睛是雪亮的，领导干部来自群众、植根群众，工作生活在群众之中，与群众密不可分，群众对每一个领导干部是知根知底的。习近平总书记提出“群众的意见是我们最好的镜子”。各级党组织和党员干部的表现都要交给群众评判。

怎样对待群众的意见？这是一个如何看待群众的政治问题，也是一个如何对待群众的态度问题。群众的眼睛是雪亮的，领导干部的一言一行，群众看在眼里，记在心头，心里都有一个评判标准，心里都有一杆秤，无时不在给领导干部打分。可以说，人民群众就是领导干部最公正的评判师，群众的意见是我们最好的镜子。

对群众的意见，各级领导干部必须树立科学的态度，平心静气正确对待群众的意见，虚心听取群众的意见。我们的工作，不可能事事做到位，不可能事事周全，不可能没有任何瑕疵。群众给我们提出意见，不是故意在鸡蛋里挑骨头，不是故意为难我们，而是对我们工作的关注，是对我们个人的关心，是对我们的真诚帮助。对群众的意见，我们要始终保持诚恳欢迎的态度，坐得下来听，静得下心来听，听得进心里去。千万不要群众一提意见就满脸不高兴，把脸拉得老长，甚至火冒三丈、横加指责，如果这样，只会把群众推得越来越远。一旦群众不敢提意见，不敢讲真话，你就再也听不到实话，你就会陷入盲目之中，就会远离群众，得不到群众的支持。

要把群众的意见作为最好的镜子，充分相信群众，依靠群众，认真采纳群众的意见。要从群众的意见中看到我们真实的工作、真实的自己，看到存在的问题。群众提出的意见，只要对我们从严治党有利，对领导干部有利，对我们的事业有利，我们就要真诚欢迎。群众对我们有意见，说明我们的工作还做得不够，需要更加努力；群众对我们有很大意见，说明我们的工作还有很大的差距，还存在着严重的问题，需要下决心认真改进。要对群众的意见进行认真梳理、分门别类，深入分析研究，有针对性地提出整改措施。千万不能我行我素，你提你的意见，我照样做我的，这是对群众的极大不尊重，只会伤害群众的心。

领导干部对党忠诚、个人干净、敢于担当、一心为民、联系群众、艰苦奋斗、求真务实、开拓创新、实绩突出，群众就会给你打高分。我们要把群众的意见作为镜子，随时照一照，及时发现存在的问题，不断改进工作，走好今后的路。

二、把权力行使的过程作为为人民服务的过程，努力为群众办好事、办实事

如何正确行使权力？怎样更好地为人民服务？这是值得我们认真思考和研究的问题。习近平总书记教给我们关键的一招："自觉把权力行使的过程作为为人民服务的过程。"这就明确了权力服务的对象是人民，明确了权力行使的方向是为人民服务，明确了权力行使的过程就是为人民服务的过程。各级领导干部一定要把总书记的教诲牢记在心，始终把握权力行使的正确方向，明确权力服务的对象。

领导干部是人民的公仆，必须始终牢记宗旨、牢记责任，每一个领导干部都必须把权为民所赋、权为民所用、情为民所系、利为民所谋牢记在心，自觉做到为民用权、公正用权、依法用权、廉洁用权。党和人民赋予领导干部权力，给领导干部提供了更好的服务人民的有利条件，我们要十分珍惜。权为民所赋，就是说，领导干部手中的权力是人民赋予的，是公权，而不是私权，在使用过程中一定要出于公心，把权力用在促进党的事业发展上，用在服务人民上，用在为民造福上，而不能挪作他用、为自己谋私利，更不能乱用权力危害党和人民的事业。

领导干部行使权力的过程，就是为人民服务的过程，就是为人民创造幸福生活的过程。领导干部千万不能让权力的服务对象错位，不能把广大人民群众冷落在一边，更不能用权力为少数人谋私利、为利益集团服务。那些手握重权、滥用权力危害党的事

业的人，乱用权力为自己谋私利、贪污腐化的人，都是在权力行使的方向、动机、方式上出现了严重问题，最终走到了党和人民的对立面，没有得到好下场，受到了党纪国法的严肃处理。

为人民服务的过程，就是行使权力的过程。领导干部要正确行使权力，不让权力偏移服务方向，脱离正确轨道，给党和人民的事业造成损失。领导干部要珍惜人民赋予的权力，敬畏权力，严以用权，为人民掌好权，做到为民用权、公正用权、依法用权、廉洁用权，要让权力始终在服务人民的轨道上正确行使。

领导干部行使权力，要自觉接受人民群众的监督，把群众的监督看成对自己的关心和爱护，认真听取群众意见，始终把权力用在为人民服务上。一旦发现权力行使的方向有偏差，就要及时校正，一旦发现权力服务的对象错位，就要及时改正，小错不改就会酿成大祸，最终不可收场，误了国家，害了自己，伤了亲人。

领导干部行使权力的全过程，都要为群众办实事、办好事，为人民谋幸福。

领导干部想为群众办实事、办好事，本是一种好的想法，是一件好事。但是，在实际工作中，我们不难看到，有些领导干部满腔热情地去为群众办好事，结果非但没有得到群众的好评，还得到一片骂声，弄得灰头土脸，狼狈不堪，心中好生委屈。难道是百姓错了？回答是否定的，群众没有错，问题还是出在领导干部身上。

为群众办好事、办实事，好事怎么办好？实事怎么办实？习近平总书记要求："要从实际出发，尊重群众意愿，量力而行，尽力而为……不要搞那些脱离实际、脱离群众、劳民伤财、吃力不讨好的东西。"总书记的重要论述，就是为群众办好事、办实事的有效办法，我们要深入领会，努力在工作中实践，在服务群众的过程中为群众办好事、办实事，把人民群众团结在党和政府周围。

对群众没有热情，就没有办事激情。为群众办好事、办实事，需要对群众充满爱心，始终保持满腔热情。要把人民放在心中最高的位置，把实现好、维护好、发展好最广大人民的根本利益作为一切工作的出发点和落脚点，想群众所想，忧群众所忧，急群众所急，为群众排忧解难，真心实意为群众办实事、办好事。我们的群众是善良的，只要把好事办好，把实事办实，把好事、实事办到老百姓的心坎上，推动一个地区、部门的发展，让群众得到实惠，共享改革发展成果，就能得到群众称赞。

为群众办好事、办实事，要从实际出发。要深入实际调查研究，根据群众需要作出正确决策。那种从主观愿望出发、主观武断、脱离实际的做法，不可能为群众办成好事、实事。要坚持党的群众路线，一切为了群众，一切依靠群众，从群众中来，到群众中去，广泛听取群众意见和建议，把群众真正想办的事办好。要顺应民心，尊重民意，不要违背群众意愿行事，做一些吃力不讨好、受气挨骂的事。

为群众办好事、实事，要把群众高兴不高兴、满意不满意、答应不答应作为检验工作的标准。要量力而行、尽力而为，不要劳民伤财、兴师动众。有多大财力，就办多大的好事；有多大能力，就办多大的实事。办一件成一件，办一件好一件，办一件让群众受益一件。不要盲目铺摊子、上项目，最终没有落到实处，伤了群众的心。

三、为群众办实事既要有诚心，也要讲方法，有事多和群众商量

努力为群众办实事、办好事，已经成为各级领导干部的共识，是领导干部时常挂在嘴边的一句话。为群众办实事，帮助群众排忧解难，是各级领导干部的分内之事，是全心全意为人民服务的内在要求。

怎样为群众办实事？习近平总书记要求我们："为群众办实事既要有诚心，也要讲方法。"态度决定一切，方法决定效果。有诚心，是对群众的态度问题，关系到干部的群众观点；讲方法，要求讲方式、求实效，让群众满意。要使办实事的过程成为宣传群众、组织群众、教育群众的过程，成为干部廉洁奉公、干净干事、在群众中树立良好形象的过程。

为群众办实事要有诚心，就是要对群众有一颗真诚之心，对群众始终怀有深厚的感情，把自己作为人民的公仆，真诚对待群众，真诚为群众办实事。要自觉践行全心全意为人民服务的宗旨，把群众的痛作为自己的痛，把群众的苦作为自己的苦，把群众的难作为自己的难，努力为群众办实事、办好事。对待群众，要始终怀有一颗真心，始终带着一份真感情，设身处地地感受群

众的痛、苦、难，为群众解决实际问题。只有对群众有诚心，群众才能感受到你的真诚，才会被你的真情打动，积极配合支持你的工作，为群众办实事才能落到实处。对群众虚情假意、工作作风漂浮的干部，群众是不欢迎的。

为群众办实事要讲方法，就是要采用群众喜欢、乐意接受的方式，把实事办实、办好。要深入到群众中调查研究，广泛听取群众的意见，充分尊重群众的意愿，摸准群众的脉搏，找准群众最需要解决的问题和最想办的事，找到群众的兴奋点，不能一厢情愿，凭主观去办事；要立足实际，量力而行，有多大能力就办多大的事，不要“大口马牙”、信口开河，开给群众大支票，群众只数到小票子；要用心办实事，办一件成一件，办一件好一件，让群众得到实实在在的实惠，取信于民，不能半途而废，搞半拉子工程，甚至给群众增加负担，失信于民。

为群众办实事，要注重组织群众、宣传群众、发动群众，充分发挥群众的积极性和创造性，善于集中群众的力量，形成办实事的合力，不能自己单打独干，把群众晾在一边看热闹。在为群众办实事的过程中，要时时出于公心，处处严以律己，干干净净做事，清清白白为官，树立廉洁奉公、干净干事的良好形象，不要在老百姓身上揩油，侵害群众利益。

毛泽东同志说过一句名言：“有事多和群众商量。”在革命、建设和改革开放的不同时期，中国共产党人始终坚持多和群众商量，团结一切可以团结的力量，调动一切可以调动的积极因素，充分发挥人民的积极性和创造性，从而赢得了一次又一次胜利。

在新的历史时期，为群众办事，习近平总书记要求我们“有事多商量，遇事多商量，做事多商量，商量得越多越深入越好，就是要通过商量出办法、出共识、出感情、出团结”。总书记这一重要论述，充分表现出我们党坚持立党为公、执政为民，坚持人民当家作主，尊重人民、相信人民、依靠人民，坚持团结一切可以团结的力量，聚集各方面智慧致力于国家富强、民族振兴、人民幸福的执政理念，为我们统筹推进“五位一体”总体布局，协调推进“四个全面”战略布局，持续推动经济平稳健康发展，提供了重要的思想方法和实践方式。

实践证明，社会主义协商民主，是中国社会主义民主政治的特有形式和独特优势，是中国共产党的群众路线在政治领域的重要体现，也是中国共产党人为人类在民主制度探索中提供的独特的、独有的、独到的新路径。

“商量”这两个字，没有居高临下的感觉，没有距离感，让人觉得亲切，给人一种亲近感。“商量”就是对人民的充分尊重，就是以低调、平等的姿态面对群众，广泛听取各方面的意见。“商量”体现了我们党的执政理念和民主作风，彰显了一种求同存异的精神，追求的是最大公约数，形成最大社会正能量。“商量”已经在中国大地上形成共识，正在开花结果。

我们要按照总书记的要求，在改革发展的进程中，牢固树立商量意识，有事多商量，遇事多商量，做事多商量，涉及人民群众利益的事情，要具体地、实在地、广泛地进行商量。要通过商量出办法，找到攻坚克难、解决问题、化解矛盾、推动工作的办法；要通过商量出共识，在全党、全国人民、全社会形成实施“四个全面”战略布局的共识，形成实现“两个一百年”奋斗目标的共识，形成实现中国梦的共识；要通过商量出感情，增进党和人民的感情，增进党员、干部与群众的感情，增进中国共产党与各民主党派的感情，增进对党、对国家、对人民的感情；要通过商量出团结，把最广大的人民群众团结在一起，把各方面的力量凝聚在一起，把十三亿多人民的智慧聚集在一起，形成强大的社会正能量。

四、做群众的贴心人，让人民共享改革发展成果

实现人民对美好生活的向往，是我们党矢志不渝的奋斗目标。民心是最大的政治。我们要牢牢把握人民群众对美好生活的向往，把坚持以人民为中心贯彻到治国理政中，做到发展为了人民、发展依靠人民、发展成果由人民共享，更好增进人民福祉，不断促进人的全面发展、全体人民共同富裕。要始终把人民利益摆在第一位，让改革发展成果更多更公平惠及全体人民，让全体人民朝着共同富裕不断迈进。

《孟子·离娄上》记载：“得天下有道：得其民，斯得天下矣。得其民有道：得其心，斯得民矣。得其心有道：所欲与之聚之，所恶勿施尔也。”《管子·牧民》中有这样一句话：“政之所兴在顺民心，政之所废在逆民心。”意思就是：政权之所以能兴盛，在于顺应民心；政权之所以废弛，则因为违逆民心。我们可以从中看到民心的极端重要性。

坚持以人民为中心的发展思想，要体现在经济社会发展各个环节，落实到人民的幸福上。2015 年 6 月 30 日，习近平总书记在会见全国优秀县委书记的重要讲话中要求县委书记“做群众的贴心人”，就是要求党员干部真正走进群众、靠近群众、贴近群众，心系群众、热爱群众、服务群众，成为群众最可信赖、最可依靠的人。这是好干部的价值追求、行动方向。

人心是最大的政治。做群众的贴心人，就要坚持全心全意为人民服务的根本宗旨，自觉贯彻党的群众路线，心中始终装着老百姓，心系群众、热爱群众、服务群众，为民造福。做群众工作，就要将心比心，换取真心。人心换人心，党心换民心，党员、干部做群众的贴心人，就能加强党与人民群众的密切联系，巩固我们党执政的群众基础。

全心全意为人民服务是我们党的根本宗旨，人民对美好生活的向往是我们的奋斗目标。人民是我们党的执政之基、力量之源。实现好、维护好、发展好最广大人民的根本利益，是我们做好一切工作的立足点和落脚点。做群众的贴心人，就要充分认识到，人民是我们的衣食父母，我们是人民的公仆。我们来自人民，在人民面前，不能趾高气扬，高高在上，更不能颐指气使、作威作福。要坚持党的群众路线，深入实际、深入群众，密切联系群众，想群众之所想，急群众之所急，解群众之所难，真正为群众办好事、办实事、解难事，与广大群众建立鱼水关系。

百姓心中有杆秤。干部在群众心中重不重，有没有分量，不需要自己吹嘘，群众心里明镜似的清清楚楚。做群众的贴心人，就要把群众呼声、群众需求作为干事创业的第一信号，把人民群众的满意作为第一追求，把提高人民群众的幸福指数作为第一目标，把群众满意作为工作的检验标准，走到群众中间感受群众的疾苦，为群众工作，为群众排忧解难，才能赢得群众的心，干部在群众心里才有分量。

做群众的贴心人，就要深怀爱民之心，恪守为民之责，体察群众生活，体会群众甘苦，体味群众情感，善谋富民之策，多办惠民利民之事。要靠近群众，用心倾听民意，充分尊重群众意见，用人民高兴不高兴、满意不满意、答应不答应来检验一切工作，把工作做到群众的心坎上。要有为民情怀，视群众为家人，视民生为家事，自觉服务群众，多做顺民意、解民忧、暖民心、惠民生、得民心的实事、好事，努力实现最广大人民的根本利益。要多做雪中送炭的暖心事，多下啃硬骨头的苦功夫，以干部的辛苦指数换取群众幸福指数，创造出经得起实践、人民、历史检验的政绩。只有这样，干部才能成为群众的贴心人，才能真正赢得民心，才能树立起好形象，创造出好业绩。

做群众的贴心人，要把握群众心之所向，让广大人民群众共享改革发展成果。共享发展注重的是解决社会公平正义问题。新发展理念把共享作为发展的出发点和落脚点，指明发展价值取向，把握科学发展规律，顺应时代发展潮流，是充分体现社会主义本质、共产党宗旨和国家长治久安的重要发展理念。让广大人民群众共享改革发展成果，是社会主义的本质要求，是社会主义制度优越性的集中体现，是我们党坚持全心全意为人民服务根本宗旨的重要体现，是人民的真情期待。

共享发展，必须坚持发展为了人民、发展依靠人民、发展成果由人民共享。以共享发展理念引领我国发展，维护社会公平正义，保障发展为了人民、发展依靠人民、发展成果由人民共享，这对实现更高质量更高水平的发展提出了目标要求和行动准则，必将为全面建成小康社会、实现中华民族伟大复兴的中国梦凝聚更深厚的伟力。

坚持共享发展，就要坚持以人民为中心。要坚持人民的主体地位，坚持以人为本、以民为本，突出人民至上，解决我国发展中共享性不够、受益不平衡等问题，让全体人民共享改革发展的成果。习近平总书记强调："国家建设是全体人民共同的事业，国家发展过程也是全体人民共享成果的过程。"坚持共享发展，我国就能实现国家安定、民族团结、社会和谐，人民就会提高对我们党的满意度。我们既要团结带领人民致力于发展，把"蛋糕"做大，又要按照共享发展的要求，公平公正地把"蛋糕"分好，不断提高人民福祉，让人民群众更加满意，只有这样，才能进一步调动人民群众投身改革发展的积极性和创造性。

坚持共享发展，就要推进社会公平正义。没有共享谈不上公平正义，没有公平正义更不可能共享。共享发展的目标是实现共同富裕，贫穷不是社会主义，两极分化也不是社会主义，让人民群众共享改革发展成果，实现共同富裕才是社会主义的本质要求。要以推进社会公平正义为前提，扎实有效推进精准扶贫精准脱贫，进一步加强和改善民生，推进区域、城乡基本公共服务均等化，不断缩小收入差距，消除贫富悬殊、避免两极分化，实现共同富裕。要通过推进社会公平正义，切实解决重效率轻公平、重城市轻农村、重 GDP 轻民生、重“做大蛋糕”轻“分好蛋糕”等问题，用完善的制度保障人民平等参与、平等发展权利，有效促进共享发展。

坚持共享发展，就要人人参与、人人尽力、人人享有。共享是广大人民群众共同享有。要实现共享，就需要我们共建，既追求人人享有，也要求人人参与、人人尽力，人人都为国家发展、民族振兴和人民幸福贡献自己的力量，共同为国家经济社会持续健康发展尽心尽力，为共享发展创造更多的物质财富和精神财富。要在全社会营造人人参与、人人尽力、人人享有的良好环境，以共享引领共建，以共建推动共享，不断厚植发展优势，凝聚发展动力，让人人都有获得感，人人增强幸福感。

中国梦归根到底是人民的梦。国家富强、民族复兴，最终要体现在亿万人民生活幸福上，体现在老百姓的好日子中。落实以人民为中心的发展思想，要坚持问题导向，回应民生关切，想群众之所想、急群众之所急、解群众之所困，多做暖人心、得人心的实事。全面建成小康社会，在保持经济增长的同时，要切实保障和改善民生，在人民群众学有所教、劳有所得、病有所医、老有所养、住有所居上持续取得新进展，不断提高人民的幸福指数。

五、坚持法治为了人民、依靠人民、造福人民、保护人民

中国共产党来自人民、根植人民、依靠人民，与人民有着不可分割的关系。在建设社会主义法治国家的进程中，习近平总书记明确提出：“坚持人民主体地位，必须坚持法治为了人民、依靠人民、造福人民、保护人民。”

全面依法治国，必须始终坚持人民主体地位。人民是我们党执政兴国的力量源泉。要保证人民在党的领导下，依照法律规定，通过各种途径和形式管理国家事务，管理经济和文化事业，管理社会事务。只有坚持人民主体地位，不断增进人民福祉，促进人的全面发展，我们才能把人民团结在党的周围，不断推进全面依法治国进程，不断推动经济社会持续健康发展，共同为实现“两个一百年”奋斗目标和中华民族伟大复兴的中国梦而奋斗。

坚持法治为了人民，就要明确法治为了谁。全面依法治国，要以保障人民根本权益为出发点和落脚点，保障人民依法享有广泛的权利和自由，承担应尽的义务，维护社会公平正义，促进共同富裕，保障人民在党的领导下，依照法律规定，通过各种途径和形式管理国家事务，管理经济文化事业，管理社会事务。坚持法治为了人民，依法治国才能拥有最广泛的群众基础，才能赢得人民的拥护支持。要把体现人民利益、反映人民愿望、维护人民权益、增进人民福祉落实到依法治国全过程，使法律及其实施充分体现人民意志。

坚持法治依靠人民，就要明确法治依靠谁。人民是依法治国的重要力量，只有依靠广大人民群众，充分调动群众的积极性和创造性，全面依法治国才能向纵深推进。法律的权威来自人民内心拥护和真诚信仰。人民拥护法律，法律就有了力量和生命力；人民信仰法律，法律就有了权威。所以，在法律制定、法制宣传、法律实施的全过程，我们都要充分相信和依靠人民，得到人民的支持。

坚持法治造福人民，就要明确法治为谁造福。全面依法治国，就是为了实现好、维护好、发展好最广大人民的根本利益，不断提高人民的幸福指数。要通过法治切实保护人民的根本利益，让人民在法治的阳光下权利得到保障，生活更有尊严，不断造福人民。要通过建立和完善法治体系，让人民群众共享改革发展成果，获得实实在在的利益，增强人民群众的获得感，真正过上幸福生活。

坚持法治保护人民，就要用法治来保护人民。全面依法治国，就是为了更好地保护人民。用法治保护人民，就要彻底解决有法不依、执法不严、违法不究的问题，解决好执法司法不公、司法腐败损害群众利益的问题；就要解决一些领导干部知法犯法、以言代法、以权压法、徇私枉法的问题；就要通过法治手段，保护人民的根本利益，让人民在每一个司法案件中感受到公平正义，让人民真真切切地感受到法治保护人民的力量。

第四节　以造福人民为最大政绩

在2018年的新年贺词里，我们看到了习近平总书记深深的爱民情怀："我为中国人民迸发出来的创造伟力喝彩"、"千千万万普通人最伟大"、"幸福都是奋斗出来的"、"以造福人民为最大政绩"……字字珠玑，充满深情，让中国人民感动，点燃了十三亿多人民在新时代奋发向前的激情。

习近平总书记要求各级党委、政府和干部"要把老百姓的安危冷暖时刻放在心上，以造福人民为最大政绩，想群众之所想，急群众之所急，让人民生活更加幸福美满"。

以造福人民为最大政绩，这是共产党人初心的集中体现。中国共产党从成立之日起，就坚持一切为了人民，把人民放在心中最高的位置，从革命时期的为人民谋解放，到社会主义建设时期的为人民谋温饱，到改革开放后的为人民谋共同富裕、谋全面小康，中国共产党为了人民的初心始终不改，而且越来越强烈，造福人民成为我们执着的追求。改革开放，加快发展，脱贫攻坚，改善民生，无一不是在为人民谋幸福。中国人民的获得感、幸福感、安全感在不断增强，中国的综合国力、综合实力、国际影响力大幅提升，中华民族正以崭新的姿态走向世界舞台中央，中国方案和中国智慧惠及世界，这些都让中国人民获得了满满的幸福。“以人民为中心”的发展思想，彰显了习近平大国领袖的为民情怀，让世界再次看到中国共产党“为中国人民谋幸福，为中华民族谋复兴”的初心和使命。

一、牢记中国共产党人的初心和使命，真心实意为人民谋幸福

习近平总书记在党的十九大报告中明确提出中国共产党人的初心和使命，就是为中国人民谋幸福，为中华民族谋复兴。作为世界上最大的马克思主义执政党，中国共产党把自己的初心和使命放在人民幸福、民族振兴上，让全党同志感到振奋，让全体中国人民和中华儿女感到温暖，进一步凝聚了实现中华民族伟大复兴的中国梦的磅礴力量。

中国共产党从成立之日起，就把马克思主义写在自己的旗帜上，旗帜鲜明地把实现共产主义作为最高理想和最终目标，自觉承载起拯救民族于危难，带领中国人民谋求民族独立、人民解放的历史重任，肩负起实现中华民族伟大复兴的历史使命，把实现国家富强、民族振兴、人民幸福与实现共产主义远大理想有机统一起来。中国共产党人的初心，人民幸福和民族复兴始终是沉甸甸的责任。

党的十八大以来，以习近平同志为核心的党中央以巨大的政

治勇气和强烈的责任担当，统筹推进“五位一体”总体布局，协调推进“四个全面”战略布局，中华民族实现了从站起来、富起来到强起来的伟大飞跃，解决了许多长期想解决而没有解决的难题，办成了许多过去想办而没有办成的大事，推动党和国家事业发生历史性变革，取得了改革开放和社会主义现代化建设的历史性成就，推动中国特色社会主义进入新时代，谱写了崭新的历史篇章，中国共产党人的初心和使命正在向前延伸。

为人民谋幸福，必须坚持人民立场。始终站在人民立场上，把人民放在心中最高的位置，始终坚持以人民为中心的发展思想。我们党来自人民、根植人民、服务人民，党的根基在人民、血脉在人民、力量在人民。“以造福人民为最大政绩”，就是要把造福人民作为我们一切工作的出发点和落脚点。要把人民高兴不高兴、满意不满意、答应不答应作为衡量一切工作得失的根本标准，顶层设计、战略规划要想着人民，年度计划、具体实施要想着人民，把造福人民作为一切工作的出发点和落脚点，多做人民拥护、赞成的事，多做人民高兴、答应的事，精准施策、稳扎稳打，切实改善人民的生活，提高人民的幸福指数。我们必须把为人民谋幸福作为根本使命，坚持全心全意为人民服务的根本宗旨，尊重人民主体地位和首创精神，坚持党的群众路线，始终保持党同人民群众的血肉联系，把为人民谋幸福作为最大的政绩，千方百计为人民群众办实事、办好事，让人民真真切切看到中国共产党人的初心和使命。

以造福人民为最大政绩，要求党员干部树立正确的政绩观。

党员干部都希望出政绩，都想干出一番事业，其中最大的政绩就是要造福人民。如果干几年还是“涛声依旧”，干几届人民还是不满意，人民没有幸福感，就谈不上什么政绩，因为你没有为人民造福。因此，我们必须把造福人民放在第一位，始终坚持以人民为中心的发展思想，千方百计为人民谋利益，扎扎实实保障和改善民生。要把人民的小事当作大事来办，努力为人民办实事、办好事，让人民共享改革发展成果，在小康路上一个都不掉队。要把老百姓的安危冷暖时刻放在心上，忧人民所忧，急人民所急，乐人民所乐，带领人民过上美好生活。

为中华民族谋复兴，就要投身到实现中国梦的伟大实践中。实现中华民族伟大复兴的中国梦，是近代以来中华民族的夙愿，是中华儿女的百年梦想，也是中国共产党人的神圣使命。中国共产党近百年的历史，就是一部追求初心和使命的奋斗史。中国共产党成立后，团结带领人民进行了28年浴血奋战，建立了中华人民共和国，实现民族独立、人民解放、国家统一，让人民真正成为国家的主人。新中国成立后，中国共产党团结带领人民完成社会主义革命，确立社会主义基本制度，推进社会主义建设，从根本上扭转了中华民族的命运。党的十一届三中全会以来，党团结带领人民走上了改革开放强国之路，开辟了中国特色社会主义道路，使中国大踏步赶上时代，把曾经贫穷落后的旧中国变成了日益走向繁荣富强的新中国，中华民族伟大复兴展现出前所未有的光明前景。

中国梦是国家的梦、民族的梦，归根到底是人民的梦。新时代，我们都是追梦人。中国共产党人始终不忘初心、牢记使命，把为中国人民谋幸福、为中华民族谋复兴作为永恒追求，矢志不渝、接续奋斗，切实肩负起新时代的历史重任，把人民对美好生活的向往作为奋斗目标，为实现中华民族伟大复兴的中国梦而努力奋斗。

二、不能忘记为了谁、依靠谁、我是谁，始终与人民心心相印、与人民同甘共苦、与人民团结奋斗

中国共产党来自人民、根植人民、服务人民，始终保持同人民群众的血肉联系，这是我们党永远立于不败之地的根本。在中国特色社会主义进入新时代，全面建成小康社会进入关键阶段的重要时刻，习近平总书记要求我们“要把人民放在心中最高的位置”，具有特别重大的意义。

把人民放在心中最高的位置，就要同人民风雨同舟、血脉相通、生死与共，只有这样，我们党才能战胜一切困难和风险。离开了人民，我们就成为无本之木、无源之水，就会无所作为、一事无成。我们要牢记群众是真正的英雄，任何时候都不能忘记为了谁、依靠谁、我是谁，真正同人民结合起来。

任何时候都不能忘记为了谁、依靠谁、我是谁，是新时代对每一个党员干部提出的要求。懂得“为了谁”是根本，明白“依靠谁”是关键，清楚“我是谁”是基础，三者有机统一于为人民谋幸福、为民族谋复兴的全过程。牢记“为了谁”，才能坚定为人民服务，为国家富强、民族振兴、人民幸福而奋斗的方向；牢

记“依靠谁”，才能牢固树立群众观点、坚持群众路线、充分依靠群众，推进新时代中国特色社会主义伟大事业；牢记“我是谁”，才能明确自己的公仆角色、服务职责、使命担当，当好人民的勤务员。

任何时候都不能忘记“为了谁”。我们党从诞生之日起，就把一切为了人民鲜明地写在自己的旗帜上，全心全意为人民服务，全心全意为人民谋幸福，使我们党赢得了人民群众的拥护和支持，在革命、社会主义建设和改革开放中取得了巨大成就。“为什么人”的问题是一个根本的问题、原则的问题，是一个党员干部必须明白的重要问题。不知道“为什么人”，就不知道“为了谁”。无论世情、国情、党情发生多大变化，为人民服务、一切为了人民不能变，要始终牢记人民利益高于一切，站稳群众立场，坚持与群众站在一起，代表最广大人民的根本利益，全心全意服务人民。

任何时候都不能忘记“依靠谁”。人民群众是推动我们党的事业发展的决定性力量。只有人民群众，才是历史的真正创造者，才是真正的英雄。我们党来自人民，依靠人民取得了一个又一个胜利，创造了世界社会主义建设的辉煌，使中华民族从站起来、富起来到强起来，国家综合实力显著增强，经济总量稳居世界第二位，人民生活显著改善，从不能温饱到走向小康，中国的国际影响力大幅提升。我们党取得的每一点成就，都凝聚着人民群众的力量，都是团结人民不断前进的成果。充分相信群众、紧紧依靠群众、紧密团结群众，这是党的事业成功的根本保证。我们要牢固树立以人民为中心的思想，始终坚持人民群众的主体地位，坚持党的群众路线，坚持从群众中来、到群众中去，努力实现好、维护好、发展好最广大人民的根本利益。要坚持用习近平新时代中国特色社会主义思想武装头脑、指导实践、推动工作，紧紧依靠人民，尊重群众首创精神，集中群众智慧，不断开创新时代中国特色社会主义新局面，实现“两个一百年”奋斗目标和中华民族伟大复兴的中国梦。

任何时候都不能忘记“我是谁”。对党员干部来说，弄清楚“我是谁”至关重要。只有知道“我是谁”，才能找准自己的角色定位，才能明白自己“为了谁”，要“依靠谁”，切实摆正同人民群众的关系。群众就是我们的根本，就是我们的源头活水。人民群众是事业成败的决定力量，人民群众养育了我们的党、成就了我们党的伟大事业，是人民群众给了我们干事创业的舞台、施展才华的天地，必须对群众始终保持敬畏之心。那种在群众面前耀武扬威、颐指气使的党员干部，就是把自己当主人，颠倒了主人和公仆的关系，就是忘记了党的宗旨。党员干部一定要把群众放在心中最高的位置，把群众当亲人，谦虚低调地善待群众，真心实意地服务群众，为群众办实事、办好事，真正成为群众的贴心人。

习近平总书记在十八届中共中央政治局常委同中外记者见面时说“我们一定要始终与人民心心相印、与人民同甘共苦、与人民团结奋斗”，总书记的真情话语，深深打动了十三亿多中国人民的心，让人民的心中暖流涌动。始终与人民心心相印，体现的是我们党深厚的为民思想和全心全意为人民服务的执着；与人民同甘共苦，体现的是我们党和人民不可分割的血肉联系和与人民风雨同舟的情怀；与人民团结奋斗，体现的是我们党与人民相依相靠的关系和与人民共同奋进的精神。

党的利益和人民的利益是统一的，这是我们党能够与人民心心相印的根本原因。党和人民思想是统一的，目标是共同的，方向是一致的，始终是心心相印的，党的心中有人民，人民心中有党。心连心，心相通，才能心相印，党和人民就能想到一起，手拉手形成合力，向着奋斗目标朝前走。我们党始终坚持立党为公、执政为民，始终坚持以人为本，关注民生，全心全意为人民谋幸福，人民群众看在眼里，记在心头。

始终与人民心心相印，就要把群众放在心上，放在心中最高的位置。人民是朴实善良的，群众的心是不容伤害的。要把群众当作自己的亲人，时时刻刻心中有人民，心系百姓，关注人民的喜怒哀乐，真心实意为人民谋幸福。要把人民高兴不高兴、满意不满意、答应不答应作为检验一切工作的重要标准。要对权力有一种敬畏之心，为民用权，依法用权，绝对不能滥用职权，为非作歹，欺压百姓，损害群众利益，伤了群众的心。

始终与人民同甘共苦，就要关切人民的所思、所想、所盼、所忧，与人民生活在一处、干活在一处。与人民同甘，要把人民的幸福作为自己的幸福，努力为人民创造幸福生活，让人民共享改革发展成果；与人民共苦，要心系人民群众的疾苦，实实在在帮助困难群众，努力为群众办实事、办好事、解难事，自觉贴近人民群众的心，温暖人民群众的心，赢得人民群众的心。

始终与人民团结奋斗，就要坚持党的群众路线，充分相信和依靠群众，一切为了群众，一切依靠群众，从群众中来，到群众中去，密切联系群众，把人民群众始终团结在党的周围，聚集在中国特色社会主义旗帜下，为全面建成小康社会、实现中华民族伟大复兴的中国梦而努力奋斗。

三、坚持为人民服务的宗旨不能变，用人民幸福检验一切工作的成效

党的十八大提出，要按照建立中国特色社会主义行政体制的目标，深入推进政企分开、政资分开、政事分开、政社分开，建设职能科学、结构优化、廉洁高效、人民满意的服务型政府。全国各地采取了一系列措施，加快转变政府职能，强化政府经济调节和市场监管职能、公共服务职能和社会管理职能。

为人民服务是我们党的根本宗旨，也是各级政府的根本宗旨。习近平总书记提出“不论政府职能怎么转，为人民服务的宗旨都不能变”，为转变政府职能提出了总要求，定了总基调。我们的政府是人民的政府，我国各级政府的前面都有“人民”两个字，这就明确了政府的性质。人民政府为人民服务，这是我们在转变政府职能中必须坚守的原则和底线。要坚持以人为本、执政为民，接地气、通下情，想群众之所想，急群众之所急，解群众之所忧，在服务人民中实施管理，在管理中实现服务人民。

党、国家和人民的利益是一致的。党和政府的宗旨从来都是

一致的，都是全心全意为人民服务。为人民服务，是对各级人民政府的根本要求。为人民服务，要全心全意，不能半心半意；要真心实意，不能虚情假意；要一心一意，不能三心二意。只有这样，党和政府的工作才能得到人民的支持。

转变政府职能，是为了进一步找准政府的定位，明确政府的职能，优化政府结构，提高政府的行政效率，更好地为人民服务。要在服务人民中实施管理，在管理中实现服务人民，廉洁、高效地为人民服务，打造人民满意的政府。

转变政府职能，不能偏离为人民服务的方向。要紧紧围绕如何更好地为人民服务来开展，进一步强化为人民服务的职能。不利于服务人民的职能，就要下决心转变，转变到人民满意为止。

各级领导干部、工作人员，要牢记为人民服务的宗旨，牢固树立公仆意识，不能颠倒公仆和主人的位置，在为人民服务中体现价值。要把人民揽在怀里，捧在手里，疼在心里，真心实意为人民办实事、办好事。要牢记权为民所赋、权为民所用，要尽心尽力为人民服务，一辈子为人民造福。

我们的干部每天按时上下班，有时还要加班加点，为工作忙碌，为事业奔波，自己觉得尽心尽力了，很辛苦很疲惫，但是工作成效如何？如何检验？长期以来，各地各部门、各行各业都有不同的标准。

习近平总书记给我们提出了检验我们一切工作成效的总标准："最终都要看人民是否真正得到了实惠，人民生活是否真正得到了改善。"让人民真正得到实惠，让人民生活真正得到改善，是坚持立党为公、执政为民的本质要求，是党和人民事业不断发展的重要保证，是各级领导干部做好一切工作的目标。

我们党坚持立党为公、执政为民，就是要全心全意为人民服务，努力实现好、维护好、发展好最广大人民的根本利益，通过创造更多的物质精神财富，提高人民的物质文化生活水平，让人民生活真正得到改善，提高人民的幸福指数。让人民能得到实惠，让人民生活能得到改善，人民就会更加信任我们党，更加信任我们的党员、干部，就会更加支持我们的工作。那种自己工作自己快乐，不计工作成本，不讲工作成效，不管人民喜欢不喜欢、高兴不高兴、满意不满意的干部，肯定要走进一个误区。

我们做一切工作，首先要把工作目标定位找好，看我们的工作能不能给群众带来实惠，能不能改善人民生活。要把方法途径找好，一切为了最广大人民的根本利益，干一件实事利群众，成一件好事惠群众。那种劳民伤财、不能给群众带来实惠、不能改善人民生活的工作，就不要去做。

有的领导干部喜欢搞“政绩工程”、“形象工程”，不仅出不了政绩，还害了一方百姓，引来一片骂声。这种不能给人民带来实惠、不能改善人民生活，还会伤害群众利益的事，千万不要去干，硬要干就是对着老百姓干，就是乱干、盲干，不可能有工作成效。

四、避免单纯以国内生产总值增长率论英雄，决不以牺牲环境为代价去换取一时的经济增长

国内生产总值简称 GDP，是指在一定时期内一个国家或地区

的经济中所生产出的全部最终产品和劳务的价值，经常被公认为衡量国家经济状况的最佳指标。它不但反映出一个国家的经济表现，更可以反映出国力与财富。1985 年起，我国建立了 GDP 核算制度。1993 年，我国正式取消国民收入核算，GDP 成为国民经济核算的核心指标。

从 GDP 成为国民经济核算的核心指标以来，在各级领导干部口中，我们时常能听到这三个英文字母。这充分说明，国内生产总值已经被普遍认同，提高国内生产总值成为广大干部群众的共识。但是，在实践中还存在一些单纯追求 GDP，搞片面发展的错误做法，这需要引起我们的重视。把 GDP 作为国民经济核算的核心指标，这本身并没有错，关键是不能走极端。唯 GDP 论英雄，这就与科学发展背道而驰，是不可取的。

习近平总书记明确要求“要提高经济增长质量和效益，避免单纯以国内生产总值增长率论英雄”，这话值得我们深思。建设富强民主文明和谐美丽的社会主义现代化强国，不断改善人民生活，我们需要持续推动经济发展，积累更多的物质财富。发展是硬道理，发展是我们党执政兴国的第一要务，任何时候都不能放松。但是，我们不能简单地以国内生产总值增长率来论英雄。要坚持全面的、辩证的观点，不搞单点论，不能只看一点。要坚持以质量和效益为中心，不断提高经济发展的质量和效益，不断改善民生，促进社会和谐，加强生态文明建设，推动经济社会全面、协调、可持续发展。

避免单纯以国内生产总值增长率论英雄，要完善领导干部的考核方式，科学评价干部。在干部考核考察中，既看发展，又看基础；既看显绩，又看潜绩；既看近期发展，又看长远发展，把民生改善、社会进步、生态效益等指标和实绩作为重要的考核考察内容，树立正确的考核评价导向。

人与自然有一种天性的亲近，相存相依，不可分离。山清水秀，鸟语花香，蓝天白云，牛羊成群，小桥流水，鱼儿戏水，这样的秀美景致，无不让人心旷神怡，心静如水，养心养肺。到了这样的地方，我们会忍不住感叹：这里的生态环境太好了！

在生态建设上，我们走过弯路，吃过大亏，有过深刻的教训。那种“人定胜天”的思想、改天换地的豪迈，那种在自然面前称“老大”、对自然无所顾忌地掠夺，对环境无情地破坏的行为，给我们世世代代赖以生存发展的美丽家园造成严重伤害，我们为此吃尽苦头，现在还在继续受累。

砍光一座山，不要一年时间；绿化一片山，没有十年工夫不可能见成效。污染一个清澈见底的湖泊，不要几年时间；治理一个湖泊，需要几代人的努力，要把几十亿、上百亿资金砸进去，我们为自己挖了一个无底洞。这样的实例不胜枚举，令人痛心，追悔莫及。

习近平总书记明确提出：“决不以牺牲环境为代价去换取一时的经济增长。”总书记的话说到根子上了，必须引起各地、各部门的高度重视。保护生态环境，建设生态文明，建设美丽中国，我们要坚持新发展理念，牢固树立绿水青山就是金山银山的意识。

发展是执政兴国的第一要务。但是，在发展经济的过程中，要把保护生态环境作为保护生产力，要把改善生态环境作为发展生产力，要正确处理好经济发展同生态环境保护的关系，更加自觉地推动绿色发展、循环发展、低碳发展。当经济发展与生态保护发生矛盾时，我们要以对国家、对人民、对未来高度负责的精神，坚持生态保护优先，把保护生态环境摆在更加突出的地位，决不以牺牲环境为代价去换取一时的经济增长。

要算好经济账和生态账，算好长期账和短期账，算好大账和小账。不要为了一时的经济增长，就对资源大肆开发，破坏生态、污染环境，那样会得不偿失，会给子孙后代留下一个沉重的包袱。

在任何时候，我们都一定要给子孙后代留一碗饭吃。我们需要的不是一时的发展，而是科学发展、永续发展、长久发展。同时，我们还要有“还账”的意识，下决心把长期以来欠下的生态账还清，把过去污染的生态环境治理好，努力推动生态文明建设，把我们的祖国建设得更加美丽，为人民创造更好的生产生活环境。

五、既做大“蛋糕”又把“蛋糕”分好，努力让劳动者实现体面劳动、全面发展

在日常生活中，我们不难看到这样的实例：有的家庭在艰难困苦中能团结和睦，过年能吃上一顿饱饭，就其乐融融，欢喜无比。但是，随着家庭经济实力增强，几个孩子渐渐长大成家立

业，矛盾纠纷就来了。如果父母对哪一个孩子存有私心偏爱，在分配家庭财产时出现不公平，孩子们就会吵翻了天，甚至从此反目成仇。

《论语·季氏》中有这样一句话：“不患寡而患不均。”意思是说，不忧虑少，而忧虑分配不均。习近平总书记深刻指出：“‘蛋糕’不断做大了，同时还要把‘蛋糕’分好。”我国社会历来有“不患寡而患不均”的观念。

社会主义的本质，是解放生产力，发展生产力，消灭剥削，消除两极分化，最终达到共同富裕。随着我国经济社会持续健康发展，社会物质财富增加，如何更好地满足人民群众日益增长的物质文化需要，是我们面临的一个新课题。我们要按照习近平总书记的要求，在不断发展的基础上尽量把促进社会公平正义的事情做好，既尽力而为又量力而行，努力使全体人民在学有所教、劳有所得、病有所医、老有所养、住有所居上持续取得新进展。

做大“蛋糕”，是分好“蛋糕”的基础。只有不断把“蛋糕”做大了，才有“蛋糕”可分，才能把“蛋糕”分好。人民群众是发展中国特色社会主义的根本动力。只有依靠人民，尊重人民主体地位，发挥人民首创精神，我国的经济社会发展才能得到最广大人民的支持，获得最广泛、最可靠的群众基础和力量源泉。实现好、维护好、发展好最广大人民的根本利益，要坚持把发展作为执政兴国的第一要务，全面深化改革，推动经济社会发展，把“蛋糕”做大，越大越好。

分好“蛋糕”，是为了把“蛋糕”做得更大。我们党来自人民、根植人民、为了人民，必须坚持发展为了人民，发展依靠人民，发展成果由人民共享。把“蛋糕”分好，是为了更好地服务人民，把人民群众团结在党和政府周围，朝着实现中华民族伟大复兴中国梦的目标前进。分好“蛋糕”，要始终坚持走共同富裕道路，坚持维护社会公平正义，努力促进社会和谐。

俗话说，人活一张脸，树活一张皮。人一生下来就是有尊严的，需要得到尊重。树一旦被剥了皮，就无法从大地汲取营养，必死无疑。在现实生活中，我们时常看到一些不该发生的悲剧，其根本原因就是人格受到侮辱伤害，让人的心陷入绝望境地。

如何让中国人民能有尊严地生活和工作，如何激发人民无穷的创造力，直接关系到党群、干群关系，关系到社会和谐稳定，关系到人民的幸福感。习近平总书记明确要求：“努力让劳动者实现体面劳动、全面发展。”这一句大白话，让全体中国人民、中国劳动者感到无比温馨，从心底涌出一股暖流。

劳动光荣，劳动者最光荣。实现中华民族伟大复兴的中国梦，需要积累丰富的物质基础，需要劳动者通过辛勤劳动创造社会财富，劳动者应该得到全社会的理解、尊重和支持。

但是，劳动者没有得到尊重的事时有发生。那种对劳动者缺乏最起码的尊重，置劳动者的人格尊严于不顾、肆意辱骂的行为，只会严重伤害劳动者的心，挫伤劳动者的积极性和创造性。有的干部从劳动者岗位上走来，当上领导后就从心底远离劳动人民，忘记了劳动人民，有的甚至藐视、轻视劳动者的劳动，这样的人必将走到人民的对立面。

让劳动者体面劳动、全面发展，就是要维护劳动者的尊严和利益。对劳动者要高看一眼，坚持以人为本，从心底把他们当作中国特色社会主义事业的建设者；要厚爱一层，实实在在地关心他们的生活和工作，为他们排忧解难，切实维护他们的根本利益；要关心有加，不断提高他们的知识技能，促进劳动者的全面发展。要在全社会营造尊重劳动、尊重知识、尊重人才、尊重创造的良好氛围，真正让劳动者体面劳动、全面发展，为实现中国梦发挥积极作用。

第二章
执政为民，一切为了人民的幸福

第一节 以百姓心为心

在《老子》第四十九章里有这样一句话："圣人常无心，以百姓心为心。"意思是，圣人没有固定不变的意志，而是以百姓的意志为意志。引申来说就是，我们不能以自我意志去决定好恶、判断是非，也不能以自我意志去限定百姓意志，而要以百姓意志为主去决定自己的意志。这样才能顺应自然、符合百姓意愿，才能消除我们与群众之间的隔阂，达到人我合一的境界。

习近平总书记提出"要坚持'以百姓心为心'"，就是要求我们把人民放在心中最高的位置，充分尊重群众、相信群众、依靠群众，深入了解群众的所思、所想、所盼，倾听人民心声，汲取人民智慧，始终把实现好、维护好、发展好最广大人民根本利益作为一切工作的出发点和落脚点，在一切工作中准确把握群众的意愿，按照最广大群众的意志把事情办好，让发展成果更多更公平惠及全体人民。

一、民心是最大的政治，正义是最强的力量

“政之所兴在顺民心，政之所废在逆民心。”（《管子·牧民》）孙中山先生曾经说过：“立国基础，就是万众一心。”有人曾向毛泽东同志请教为什么能够打败蒋介石。毛泽东同志的回答一语道破天机：“共产党赢得了民心。”中国共产党成立近百年来，始终把人民放在心中最高的位置，坚定地与人民站在一起，全心全意为人民服务，一心一意为人民谋幸福，赢得了民心，得到了人民的支持和拥护，取得了一个又一个伟大的胜利，成为傲然屹立世界的马克思主义执政党。

“民心是最大的政治，正义是最强的力量。”习近平总书记的这一重要论述，深刻把握我们党对治国理政规律的认识，一语浓缩了中国共产党能够带领人民不断开创事业发展新局面的秘诀，充分展现了深入推进反腐败斗争的坚定信心，让人民群众对党充满信心，对夺取反腐败斗争最后胜利充满期待。

党的十八大以来，以习近平同志为核心的党中央以对党、对国家、对民族、对人民高度负责的态度，坚持全面从严治党，扎实推进党风廉政建设，深入开展反腐败斗争，坚持有腐必惩、有贪必肃，坚持“老虎”、“苍蝇”一起打，取得了反腐败斗争压倒性胜利，党风、政风为之一新，赢得了党心、民心。正因为反腐败斗争是民心所向、民心所在，得到了人民群众的支持和拥护，增强了人民群众对党的信任和支持，人民群众给予高度评价。

民心是最大的政治。自古成败皆在民心。中国共产党的最大

政治优势就是密切联系群众，而党执政后最大的危险就是在政治上脱离群众。党内存在的腐败问题，就是最大的脱离群众，就是把我们推向亡党亡国的危险边缘。“锄一害而众苗成，刑一恶而万民悦。”（汉·桓宽《盐铁论·后刑》）人民群众痛恨腐败，与腐败分子水火不相容，民心站在中国共产党反腐败一边，反腐败顺应了民心，得到了人民的拥护。我们党坚持有腐必惩、有贪必肃，着力解决发生在基层和群众身边的不正之风和腐败问题，让正风反腐给老百姓带来更多获得感。实践证明，反腐败斗争得到了人民群众的大力支持，赢得了人民群众对党的信任，人民的拥护和支持就是夺取党风廉政建设和反腐败斗争胜利的根本保证。

正义是最强的力量。我们党坚定不移反对腐败，使我们占据了国际道义制高点。反腐败让我们在国际上从被动一举转为战略主动。通过加强反腐败国际多边双边合作，启动“天网行动”，加大追逃追赃力度，一批外逃多年的犯罪分子被缉拿归案。通过加强反腐败国际合作，推动构建国际反腐新秩序，美国等西方国家不再是腐败分子的“避罪天堂”。中国的反腐行动赢得了国际社会的尊重。加强党风廉政建设和反腐败斗争，是事关党和国家生死存亡的殊死搏斗，需要党员干部拥有铁的信仰、铁的信念、铁的担当、铁的纪律，汇聚起党内外强大的正义力量，与腐败分子作坚决斗争。

全面从严治党永远在路上。深入推进全面从严治党，深入开展反腐败斗争，我们一定要坚定信心，保持强大定力，不获全胜决不收兵，因为，人民站在我们一边，民心跟我们在一起，正义站在我们一边，正气跟我们在一起。随着反腐败的深入推进。我们对党中央在反腐败斗争上的决心有足够自信，对反腐败斗争取得的成绩有足够自信，对反腐败斗争带来的正能量有足够自信，对反腐败斗争的光明前景有足够自信。我们坚信，我们一定能够打赢这场输不起也决不能输的斗争，夺取反腐败斗争的最后胜利。

二、善于从群众关注的焦点、百姓生活的难点中寻找改革切入点，以最广大人民根本利益为根本坐标

坚持“以百姓心为心”，就要对群众充满深情，做到心中有民。得民心者得天下。人民群众是我们党的执政之基、力量之源，党的事业就是人民的事业，党的事业发展离不开人民的支持。要把群众的喜、怒、哀、乐放在心上，忧群众所忧，急群众所急，解群众所难，乐群众所乐，把自己融入到群众之中，与群众融为一体。对群众的苦处、难处，不能视而不见、麻木不仁。

党的十八届三中全会提出要紧紧依靠人民推动改革，这就要求我们牢固树立人民群众是改革的依靠力量的意识，在全面深化改革中充分尊重人民的主体地位，发挥人民的首创精神，广泛调动群众的积极性和创造性，发挥群众的聪明才智，紧紧依靠人民推动改革。

改革开放在认识和实践上的每一次突破和发展，无不来自人民群众的实践和智慧。习近平总书记要求“善于从群众关注的焦点、百姓生活的难点中寻找改革切入点”，充分体现了党的群众

路线和群众观点，这是全面深化改革的重要方法，我们要在改革中认真落实。

人民群众是改革成果的受惠者，也是改革的参与者，是推动改革的力量源泉。没有人民群众的大力支持和广泛参与，任何改革都不可能成功。在全面深化改革的进程中，要始终把实现好、维护好、发展好最广大人民的根本利益作为出发点和落脚点，让群众真正得到改革的实惠。让人民参与改革，感受到改革的力量，享受到改革的成果，人民就会成为改革的坚强后盾。

各方面的改革，都需要找到很好的切入点。没有切入点，改革就没有着力点，就会无从着手，陷入盲目性，东一榔头西一棒子。切入点找得准不准、好不好，关系到改革的成败。只有找到切入点，才能找到改革的方向和重点。找到改革的切入点，要把顶层设计和基层探索有机结合起来，坚持群众路线，坚持一切为了群众，一切依靠群众，从群众中来，到群众中去，认真听取群众意见，倾听群众呼声，从群众关注的焦点中寻找改革切入点，从百姓生活的难点中寻找改革切入点，妥善解决群众关注的突出问题，改革才能落在点上，才会有针对性。

改革就要聚焦群众关注的焦点，破解群众生活的难点。群众关注的焦点，往往是矛盾的集中点，是发展的难点，应该成为改革的重点。群众生活的难点，应该成为改革的关注点，通过改革为群众排忧解难。人民是国家的根基。民生是人民幸福的基石，是社会和谐的根本。全面深化改革，必须坚持改革为了人民、改革依靠人民，坚持以人为本、以民为本，关注民生、改善民生，真正解决人民反映强烈的问题，不断增进人民福祉，赢得人民群众的支持。

坚持“以百姓心为心”，就要把群众的利益摆在第一位，始终把实现好、维护好、发展好最广大人民根本利益作为一切工作的出发点和落脚点，让人民群众共享发展成果，让发展成果更多更公平惠及全体人民。做好一切工作，让群众真正得到实惠，把群众利益最大化，我们才能不断温暖群众的心，让群众看到希望、增强信心，把人民群众团结在党和政府周围，凝聚起实现中华民族伟大复兴中国梦的巨大力量。

党的十八届三中全会《决定》指出：“创新社会治理，必须着眼于维护最广大人民根本利益，最大限度增加和谐因素，增强社会发展活力，提高社会治理水平，全面推进平安中国建设，维护国家安全，确保人民安居乐业、社会安定有序。”习近平总书记明确要求，创新社会治理“要以最广大人民根本利益为根本坐标，从人民群众最关心最直接最现实的利益问题入手”。

当前，我国处于发展的重要战略机遇期，又处于社会矛盾凸显期，社会治理面临着许多新情况和新问题：人民内部矛盾易发多发，社会组织管理和服务问题突出，公共安全形势严峻，国家安全面临严峻挑战。这些问题需要我们正确看待、有效应对。习近平总书记提出“创新社会治理，要以最广大人民根本利益为根本坐标”，为我们指明了创新社会治理的根本方向。

创新社会治理体制，对于维护最广大人民根本利益，最大限度增加和谐因素，增强社会发展活力，提高社会治理水平，全面推进平安中国建设，维护国家安全，确保人民安居乐业、社会安定有序具有重要的现实意义。创新社会治理，要按照十八届三中全会的要求，改进社会治理方式，坚持系统治理，坚持依法治理，坚持综合治理，坚持源头治理，取得社会治理的综合效应。

创新社会治理，要以最广大人民根本利益为根本坐标，就是要把最广大人民的根本利益放在第一位，把实现好、维护好、发展好最广大人民的根本利益作为社会治理的出发点和落脚点。要从人民群众最关心最直接最现实的利益问题入手，真心实意帮助群众办实事、办好事，切实增加人民的幸福感。在社会治理中，要坚持社会公平正义，高度关注困难群众，依法协调社会利益，有效化解社会矛盾。

创新社会治理，要以最广大人民根本利益为根本坐标，就要切实维护社会稳定。维护社会稳定，是社会治理的目标。社会稳定是国家所盼、人民所愿。确保社会稳定，改革发展就有了基础，人民幸福就有了保障。社会稳定是最广大人民的根本利益所在。要把群众的小事作为大事，急群众所急，帮群众所难，解群众所困，把社会不稳定因素消除在基层，把社会矛盾化解在第一线。不能让小的社会问题放大，甚至激化为群体性事件。这样，我们才能得到人民群众的支持，维护社会稳定才有坚实的群众基础。

三、任何事情都要向上看看，向下看看，随时随刻倾听人民呼声、回应人民期待

古人有“吾日三省吾身”之说，又有“君子必慎其独”之说，

要求人们经常反思自我，不断透视自我、剖析自我，经常问问自己有哪些事做对了，哪些事做错了，下一步应该怎么做，怎样超越自我。同时，要不断增强自律意识，约束自我，规范自己的一言一行，不断充实和完善自己。

坚持“以百姓心为心”，就要坚持党的群众路线，自觉践行群众观点。要深入到群众中去，认真倾听群众心声，认真听取群众的意见建议，充分汲取群众智慧，让群众的心与我们的心融合在一起，让广大群众的意志变成我们的意志，变成我们的实际行动。这样，我们想干的事才会变成群众想做的事，才能得到群众的真心支持。想问题、办事情、做决策，都要把群众高兴不高兴、满意不满意、答应不答应作为重要的检验标准，多做群众满意、群众高兴、群众答应的事，不要做违背群众意愿、伤害群众的事。

要按照习近平总书记“任何事情都要向上看看，向下看看”的要求，经常问问自己：是不是在忙着与党的根本宗旨毫不相关的事情？有没有一心一意在为老百姓做事情？是不是在围绕党和国家中心任务而工作？

目前，在一些干部中，还存在着很浓烈的浮躁之气，他们对自己、对工作不以为然，脚踩西瓜皮，滑到哪里算哪里，一副满不在乎、玩世不恭的样子，缺乏最基本的清醒认知、自律反思，这对干部成长进步、对事业发展是很不利的。

任何事情都要向上看看，向下看看，各级干部要学会观察、学会反思，不断纠正自己的言行。人都有一双眼睛，眼睛是用来观察事物的。只会埋头干，不会抬头看，肯定要盲干。只会低头拉车，不会抬头看路，肯定要走错路。作为一名领导干部，我们身上肩负着推动改革发展、维护稳定和谐的重任，要对一个地方、部门的工作负责，一定要学会用眼睛细心观察，学会用脑子认真反思。

向上看看，就是要始终坚持党的领导，坚定共产主义理想、中国特色社会主义信念和中华民族伟大复兴的中国梦的共同理想，在思想上、政治上、行动上与以习近平同志为核心的党中央保持高度一致，坚决维护习近平总书记党中央的核心、全党的核心地位，坚决维护党中央权威和集中统一领导，自觉遵守政治纪律，做到政治方向不偏；要认真贯彻党的理论、路线、方针、政策，认真贯彻中央的决策部署，与党中央对标对表，围绕党和国家一个时期的中心任务来统筹工作大局，推动党和人民的事业发展，不能游离于中心工作之外。

向下看看，就是要把人民放在心中最高的位置，深入实际、深入群众，广泛听取群众的意见和建议，始终保持与人民群众的血肉联系。要践行全心全意为人民服务的宗旨，为群众办实事、办好事，努力实现好、维护好、发展好最广大人民的根本利益，为人民谋福祉，不危害群众利益。

要通过向上看看，向下看看，经常自我反省、扪心自问，查找差距、发现问题，及时纠正错误、校正航向，沿着正确的方向前进。要经常问问自己：路走对了吗？是否与党中央保持高度一致？方向偏离了吗？是否围绕党和国家的中心工作？事情做对了吗？是否全心全意为人民服务？干实事了吗？是否在为人民谋幸福？时时提醒自己，修正错误，更好地为党和人民工作，做出实实在在的业绩。

为人民服务，需要知道人民的所思、所想、所盼，这就要求我们学会倾听人民的呼声，及时回应人民的期待。作为一名领导干部，必须具备这些基本功。那种不注重倾听人民呼声、听不进群众意见、不回应群众期待、不为群众服务的领导干部，是不会被群众接受的。

要落实习近平总书记的重要指示精神，时刻倾听人民呼声，回应人民期待，保障人民平等参与、平等发展的权利，维护社会公平正义，在学有所教、劳有所得、病有所医、老有所养、住有所居上持续取得新进展，不断实现好、维护好、发展好最广大人民的根本利益，使发展成果更多更公平惠及全体人民，在经济社会不断发展的基础上，朝着共同富裕方向稳步前进。

倾听人民呼声、回应人民期待，不是一时一事，而是要时刻如此，这就对领导干部提出了很高的要求。人民是我们的服务对象，倾听人民呼声，是对人民的尊重，是牢固树立群众观点的表现；回应人民期待，是对人民负责，是践行群众路线的体现，这是对领导干部最基本的要求。

要善于倾听人民的呼声，尊重人民的话语权、参与权、监督权。要学会倾听，静得下心，沉得住气，耐得住性子，把群众的意见听进耳朵，记在心里。千万不要群众三句话没说完，你就坐不住；说一句批评的话，你就发脾气；话说得多一点，你就使性子，让群众敬而远之。群众不敢讲真话、说实话，你就无法掌握真实情况，就会在决策中犯错误。

要积极回应人民的期待，尽心尽力为群众办事，帮助群众解决问题。不要跟群众玩官场游戏，因为他们不懂那一套；不要跟群众玩公文旅行，因为他们不理会那一套。群众要求办的事，小事要立即着手办，让群众看到实效，不要让群众等白了头发还没个准信儿；大事要按计划办，一步步推进，让群众看到希望。

要对人民负责，为人民服务，人民才会认可你、接受你、支持你。我们的领导干部善于倾听人民呼声，积极回应人民期待，知民心、体民情、解民忧，为民办实事、办好事、解难事，党群干群关系就会日益紧密，党和人民的事业就充满希望。

四、牢记“小康不小康，关键看老乡”，把中国人的饭碗牢牢端在自己手上

党的十八大提出要在2020年全面建成小康社会的宏伟目标。走进小康，共享小康，成为全体中国人民的共同向往。党的十一届三中全会以来，中国人民沐浴着改革开放的阳光，在希望中看到新的希望，从希望走向新的希望。

习近平总书记情真意切地指出：“小康不小康，关键看老乡。”这一句大白话，充分表明了总书记高度关注民生、对农民兄弟的真诚牵挂。总书记把农民兄弟称为“老乡”，让广大农民群众倍感亲切、心中温暖。一句直白的话，切中了小康的要害，抓住了小康的重点，为全面建成小康社会找到了着力点。“小康

不小康，关键看老乡”，这句温馨的话迅速在亿万农民中流传。

没有农民的小康，就没有中国的小康。中国要全面建成小康社会，关键是看10亿农民能不能实现小康。10亿老乡能过上小康生活，我国全面建成小康社会的目标才能实现。

“小康不小康，关键看老乡”是对各级领导干部提出的要求。全面建成小康社会，不能让农民掉队。在全面建成小康社会的进程中，我们一定要心系老乡，情系老乡，关注老乡；要更加重视农村、农业、农民问题，更加关注农村发展，更加关心农民生活；要以更大的力度、更实的措施，加快城乡一体化建设，加快县域经济发展，合理调整产业结构，转变发展方式，扶植富民产业，切实推动农村发展、农民增收，加快农村建设小康社会的步伐。

“小康不小康，关键看老乡”也是对农民群众的期待。农村实现全面建成小康社会，既要依靠党和政府的领导，也要依靠亿万农民群众的努力。广大农民群众是实现农村小康社会的主体力量和依靠力量，必须充分发挥积极性和创造性。广大农民群众不能坐等小康、盼小康，要积极行动起来，多想发家致富的办法，多走增收致富的路子，朝着全面建成小康社会的目标迈进。只有这样，全面建成小康社会才能形成合力。

粮食安全与能源安全、金融安全并称为当今世界三大经济安全。我国是世界上最大的发展中国家，在加速推进工业化、城镇化的过程中，中国十三亿多人口的吃饭问题，是一个很大的安全问题，也是一个重大的政治问题。

悠悠万事吃饭为大，农业是安天下稳民生的战略产业。在我们这样一个有十三亿多人口的大国，要落实习近平总书记“必须把饭碗牢牢端在自己手上”的要求，粮食安全要警钟长鸣，粮食生产要高度重视，“三农”工作要常抓不懈。

确保粮食安全是实现经济平稳健康发展的基本条件，是促进社会稳定和谐的重要保障，是确保国家安全的战略基础。我们一定要增强粮食安全意识，绷紧粮食安全这根弦，把粮食生产摆在重要的议事日程，千方百计抓好粮食生产。

粮食生产事关国家稳定大局。习近平总书记指出，解决好吃饭问题始终是治国理政的头等大事，中国人的饭碗任何时候都要牢牢端在自己手上。要确保中国人的饭碗任何时候都牢牢端在自己手上，就必须高度重视粮食生产，抓好粮食生产。习近平总书记指出：“粮食生产根本在耕地，命脉在水利，出路在科技，动力在政策。”这些都是粮食生产的关键点，我们要紧紧抓住，抓好落实。

人们常说：手中有粮，心里不慌。吃饱肚子，是人生存的第一需要。没有饭吃，饿着肚子，那是要出大事的。农民说：手中有地，心里不慌。粮食是从耕地里产出的，耕地是粮食生产的根本和依靠。粮食生产的根本在耕地。没有耕地，粮食是不会从天而降的。我国耕地总体质量不高，后备资源不足，我们要十分珍视耕地、珍惜耕地。在工业化、城市化的进程中，不能为了一时的发展，大量占用耕地、毁坏耕地，要立足长远发展，采取切实有效的措施保护耕地，一定要给子孙留一碗饭吃。耕地红线不能逾越，我国 18 亿亩耕地红线必须守住。

粮食生产命脉在水利，就是要大力发展农村水利建设，不断改善粮食生产条件，提高耕地的抗灾减灾能力，改变一些地方靠天吃饭的局面；粮食生产出路在科技，就是要充分依靠科学技术进步，推广先进农科技术，不断提高粮食生产的科技化水平，提高耕地的生产力，提高粮食产量，在有限的土地上产出更多的粮食；粮食生产动力在政策，就是要完善和制定激励粮食生产的政策，完善粮食生产的体制和机制，有效调动广大农民的粮食生产积极性。

五、牢记没有全民健康，就没有全面小康，高度关注人民身体健康

全面建成小康社会，让人民过上小康生活，是党和国家对人民的承诺。一个人的健康是立身之本。人民要幸福，健康是最基本的起点，也是最根本的保障。如果一个人浑身是病，整天病恹恹的，三天两头往医院跑，甚至把医院当成家，他是不会有幸福感的，全面建成小康社会他也过不了小康生活。

习近平总书记深刻指出："没有全民健康，就没有全面小康。"这是大白话，也是大实话，充分体现了总书记对人民健康的关心，指出了人民健康的极端重要性。人民的健康是立国之基。中国十三亿多人民的健康，是全面小康的重要支撑。只有全民健康，人民才能更好地为国家努力工作；只有全民健康，小康社会才是全面的；只有全民健康，人民才能充分享受小康生活。

新中国成立以来，党和国家始终高度重视人民健康，不断采取有效措施，切实维护全体人民健康。经过坚持不懈的努力，我国彻底洗雪了“东亚病夫”的耻辱。我国居民人均预期寿命从新中国成立初期的 35 岁提高到 2015 年的 76 岁，综合反映我国城乡居民的健康状况已位居发展中国家前列，人民群众的生命质量大大提高。

人民身体健康关系到每一个人的成长和幸福生活，是全面建成小康社会的重要内涵。实现全民健康，我们要坚持为人民健康服务的方向，努力做到让人民群众看得上病、看得起病、看得好病，不断提高人民健康水平，促进人的全面发展、家庭幸福与社会和谐。

随着人民生活水平改善，人民把健康作为重要的幸福感，不断从健康中追求幸福指数。我们必须满足人民群众日益增长的多样化、差异化的健康需求。进一步深化医药卫生体制改革，推动医疗卫生事业更好发展；加快推进全民医保体系建设，建立和完善基本医疗保障网；建立国家基本药物制度，让人民群众用得上、用得起、用得放心；提供基本医疗服务，促进基本公共卫生服务均等化；建立覆盖城乡的基本医疗卫生服务网络，努力做到大病不出县，小病不出社区、不出乡村；坚持预防为主，努力提升城乡居民的健康素养；发挥中医药维护人民健康的独特作用，大力发展健康服务业，切实加强信息化建设，努力提高医疗卫生管理水平。

六、坚持国家安全一切为了人民、一切依靠人民，增强人民的安全感

党的十八大以来，以习近平同志为核心的党中央准确把握国家安全形势变化的新特点新趋势，提出总体国家安全观，坚持以人民安全为宗旨，走中国特色国家安全道路，不断开创新形势下国家安全工作新局面。党中央高瞻远瞩，顶层设计，宏观把握，明确提出国家安全战略方针，对国家安全进行总体部署，出台一系列重大创新举措，成立中央国家安全委员会，建立集中统一、高效权威的国家安全体制；制定《国家安全法》，加快推进国家安全法治建设，依法维护国家安全，国家安全工作取得显著成效。

安全稳定是改革发展的基础，国家安全是安邦定国的基石。习近平总书记明确要求："坚持国家安全一切为了人民、一切依靠人民，真正夯实国家安全的群众基础。"

改革发展需要安全稳定的社会环境，治国理政需要国家安全来保障。国家安全就能让人心稳定，人心稳定就能安心发展，就能凝心聚力实现"两个一百年"奋斗目标和中华民族伟大复兴的中国梦。当前我国国家安全内涵和外延比历史上任何时候都要丰富，时空领域比历史上任何时候都要宽广，内外因素比历史上任何时候都要复杂，我们必须贯彻落实习近平总书记关于国家安全的重要论述，始终坚持总体国家安全观，以人民安全为宗旨，以政治安全为根本，以经济安全为基础，以军事、文化、社会安全为保障，以促进国际安全为依托，走出一条中国特色国

家安全道路。

坚持国家安全一切为了人民，是党的性质和宗旨在国家安全领域的必然要求和集中体现。国泰民安是人民群众最基本、最普遍的愿望。实现中华民族伟大复兴的中国梦，保障人民安居乐业，国家安全是头等大事。抓好国家安全，就是要保障人民利益，让群众安居乐业。维护国家安全，无论是维护外部安全、确保内部安全，还是突出抓好政治安全、经济安全、国土安全、社会安全、网络安全等，都必须始终坚持以人民为中心的发展思想，把一切为了人民安全作为价值指向和最终目标，千方百计保障人民的生命和财产安全，保障人民生存发展的基本条件，保障人民安全稳定的社会环境。要全面推进经济建设、政治建设、文化建设、社会建设和生态文明建设，把发展成果更多更公平地惠及全体人民，不断提高人民群众的安全感、幸福感，让群众在安全中享受幸福。

坚持国家安全一切依靠人民，指明了国家安全的力量源泉和根本途径。人民是创造世界历史的动力，国家安全的根基在人民、力量在人民、血脉在人民。坚持国家安全一切依靠人民，就是要充分相信群众、依靠群众，调动群众的积极性，共同维护国家安全。

坚持国家安全一切为了人民、一切依靠人民，就是要把国家安全与国民安全有机结合起来，坚持以民为本、以人为本，为了人民维护国家安全，依靠人民维护国家安全，真正筑起国家安全牢不可破的铜墙铁壁。

我们要认清国家安全形势，提升国家安全意识，增强国家安全使命，肩负起国家安全责任，让全体中国人民都能为国家安全添砖加瓦。要坚持国家安全一切为了人民、一切依靠人民，动员全党全社会共同努力，汇聚起维护国家安全的强大力量，夯实国家安全的社会基础，防范化解各类安全风险。

第二节　始终惦记着困难群众

习近平总书记在2019年新年贺词中动情地说："我始终惦记着困难群众。"这是给困难群众最厚重的新春礼物，千万贫困群众心里充满温馨和温暖。习近平总书记深情地回忆：2018年，在四川凉山三河村，他看望了彝族村民吉好也求、节列俄阿木两家人。在山东济南三涧溪村，他和赵顺利一家围坐一起拉家常。在辽宁抚顺东华园社区，他到陈玉芳家里了解避险搬迁安置情况。在广东清远连樟村，他和贫困户陆奕和交谈脱贫之计。

作为党的总书记、国家元首、军队统帅，习近平同志治国理政夙夜在公，日理万机，殚精竭虑，还始终惦记着困难群众，可见人民群众在他心中的分量，群众的困难在他心中的沉重。他真情流露的一句大实话，实在令人感到温暖。

一、时刻都要想着那些生活中还有难处的群众，对困难群众要有仁爱之心、关爱之心

党的十八大以来，从革命老区到民族地区，从黄土高原到偏

远边陲，习近平总书记多次来到中国最贫困、最落后的地区，走进困难群众的家中，与他们围坐话家常，寻访他们的困苦，感知他们的冷暖，化解他们的忧难。让我们一起回看总书记的足迹，感受总书记对人民的牵挂之情，感受总书记的爱民之心。

2012 年 12 月，习近平总书记来到河北省阜平县骆驼湾村看望困难群众，盘腿坐在炕上，同乡亲手拉手，详细询问他们一年下来有多少收入，粮食够不够吃。

2013 年 2 月，习近平总书记来到甘肃省，走农家，访社区，进市场，入车间，为乡亲们送去问候，在企业交流座谈，与群众共话冷暖。他来到海拔 2400 多米、人均纯收入 1400 多元的定西市渭源县田家河乡元古堆村看望困难群众。

2014 年 1 月，习近平总书记来到地处边陲的内蒙古自治区阿尔山市伊尔施镇看望生活在林业棚户区的群众。看到郭永财家简陋的住房，习近平总书记十分关心，向当地干部了解棚户区改造的时间表，听说这片棚户区已列入下一年计划，他表示满意，对老郭说："希望你们住房条件尽快改善，日子越过越好。"临别时，总书记和老人互相叮嘱保重身体，并祝愿来阿尔山旅游的人越来越多，经济越来越发展。

2015 年 1 月，习近平总书记来到云南省鲁甸地震灾区过渡安置点看望受灾群众。谈到扶贫工作，他要求"不能光喊口号，更不能搞形式主义，一定要真抓实干"。

2016 年 2 月，习近平总书记来到江西省井冈山市茅坪乡神山村。在红军烈士后代左秀发家中，习近平总书记对一家人立足本地资源、依靠竹木加工增收脱贫的做法给予肯定，祝他们生产的竹筒畅销。他指出，扶贫、脱贫的措施和工作一定要精准，要因户施策、因人施策，扶到点上、扶到根上，不能大而化之。

2017 年 1 月，春节前夕，习近平总书记来到河北省张家口市张北县小二台镇德胜村，踏着皑皑白雪，看望慰问困难群众，与老百姓在一起炸年糕、唠家常、算收支，向村民致以新春祝福。

2018 年 2 月，习近平总书记在四川省凉山彝族自治州昭觉县三岔河乡三河村看望贫困群众，在节列俄阿木家中同村民代表、驻村扶贫工作队员围坐火塘边，共谋精准脱贫之策。

2019 年 2 月，春节来临之际，习近平总书记在北京看望慰问基层干部群众，考察北京冬奥会、冬残奥会筹办工作，向全国各族人民致以美好的新春祝福，祝各族人民幸福安康，祝伟大祖国繁荣吉祥。

这里仅仅选取了每一年春节前夕的片段，习近平总书记对贫困群众关注、关爱、关心的故事早已为全国人民传颂。“善为国者，遇民如父母之爱子，兄之爱弟，闻其饥寒为之哀，见其劳苦为之悲。”（汉·刘向《说苑·政理》）总书记始终惦记着困难群众，我们要把困难群众的冷暖放在心上，千方百计帮助他们脱贫解困，让他们过上幸福生活，这是我们的光荣责任和使命担当。

改革开放以来，我国经济实力、综合国力显著提高的同时，我国人民的生活不断改善，人民生活水平不断提高，人民生活总体越来越好。这为世界所公认、人民所认同。习近平总书记告诫我们：“我国人民生活总体越来越好，但我们时刻都要想着那些生活中还有难处的群众。”

人民生活总体越来越好，这是对人民生活水平提高的总体评价，也是人民生活改善的总体态势。随着全面建成小康社会不断推进，我国人民的生活会越来越好，生活水平不断向上、向好，最终过上小康生活。我们要按照总书记的要求，满腔热情做好民生工作，特别是要做好扶贫开发和基本生活保障工作，让农村贫困人口、城市困难群众等所有需要帮助的人都能生活得到保障、心灵充满温暖。

“我们时刻都要想着那些生活中还有难处的群众”。从习近平总书记这朴实的话语中，我们感受到无限的温暖和感动。习近平总书记对人民以心相交，与人民时时在一起，与困难群众的心贴在一起。

中国共产党始终把人民放在心中最高的位置，把实现好、维护好、发展好最广大人民的根本利益作为一切工作的出发点和落脚点，全心全意为人民服务，努力为人民谋福祉，中国人民的生活越来越好，人民对党充满信心。人民生活总体越来越好，我们不能骄傲自满，更不能懈怠，还需要更加努力。要坚定不移地坚持以经济建设为中心，把发展作为执政兴国的第一要务，坚持稳中有进的工作总基调，在新常态下持续推动经济平稳健康发展，为保持人民生活越来越好的总体态势提供坚强的物质保障。

我们时刻都要想着那些生活中还有难处的群众。经过 70 年的努力，中国人民的物质生活有了显著的改善，正朝着全面建成小康社会迈进。但是，我们不应该也不能忘记，截止到 2018 年年底，我国农村还有1660万贫困人口，还有数量庞大的城市低收入家庭需要最低生活保障，这些困难群众最需要得到格外关注、格外关爱、格外关心。

生活中有难处的群众，更需要我们的关心和帮助。习近平总书记要求共产党人“要有仁爱之心、关爱之心，更多关注困难群众，不断提高全体人民生活水平”。我们一定要把困难群众放在心上，忧困难群众所忧，急困难群众所急，为他们办实事、办好事。要坚持立党为公、执政为民，以人为本、关注民生，不断改善人民的生活水平，让困难群众共享改革发展成果。要按照总书记的要求，满腔热情做好民生工作，让那些生活中还有难处的群众感受到党和政府的温暖，感受到党员干部的真情。对贫困地区和贫困群众，要加强扶贫开发力度，打好扶贫攻坚战，让农村贫困人口尽快脱贫致富，过上更好的生活，在全面建成小康社会的进程中不掉队。对城市困难群众等所有需要帮助的人，要做好基本生活保障工作，确保他们的生活得到保障，采取多种形式帮助他们不断改善生活。

党的根本宗旨是全心全意为人民服务。群众有困难，日子不好过，群众需要帮助，我们党员干部一定要放在心上。共产党人对群众的疾苦漠然视之，麻木不仁，不理不睬，就是违背党的宗旨，就是对群众的不负责任，就是没有基本的道德良心。那样做只会寒了群众的心，严重脱离群众，让群众对我们的党员干部失去信任。

共产党人对困难群众有仁爱之心、关爱之心，就要高度关注困难群众的难处、痛处、苦处，把他们的困难作为自己深切的痛，心中有困难群众，眼里有困难群众，工作中想着困难群众，真心实意为困难群众办实事、办好事、解难事。要经常深入到困难群众中去，抚摸他们的脉搏，感受他们的艰难，体味他们的痛苦，分担他们的困难。要帮助困难群众改善生活，减轻负担，让他们感觉到党员干部时时处处跟他们在一起，感受到党和政府的温暖。要加快贫困地区扶贫攻坚步伐，加大投入力度，发展富民产业，让贫困群众早日脱贫致富。

共产党人只有用真情焐热困难群众的心，用真诚推动困难群众自力更生、艰苦奋斗，不断提高困难群众的生活水平，才能把人民群众最大限度地团结在党和政府周围，在全面建成小康社会的进程中不让困难群众掉队。

二、要看真贫、扶真贫、真扶贫，幸福生活一个都不能少，一户都不能落

习近平总书记提出“看真贫、扶真贫、真扶贫，少搞一些盆景，多搞一些惠及广大贫困人口的实事”，就是要求切实转变扶贫攻坚的作风，实施精准扶贫、精准脱贫，为打好扶贫攻坚战指明了方向。

看真贫，就是要看清楚是真的贫困还是假的贫困。长期以来，国家加大对贫困地区的扶贫开发力度，对贫困县提供扶贫专项资金，并给予一些优惠政策。一些地方千方百计地争取成为国家扶贫重点县，绞尽脑汁给自己戴上国家级贫困县的帽子，为的

就是对上好叫贫、叫苦，向上好要资金、项目。有的地方已经脱贫了，却不愿摘下贫困县的帽子，导致贫困含有水分。这就需要我们用火眼金睛看清楚是真贫还是假贫，把扶贫地区、扶贫群众选准，明确扶贫的主体，把扶贫资金用到刀刃上，让扶贫项目发挥应有的脱贫效果。

扶真贫，就是扶贫要扶到真正贫困的地区和群众身上，扶到该扶的点上。要通过深入调查研究，找准真正需要扶贫的贫困地区和贫困群众，防止扶贫政策偏向，防止扶贫资金漏水，流到不该扶贫的地区。只有扶真贫，才能让贫困地区和贫困群众成为扶贫攻坚的主攻方向，成为真正的扶贫工作对象，才能让贫困地区和贫困群众不断走上脱贫致富的道路，真正感受到党和政府的关怀。

真扶贫，就是要真心实意地扶贫，真抓实干地扶贫。在扶贫工作中，我们不难看到，一些地区、部门表面上搞得轰轰烈烈、热热闹闹，实则热一头子，冷一阵子，欺骗上级，愚弄群众，是形式主义的典型表现。有的大搞政绩工程、形象工程，把有限的扶贫资金用来给地区、部门领导脸上“贴金”，导致年年扶贫年年贫。真扶贫，就要把贫困地区、贫困群众放在心上，忧贫困地区、贫困群众所忧，急贫困地区、贫困群众所急，解贫困地区、贫困群众所难，努力为贫困地区、贫困群众办实事、办好事，努力改变贫困地区的面貌，改善贫困群众生活，在全面建成小康社会进程中不掉队。

我们要深刻领会习近平总书记看真贫、扶真贫、真扶贫的要求，在科学编制扶贫规划、完善考核激励机制、硬化帮扶责任上突出一个“真”字，实行精准扶贫、精准脱贫，不搞昙花一现的盆景，多干一些有利于打基础、有利于发展、有利于脱贫的实事，实实在在地实施好扶贫攻坚，确保取得真正让人民满意的实效。

习近平总书记多次指出：“小康不小康，关键看老乡。”这句通俗易懂、生动形象的话，一直温暖着亿万农民的心。我们应该清醒地认识到，没有广大农民的小康，就没有全面小康。

习近平总书记提出：“要更加重视促进农民增收，让广大农民都过上幸福美满的日子，一个都不能少，一户都不能落。”这是对广大党员干部的谆谆嘱托，充分体现了总书记的为民情怀和对农民群众的深切关爱。

人民对美好生活的向往，就是我们的奋斗目标。让广大农民都过上幸福美满的日子，是各级党委、政府和各级领导干部的共同责任，是我们必须牢记在心的光荣使命，就是我们的奋斗目标。

《孙子兵法》里说：“求其上，得其中；求其中，得其下；求其下，必败。”全面建成小康社会，一定要坚持高标准、严要求。让广大农民都过上幸福美满的日子，做到“一个都不能少，一户都不能落”，这确实是一个很高的要求。全面建成小康社会，既要看小康指标的“平均数”，又要看到“大多数”，更不能忘了“极少数”。“一个都不能少，一户都不能落”的小康，才是高标准高质量的全面小康，才是全民的小康，才是我们追求的目标。

坚持“一个都不能少，一户都不能落”，是人民的真情期待。

各地、各部门要按照这一高要求来推进全面建成小康社会进程。先进发达地区、总体能达到全面小康标准的地区，要特别关注困难户、困难群众，对他们开展精准扶贫，帮助他们在较短时间内脱贫致富。

贫困地区要集中力量打好扶贫攻坚战，推进精准扶贫，实行整乡、整村推进，采取针对性强的“滴灌式”扶贫措施，扶真贫，真扶贫，防止平均数掩盖大多数、大多数掩盖极少数；要加快产业结构调整，积极培植富民兴县产业，夯实脱贫致富的产业基础，尽快甩掉贫困帽；要加强特困地区基础设施建设、生态保护和基本公共服务，加快改善贫困人口发展环境；要加强贫困地区义务教育和职业教育，让贫困家庭的孩子都能接受有质量的公平教育，不能让他们输在起跑线上。

三、懂得感恩回报，决不能让困难地区和困难群众掉队，决不能让老区群众掉队

党的十八大提出：“确保到2020年实现全面建成小康社会宏伟目标。”这是我们党对人民作出的庄严承诺。时间越来越近，任务还很繁重，还有很多贫困地区、贫困群众离小康社会的要求很远。习近平总书记明确要求“决不能让困难地区和困难群众掉队”，一句朴实的话，充满了温情和温暖，充分体现了总书记对贫困地区、贫困群众的关注、关心和关爱之情，也给我们提出了明确的工作要求。

全面建成小康社会，凝聚着全体中国人民的梦想和期待，是

实现中华民族伟大复兴的中国梦的重要基础步骤。全面建成小康社会时不我待，需要只争朝夕。在推进经济社会发展的过程中，一定要高度关注贫困地区，切实关心贫困群众，把脱贫致富摆在十分重要的位置。要深入调查研究，切实摸清困难群众的贫困状况，掌握实实在在、没有水分的贫困面，做到心中有数，不能再隐瞒贫困人口总数。因为隐瞒不是办法，是瞒不住的，群众心里明镜似的清楚，关键时候还是要用发展来说话，用数字来说话。

要按照总书记的要求，切实加大扶贫开发力度。要对贫困地区的扶贫攻坚、对贫困群众的脱贫致富进行总体统筹、顶层设计，制定明确的目标，采取切实有效的措施，扎实推进，步步为营，务求见到实实在在的成效。要采取特殊的政策措施，整合政府资源，加大扶贫开发的投入力度，实行精准式扶贫，用产业来带动，大力发展富民强县的产业，整乡整村推进，争取早见成效、见实效，让贫困地区和贫困群众真切感受到扶贫开发的成果。对脱贫致富的目标任务，不能再大而化之，不能再泛泛提要求，要一个钉子一个铆，抓在实处，落在实处。

没有贫困地区和贫困群众的小康，就没有全面建成小康社会。实现全面建成小康社会，一定要举全党、全国、全社会的力量，形成强大的社会合力。要调动国有企业、民营企业等社会各方面的力量，支持贫困地区扶贫攻坚，支持贫困群众脱贫致富。先进发达地区要帮扶贫困地区，先富起来的群众要帮助贫困群众，真心实意办实事、办好事，助推贫困地区和贫困群众建成小康社会。贫困地区的干部群众，要发扬自力更生、艰苦奋斗的作风，加快发展步伐，奋力改变家乡的贫困面貌，自觉融入到全面建成小康社会的进程中。

革命老区（或老区），是指土地革命战争时期和抗日战争时期，在中国共产党和毛泽东等老一辈无产阶级革命家领导下创建的革命根据地，分布在 28 个省、自治区、直辖市的 1300 多个县（市、区）。

我们不能忘记，在艰苦卓绝的战争年代，老区用博大贫瘠的土地支撑起中国革命的摇篮，老区人民与中国共产党生死相依，患难与共，建立了鱼水关系。老区人民以无私的情怀养育了中国共产党及其领导的人民军队，为我们党坚持长期斗争提供了无私的人力、物力和财力支持，为夺取中国革命胜利、建立新中国作出了巨大的贡献，付出了巨大的牺牲。习近平总书记明确要求“决不能让老区群众在全面建成小康社会进程中掉队”，让老区人民心中十分温暖。

懂得感恩人民，知道回报人民，是中国共产党的优秀品质。长期以来，党和政府心系老区人民，高度重视革命老区发展，投入大量的人力、物力、财力支持老区加快经济社会发展，支持老区人民脱贫致富，改变贫困面貌，使老区发生了深刻的变化。但是，我们应该看到，不少革命老区的经济社会发展缓慢，有的老区还是贫困地区，老区人民的生活水平亟待提高。

加快革命老区的发展，让老区群众过上幸福生活，是我们当代共产党人的责任担当。在建设中国特色社会主义伟大事业的进程中，我们要按照习近平总书记的要求，把老区和老区群众放在心上，高度关注老区的发展，进一步加大扶持力度，采取切实有效的措施推动老区加快发展，高度关心、真情关爱老区人民，打好扶贫攻坚战，推动老区跨越发展，让老区人民同全国人民共享全面建成小康社会成果，决不能让老区群众在全面建成小康社会进程中掉队。

四、最大限度团结各族群众，从源头上预防和减少社会矛盾的产生

我国是一个统一的多民族国家，少数民族人口有1亿多，民族自治地方占国土面积的64%。维护国家统一和民族团结，关系到国家安全和社会稳定，是全面建成小康社会、建设社会主义现代化国家、实现中国梦的必然要求。

历史和现实反复证明，民族团结是各族人民的生命线，只有国家统一、民族团结，才能维护改革发展稳定的大局，才能不断增加各族人民的福祉。多年来，境内外“三股势力”大肆鼓吹民族分裂主义，在新疆、西藏、云南等地策划组织实施暴力恐怖活动，给各族人民群众生命财产安全和社会稳定带来严重危害。加强新形势下反分裂斗争，习近平总书记明确要求“最大限度团结各族群众”。

团结稳定是福，分裂动乱是祸。我们伟大祖国是56个民族共同缔造的，中华民族的未来需要56个民族共同开创。各族人民是我们维护国家统一、开展反分裂斗争的依靠力量。我们要高举各民族大团结的旗帜，坚持各民族共同团结奋斗、共同繁荣发

展的主题，深入开展民族团结宣传教育，打牢民族团结的思想基础，最大限度团结各族群众，筑牢各族人民共同维护祖国统一、维护民族团结、维护社会稳定的“钢铁长城”。

最大限度团结各族群众，要高举各民族大团结的旗帜，坚定不移坚持党的民族政策，坚持民族区域自治制度，促进各民族和睦相处、和衷共济、和谐发展；要坚持各民族共同团结进步、共同繁荣发展这个新时期民族工作的主题，高度关注民族地区的发展，加大扶贫攻坚力度，帮助扶持民族贫困地区加快发展；要坚持以人为本、执政为民，切实关心各族人民的生产生活，努力为各民族群众办实事、办好事，让各族人民共享祖国繁荣发展的成果，把各族人民团结在党和政府周围。

最大限度团结各族群众，要坚持“三个离不开”，加强民族团结教育，在各民族中牢固树立国家意识、公民意识、中华民族共同体意识，促进各民族团结、和谐、互助，让各族人民都像爱护自己的眼睛一样爱护民族团结，像珍视自己的生命一样珍视民族团结，为实现中国梦贡献力量。

最大限度团结各族群众，要全面贯彻党的民族宗教政策，团结信教群众，帮助广大干部群众正确认识正常宗教活动与非法宗教活动、宗教极端活动的界限，揭露宗教极端主义反人类、反社会、反文明的本质，自觉抵制宗教极端思想渗透。对宗教极端主义要敢于发声亮剑，采取有效措施拔除毒瘤、切断根源，彻底铲除宗教极端思想滋生的土壤。

维护国家安全，维护社会和谐稳定，是统筹推进“五位一体”

总体布局和协调推进“四个全面”战略布局的重要保障，是建设社会主义现代化国家、实现中华民族伟大复兴的中国梦的必然要求。习近平总书记明确要求“从源头上预防和减少社会矛盾的产生”。

发展是执政兴国的第一要务，任何时候都不能耽误；国家安全、和谐稳定是第一责任，任何时候都要担当责任。国家安全了，社会和谐稳定了，我们才能把主要精力集中在推动经济社会发展上，用发展来解决前进道路上的问题。

维护国家安全，维护社会和谐稳定，就要做好预防化解社会矛盾工作。在经济社会发展的进程中，我们面临着很多困难和问题，也面临着很多社会矛盾，我们要敢于面对、勇于应对、善于克服。我们要按照习近平总书记“从源头上预防和减少社会矛盾的产生”的要求，有困难就要去克服，有问题就要去解决，有矛盾就要去化解，共产党人就要有这样的担当。在困难、问题、矛盾面前退缩的人，就不是敢于担当的人，就不是真正的共产党人。源头上的问题，是没有放大的问题，可以有效预防和化解。要重视从源头上预防和减少社会矛盾的产生，这是一个根本性、基础性的问题。从源头上预防和减少社会矛盾的产生，社会矛盾就会减少，社会矛盾就会变小。

要坚持社会公平正义，始终把人民放在心中最高位置，给人民最大的尊重和理解，公正、公开、公平地协调处理各方面利益关系；要把实现好、维护好、发展好最广大人民的根本利益作为一切工作的出发点和落脚点，完善和落实维护群众合法权益的体制机制，全心全意为人民谋利益，不断增进人民福祉，让发展成果更多更公平惠及全体人民。

要完善和落实社会稳定风险评估机制，预防和减少利益冲突。想问题、做事情、做决策，要充分考虑社会稳定因素，对社会稳定风险要进行科学评估，要有应对的预案，多做既有利于推动发展，又有利于维护社会稳定的事。千万不能在小事情上引起影响社会稳定的大问题，搅乱改革发展的大局。

要全面推进依法治国，依法维护人民群众的合法权益。要依法执政、依法行政，依法处理各类社会矛盾，在涉及群众利益的问题上，不能凭长官意志独断专行；要不断加强法治教育，增强群众的法治意识，引导群众通过法律程序、运用法律手段、依靠法律来解决问题，在全社会形成办事依法、遇事找法、解决问题用法、化解矛盾靠法的良好环境。

第三节　多做雪中送炭的事情

困难群众是我们最应该关注的群体，是我们最应该帮助的群体。他们最需要关心，最需要关爱，最需要党和政府的温暖。如果对群众的困难视而不见，麻木不仁，无动于衷，无所作为，这样的领导干部是不称职的，应该“下课”。

我们要按照习近平总书记的要求，把困难群众的安危冷暖放在心上，对有困难的群众、有困难的地区，不能知难而退，避重就轻，绕着路走。要用真情真诚关爱困难群众，真心实意帮助困难地区，多一些牵挂，多一些帮助，多一些扶持，让困难地区加快发展，与全国同步建成小康社会，让困难群众早日脱贫致富，与全国人民一道过上小康生活。这样，我们的心才安得下来，心才定得下来，我们吃饭才香，睡觉才踏实。

一、多做一些雪中送炭、急人之困的工作，少做些锦上添花、花上垒花的虚功

锦上添花，是不少领导干部最喜欢做的事。工程开工了，领

导去铲土奠基；项目竣工了，领导去剪彩揭幕；既不费力，也不费事，还落得个领导重视的名声，有时还起到了锦上添花的作用，领导乐意，下面欢喜。这种锦上添花的事，不是不可以做，而是要少做。

习近平总书记要求各级领导干部："时刻把群众的安危冷暖放在心上，多想想困难群众，多想想贫困地区，多做一些雪中送炭、急人之困的工作，少做些锦上添花、花上垒花的虚功。"

我国是世界上最大的发展中国家。国务院扶贫办发布的数据显示，中国连续6年超额完成千万减贫任务，到2018年年底还有1660万贫困人口；另外，我国还有数量庞大的城市低收入家庭，他们最需要我们帮助。作为领导干部，我们要按照习近平总书记的要求，着力解决好人民最关心最直接最现实的利益问题，特别是要下大气力解决好人民不满意的问题，多做一些雪中送炭的事情。

我们的人民是善良的，也是宽容的。但是，我们不能因为他们的善良和包容，而忽视了他们的问题，漠视了他们的困难。各级领导干部，是我们党和国家事业发展的中坚力量，但首先是人民的公仆。全心全意为人民服务是各级领导干部的宗旨和职责，既然是全心全意，就不能半心半意，更不能三心二意。要把实现好、维护好、发展好最广大人民的根本利益摆在第一位。要沉下身子，深入到贫困地区和矛盾突出的地方，深入到广大群众特别是困难群众中去，倾听他们的意见和呼声，感受他们的困苦，真心实意为他们办实事、办好事，让他们感受到党和政府的温暖。

要解决好人民最关心最直接最现实的利益问题，切实维护人民的利益，保护人民的利益，让人民切身感受到各级领导干部是站在他们的立场上说话的，是在为维护他们的利益做事的，增强人民对领导干部的信任度和满意度。要下大气力解决好人民不满意的问题。人民不满意，说明我们的工作还没有做到位，还有努力的空间。对人民不满意的问题，要敢于直面，认真解决，不要绕路回避、退避三舍。

问题解决了，就不是问题。问题不解决，永远都是问题，还会越积越大，把小问题拖成大问题。这就需要各级领导干部敢于担当，勇于雪中送炭，把人民的困难作为自己的困难，沉下心，静下气，帮助人民解决困难。当人民的脸上露出满意的笑容时，人民的心就会更加贴近党，拥护党。

全心全意为人民服务是我们党的宗旨。领导干部要始终牢记我们是人民的公仆，人民群众才是我们的主人。公仆要为主人服务，这个关系不能颠倒，不能错位。群众的安危冷暖，我们应该时时牵挂在心上，这是一份我们要担当的责任。

对困难群众、困难地区，要多做一些雪中送炭、急人之困的工作。雪中送炭，急人所难，解人所困，给人温暖，让人能够过“冬”。我们要牢固树立群众观点，践行群众路线，大兴求真务实之风，不搞形式主义，关心群众就落在实处，帮助群众就帮在实处。要加大扶贫攻坚力度，促进困难地区发展，让困难群众得到实惠。

对困难群众、困难地区，要少做一些锦上添花、花上垒花的虚功。在困难群众身上、困难地区锦上添花，只会掩盖问题，帮倒忙添乱。因为这种“花”是假花，群众不喜欢戴，你强行戴上去，群众的眼里反而会饱含泪花。

在困难群众身上、困难地区花上垒花，只会更加掩盖真相。花上垒花花终倒，那就是典型的虚假政绩，干部乐呵呵傻笑，群众愁眉苦脸。试想，给光棍汉强行戴上一朵新郎的大红花，他怎么能高兴起来?

二、对困难群众要格外关注、格外关爱、格外关心，帮群众解难题、为群众增福祉、让群众享公平

消除贫困，消除两极分化，最终达到共同富裕，是社会主义的本质要求。对困难群众，习近平总书记要求我们“要格外关注、格外关爱、格外关心，千方百计帮助他们排忧解难，把群众的安危冷暖时刻放在心上，把党和政府的温暖送到千家万户”。三个“格外”，如春风拂面，让困难群众倍感温暖，进一步增强了脱贫的信心。

习近平总书记特别关心困难群众，始终把他们挂在心上。每到岁末年初，总书记总会出现在祖国最贫困的角落，询饥饱，问冷暖，恤困苦；公务再繁忙，也会抽出空来给贫困地区人民群众回信，鼓励他们坚定信心，为美好生活而努力奋斗；即便是在海外出席国际活动，演讲中依旧挂念国内的贫困人群。

“三个格外”通俗易懂，既接地气又能触及广大群众的心灵，充分体现了习近平总书记对困难群众深深的关注、关爱、关心之

情，对困难群众的深深挂念，对困难群众的高度重视，为我们做好困难群众工作提供了遵循。

对困难群众格外关注，就要切实解决群众最关心的利益问题。实现好、维护好、发展好最广大人民的根本利益，是我们一切工作的出发点和落脚点。为人民谋幸福，是我们共产党人的职责所在。对困难群众，要格外关注他们的切身利益和现实利益，切实帮助他们解决困难，带领他们走出贫困。习近平总书记要求"扶贫开发要增强紧迫感，真抓实干，不能光喊口号，决不能让困难地区和困难群众掉队"、"全面建成小康社会一个都不能少"。这就要求我们打赢脱贫攻坚战，加大工作力度，加大投入，务求全胜，让困难群众与全国人民一道走进小康。

对困难群众格外关爱，就要确保特困群众及时得到救助。对特别困难的群众，要及时伸出关爱之手，帮助他们解决燃眉之急，让他们感受到党和政府的关爱和温暖。对特别困难的群众，要主动靠近，主动接近，近距离帮助他们。对他们的困难，不能视而不见、听而不闻，更不能不听不闻不管。党员干部不仅要有造福一方的激情，还要有温暖一方的热情，真诚倾听群众呼声，真情关心群众疾苦，真实反映群众愿望，实实在在为困难群众办实事、办好事，密切党群干群关系。

对困难群众格外关心，就要切实改善困难群众的生活。党员干部都是来自群众的，与群众应该有一种天然的感情，对群众的困难完全可以感同身受。要忧困难群众之忧，急困难群众之急，解困难群众之难，切实改善困难群众的生活，让他们实现"两不愁”、“三保障”。那种脱离群众、高高在上、对群众困难麻木不仁、对群众诉求无动于衷的干部，缺乏最基本的道德良心，是不称职的，愧对了百姓的重托。要在团结带领群众发展经济的同时，切实保障民生，改善群众生活，不断提高困难群众的生活水平，让他们有获得感、幸福感、安全感。

增进民生福祉是发展的根本目的，团结带领人民创造美好生活是我们党始终不渝的追求。坚持在发展中保障和改善民生，是新时代中国特色社会主义的基本方略之一，是我们党立党为公、执政为民的本质要求，对于提高人民生活水平，增加人民的获得感、幸福感、安全感，巩固党的执政地位，维护社会和谐稳定具有重要意义。

习近平总书记提出“保障和改善民生没有终点，只有连续不断的新起点”，让人民群众吃下了一颗“定心丸”。我们一定要采取针对性更强、覆盖面更广、作用更直接、效果更明显的举措，实实在在帮群众解难题，为群众增福祉，让群众享公平。

保障和改善民生没有终点，只有连续不断的新起点。发展和民生是相伴相随的，是相互牵动、互为条件的，不能割离开来。保障和改善民生是推动发展的根本目的，推动发展是保障和改善民生的基础前提，二者有机联系、相辅相成。只有通过抓发展惠民生、在惠民生中促发展，推动人与人、人与经济活动、人与环境和谐共处，才能让老百姓更好享受改革发展红利。我们要认真贯彻习近平总书记的重要指示，通过持续发展强化保障和改善民生的物质基础，通过不断保障和改善民生创造更多有效需求。

保障和改善民生是促进社会和谐稳定的重要基石。保障和改善民生是我们党的性质、宗旨的具体体现。我们党把人民立场作为根本政治立场，把人民利益摆在至高无上的地位，把保障和改善民生作为重要责任。党的十八大以来，以习近平同志为核心的党中央始终把人民对美好生活的向往作为奋斗目标，让全体人民共享改革发展成果，努力实现共同富裕，在幼有所育、学有所教、劳有所得、病有所医、老有所养、住有所居、弱有所扶上取得了新进展，人民群众的获得感、幸福感、安全感显著增强。但是，我们要清醒地看到，民生问题不可能毕其功于一役，不是一次性就能解决的。老的民生问题解决了，新的民生问题又会冒出来，马上又面临新的挑战。而且，民生问题随时都会发生，具有不确定性。所以，保障和改善民生没有终点，民生问题的解决没有具体的时间表。我们千万不能有松口气、歇歇脚的思想，对待民生问题，任何时候都不能懈怠。

保障和改善民生是全面建成小康社会的必然要求。全面建成小康社会，根本在于提高人民群众生活水平。当前正处于决胜全面建成小康社会的关键时期，必须始终把保障和改善民生紧紧抓在手上，切实解决好民生领域的各种现实难题，为全面建成小康社会奠定坚实基础。我们应该清醒地认识到，随着全面深化改革向纵深推进，经济体制深刻变革，社会结构深刻变动，利益格局深刻调整，很多深层次的问题和矛盾日益凸显，教育、医疗、就业、社会保障等民生领域的热点难点问题不断增多，人民群众的利益诉求越来越呈现出多样化、集中化的趋势。如果不能及时回应群众利益诉求，有效解决各种民生难题，营造公平的社会环境，群众就会有意见，就会有怨气，民生问题就可能集中爆发。这就需要我们认识到，保障和改善民生永远在路上，每一天都是新起点，每一天都要面对群众，都要应对民生问题，解决民生问题。要通过坚持不懈抓民生，让广大人民群众真真切切感受到党和政府为他们办实事、办好事的真情，用解决民生问题温暖群众的心，激发大家共创美好生活的热情，汇聚起共筑小康梦的力量。

三、千方百计办好有利于老百姓的事，千方百计为群众排忧解难

习近平总书记2018年4月到湖北考察期间，深入基层社区，走到群众中间，与老百姓拉家常、问冷暖、听民声、暖民心，明确提出“只要是有利于老百姓的事，我们就要努力去办，而且要千方百计办好”。总书记朴实的话语体现了鲜明的人民立场、深厚的人民情怀，说到了老百姓的心坎上，真的是一语暖三秋。

办好有利于老百姓的事，充分体现了中国共产党的人民立场。老百姓是天，老百姓是地。中国共产党来自人民、根植人民，根基在人民、力量在人民，为了人民、依靠人民，人民立场是中国共产党最根本的政治立场。办好有利于老百姓的事，就要把人民放在心中最高的位置，就要坚持以人民为中心的发展思想，就要坚持立党为公、执政为民。坚持以人民为中心，

是以习近平同志为核心的党中央治国理政最鲜明的主题、最核心的执政理念，已经成为新时代坚持和发展中国特色社会主义的基本方略。

办好有利于老百姓的事，就是要聚集民心、凝聚人心。我们党的宗旨是全心全意为人民服务，为人民服务体现在一桩桩、一件件的实事上，为人民谋幸福，要把实现好、维护好、发展好最广大人民根本利益作为一切工作的出发点和落脚点，努力为人民谋利益。老百姓想办的事，有利于老百姓的事，能增强人民获得感、幸福感、安全感的事，我们就要多办，努力去办，千方百计办好。这关系到党员干部是否有人民理念，是否有为民思想，这是一个重大的政治问题。我们要清醒地认识到，发展为了人民，发展依靠人民，发展成果由人民共享，办好有利于老百姓的事，就是具体体现。我们要通过为老百姓多办实事、多办好事，让人民获得更多看得见摸得着的幸福。

办好有利于老百姓的事，要把民生工作摆在重要位置。要像抓经济工作一样抓民生，紧紧抓住人民最关心最直接最现实的利益问题，把老百姓的小事当作大事来抓，从群众身边的小事抓起，做到民有所呼、我有所应，从群众最关心、最不满意的事做起，一件一件抓实抓好，在幼有所育、学有所教、劳有所得、病有所医、老有所养、住有所居、弱有所扶上取得新进展，切实保障和改善民生，让老百姓得到实惠。要高度重视困难群众帮扶救助工作，通过完善多层次社会保障体系，提高困难群众保障标准，发挥民政部门的职能作用，兜牢民生底线。

办好有利于老百姓的事，要充满人民情怀、百姓情结。人民是历史的创造者，是决定党和国家命运的根本力量。要常怀爱民之心、常感人民之恩，增强践行以人民为中心的发展思想的行动自觉，真正把为人民服务贯穿于各个环节，一件事情接着一件事情办，一年接着一年干，推进民生保障精准化、精细化，以保障和改善民生的生动实践，回应人民对美好生活的向往。

办好有利于老百姓的事，是一项经常性的工作，也是永恒的主题。保障和改善民生还有很多工作要做，还存在不少短板，群众对就业难、上学难、看病难、停车难等一系列问题反映强烈，帮扶救助困难群众，打赢脱贫攻坚战，还有一些硬骨头要啃。党员干部一定要心里装着百姓，永远走在为老百姓办事的路上。

为人民谋幸福早已经融进了中国共产党的初心，我们党除了人民的利益，从来没有自己的特殊利益。习近平总书记指出："共产党就是为人民谋幸福的，人民群众什么方面感觉不幸福、不快乐、不满意，我们就在哪方面下功夫，千方百计为群众排忧解难。"

"千方百计为群众排忧解难"，习近平总书记这句话让人听来亲切，品之心暖。"千方百计"就是要用尽一切办法，"为群众"就是一切为了人民，"排忧解难"就是要为群众排除忧愁解决困难，让人民群众感觉到幸福、快乐、满意。

千方百计为群众排忧解难，要站稳人民立场，坚持以人民为中心的发展思想，把人民放在心中最高的位置，忧群众之所忧，急群众之所急，解群众之所难，从人民最关心最直接最现实的利益问题入手，人民群众什么方面感觉不幸福、不快乐、不满意，我们就在哪方面下功夫，实实在在为群众办实事、办好事，把人民群众的不幸福、不快乐、不满意变成幸福、快乐、满意，把党心民心连在一起。

党的十八大以来，以习近平同志为核心的党中央把人民对美好生活的向往作为奋斗目标，坚持立党为公、执政为民，努力实现好、维护好、发展好最广大人民的根本利益，全心全意为人民谋幸福，不断深化民生领域改革，推出一大批惠民举措，人民群众的获得感、幸福感、安全感不断增强。但是，脱贫攻坚任务依然艰巨，城乡区域发展还不平衡，群众期盼的幼有所育、学有所教、劳有所得、病有所医、老有所养、住有所居还需要持续发力，民生领域的任务还非常重。

千方百计为群众排忧解难，要找到工作的着力点。要坚持党的群众路线，深入到群众中去，倾听群众呼声，抚摸群众的脉搏，感受群众的疾苦，找到群众的忧所在、难所在，把人民群众的难点痛点作为工作的突破点。遇事要同群众商量，大事多商量，小事好商量，找到解决问题的办法。要敬畏群众，不要惧怕群众，更不能远离群众。条件越艰苦、困难越多、情况越复杂、矛盾越突出、群众意见越大的地方，越需要我们深入进去排忧解难，这才是党员干部的担当。那种浮在面上、遇事就躲、见难就绕的干部，不可能为群众排忧解难，只会为群众所抛弃。

千方百计为群众排忧解难，要见之于实际行动。群众有忧有难的时候，就是不幸福、不快乐、不满意的时候，就是最需要我们帮助的时候，我们一定要出手相助。我们一定要在第一时间出现在群众身边，站在人民立场，真心实意为群众出谋划策、排忧解难，给予最及时的帮助，急事急办、特事特办，关系群众生命财产安全的事马上就办，不能见事迟缓、遇事慌乱、心无定力。要突出人民群众最关心最直接最现实的利益问题，关注最需要帮助的人群，好事一件接着一件办，做一件成一件；难事一年接着一年干，干一年有新进展。以钉钉子精神一抓到底，确保把民生工作做到群众的心坎上。

只要我们把人民对美好生活的向往作为我们的奋斗目标，始终把群众的忧作为自己的忧，把群众的难作为自己的难，把群众的幸福作为自己的幸福，把群众的快乐作为自己的快乐，千方百计为群众排忧解难，群众对我们党员干部的满意度就会提高。

四、党和政府带头过紧日子，让老百姓过好日子，把人民群众的小事当作我们的大事

“历览前贤国与家，成由勤俭破由奢。”（唐·李商隐《咏史》）艰苦奋斗、勤俭节约是我们党的“传家宝”。2018 年，我国经济总量已经突破 90 万亿元，稳居世界第二。但是，我国仍然是世界上最大的发展中国家，面临的风险挑战不少，要办的大事很多，要解决的难事也很多，决不能大手大脚、肆意挥霍。

习近平总书记指出：“党和政府带头过紧日子，目的是为老百姓过好日子，这是我们党的宗旨和性质所决定的。”总书记的话，确实让人民群众非常暖心，暖意洋洋，如沐阳光。“紧日子”

有嚼头，那是一颗为民的初心；“好日子”有品位，那是人民幸福的滋味。“紧日子”与“好日子”形成鲜明对比，凸显了党和政府坚持以人民为中心、把人民放在心中最高的位置，彰显了党和政府对人民的关爱之情。

让我们来看一看党和政府的民生“账本”：根据预算报告，2019 年，要实施大规模的减税降费，全年减轻企业税收和社保缴费负担近 2 万亿元，减轻企业负担，激发市场主体活力，助力经济转型升级；中央财政就业补助资金安排 538.78 亿元，增长 14.9%；从 2019 年 1 月 1 日起，按平均约 5% 的幅度提高企业和机关事业单位退休人员基本养老金标准，高于全国一般公共预算支出的增长水平；中央财政专项扶贫资金安排 1,260.95 亿元，增长 18.9%，增量主要用于深度贫困地区；全国一般公共预算科技支出安排 9,134 亿元，比 2018 年执行数增长 9.7%，进一步推进科技创新能力建设；全国一般公共预算教育支出 34,800 亿元，比 2018 年执行数增长 8%，中央财政支持学前教育发展资金增长 13.1%，现代职业教育质量提升计划专项资金增长 26.6%。

在看到民生投入大幅增加的同时，与之形成鲜明对比的是，党和政府带头过“紧日子”：2019 年，大力压减一般性支出，严控“三公”经费预算。中央财政带头严格管理部门支出，一般性支出按照不低于 5% 的幅度压减，用于保障重点领域投入。

数字最有说服力。党和政府带头过紧日子，就是要把钱花在刀刃上，把有限的财政资金投入到民生事业中，让人民群众分享更多的改革发展成果，让老百姓过好日子。党和政府一再缩减“三公”经费，减少各种税费近2万亿元，大幅增加民生投入，就是为了减轻老百姓的负担，让老百姓过上好日子，增加老百姓的获得感、幸福感和安全感。

中国共产党近百年的历史，就是一部为中国人民谋幸福、为中华民族谋复兴的奋斗史。党的十八大以来，以习近平同志为核心的党中央从中央政治局做起，严格执行中央八项规定，坚决整治“四风”，崇廉尚俭，厉行节约，反对一切铺张浪费，受到党内外一致好评。习近平总书记反复强调要“牢固树立过紧日子思想”。党和政府过“紧日子”，彰显的是一种为民情怀，为的是让老百姓过上好日子，透出的是强烈的忧患意识，折射出来的是中国共产党人艰苦奋斗、勤俭节约的优良作风。

党和政府带头过紧日子，就是为了把有限的资金投入到无限的为人民服务中去，让老百姓过上好日子。这是中国共产党牢记党的宗旨，不忘对人民作出的承诺，坚持以人民为中心的发展思想，把人民放在心中最高的位置，真心实意为人民谋利益，千方百计保障民生、改善民生的生动体现。老百姓过上好日子，党和政府再过紧日子，心里都快乐。

实现“两个一百年”的奋斗目标，这是我们党对人民的庄严承诺。全面建成小康社会，已经进入关键阶段。时间不等人，承诺要兑现，保障和改善民生的任务还很艰巨。各级党委、政府都要向党中央看齐，树立过紧日子的思想，把有限的资金投入到民生工作中，切实改善民生，让老百姓过上好日子。

全心全意为人民服务是我们党的宗旨，也是我们党得到人民拥护和支持的根本保障。“为了谁”，党员干部应该非常清楚，一切为了人民，一切为了人民的幸福，我们必须牢记在心。

民生是最大的政治。习近平总书记要求“把人民群众的小事当作我们的大事”。群众的小事变成了我们的大事，这一“小”一“大”，形成强烈对比，充分表明我们党没有把人民群众看轻，没有把人民群众的事看“小”，让一阵阵暖流注入人民群众心中。

党的一切工作都是为了造福人民。实现好、维护好、发展好最广大人民的根本利益，是党和国家一切工作的出发点和落脚点。我们要按照习近平总书记的要求，抓住人民最关心最直接最现实的利益问题，从人民群众关心的事情做起，从让人民满意的事情抓起，加强全方位就业服务，高度重视困难群众帮扶救助工作，加快建成多层次社会保障体系，加强社区治理体系建设，坚持精准扶贫、精准脱贫，推进民生保障精准化、精细化。要把群众的痛点、难点作为工作重点。人民群众关心的问题，我们要热情帮助解决，能办的就马上办，即使一时解决不了的问题，要耐心析事明理、解疑释惑、澄清误解、赢得理解。对那些损害群众利益的行为，要坚决制止和纠正。

群众身边无小事，一枝一叶总关情。柴米油盐酱醋茶，开门七件事，事事关系到群众的生活，影响群众的生活质量。群众工作的最终目的是让群众满意，什么样的事情更能满足群众需求，提升群众获得感和幸福感，那就从这些方面真抓实干。群众乘坐公交车、交水电费、看病抓药，这些看起来都是平常事，看似不起眼的小事，都攸关人民群众利益，都与人民群众的喜怒哀乐连在一起，如果有小问题而不解决，就会发展成大问题。党员干部要多办一些顺民意、解民忧、增民利的实事，特别是认真解决低收入群体和弱势群体的生活困难、就业、社会保障等问题，切实帮助他们改善生产生活条件，让人民群众得到实实在在的获得感，让群众共享改革发展成果。

民有所呼，我有所应，是帮助群众应该具有的基本态度。对人民群众的态度问题，不是简单的工作方法、工作作风问题，而是严肃的政治问题。对群众有深厚感情，就会把群众的冷暖放在心上，就会急群众所急、解群众所困、帮群众所难，而不会对群众的诉求无动于衷，对群众的小事置之不理。要真正在思想上尊重群众，在感情上贴近群众，认真倾听群众呼声，深入了解社情民意，及时化解矛盾纠纷，有效解决困难问题，千方百计把群众工作做细做实，这样才能真正让群众满意。大兴调查研究之风，问政于民、问需于民、问计于民，主动帮助群众解决问题，把问题解决在萌芽状态，使我们的各项工作符合群众意愿、代表群众利益、满足群众需求。

做好新时代党的群众工作，党员干部必须把人民放在心中最高的位置，对群众高看一眼，厚爱一层，切实端正为人民服务的态度，把人民群众的小事当作自己的大事，认真办好，让群众满意。关系人民群众长远利益的大事要办好，群众眼前的小事也要办好。我们应该看到，群众的小事更是一面镜子，在细小处照出党员干部的民生情怀，于小事见证党员干部为人民服务的精神。

为人民谋幸福，让人民过上美好生活，就要把人民利益摆在至高无上的地位，及时回应群众关切的问题，从群众最关心的事情做起，不以事小而不为，从一件件人民群众最关心最直接最现实的小事入手，把群众的小事当作我们的大事来办，把小事尽早办好，为百姓谋福祉，把笑容写在老百姓脸上。

第四节　千方百计抓好民生

民生就是国民的生计和生活。民生问题就是与人民的生活密切相关的问题，直接表现在人民的衣食住行、教育、就业、卫生、养老等方面。教育是民生之根基，就业是民生之根本，收入分配是民生之根源，社会保障是民生之安全保障。可以说，民生无处不在。解决好发展问题，改善民生，关系到人民群众的切身利益，关系到党同人民群众的血肉联系。

一、解决发展问题、改善民生仍是我们的第一要务，增进民生福祉是发展的根本目的

改革开放以来，中国取得了举世瞩目的发展成就，成为世界第二大经济体，但我国仍然是世界上最大的发展中国家，仍处于并将长期处于社会主义初级阶段。中国的发展任重道远。发展是硬道理，不发展就没有道理；发展是我们党执政兴国的第一要务，一刻也不能耽误。

随着中国特色社会主义进入新时代，人民群众对过上幸福生

活的期望更高。我国改革发展中面临的许多困难和问题，只能用发展的办法来解决。我们一定要始终坚持以经济建设为中心，不断深化改革，不断扩大开放，不断改善民生，努力推动经济社会持续健康发展。

习近平总书记明确提出“解决发展问题、改善民生仍是我们的第一要务”，让人耳目一新，充分体现了我们党对人民的关爱，对发展问题和民生问题的高度重视，让人民充满期待。这是我们党坚持立党为公、执政为民，全心全意为人民服务，坚持科学发展，促进社会和谐，让人民共享改革发展成果的根本要求。

把改善民生作为第一要务，我们要坚持以人为本，关注民生，从人民群众最关心最直接最现实的利益问题入手，着力解决关系群众生产生活的重大民生问题，促进社会和谐。我们党要始终把人民放在心中最高的位置，努力为群众办实事、办好事、解难事。

民生问题无小事，群众的事都是大事。只有持续关注民生、改善民生，回应人民的期盼，让人民享受到改革发展成果，得到实惠，感受到党和政府的温暖，才能团结人民、凝聚民心、集中民智，把全国人民的积极性和创造性发挥出来，加快和谐社会建设步伐，为实现中国梦而团结奋斗。

为中国人民谋幸福、为中华民族谋复兴是中国共产党人的初心和使命。带领人民不断创造美好生活，是我们党始终不渝的奋斗目标。习近平总书记在党的十九大报告中提出：“增进民生福祉是发展的根本目的。”

把增进民生福祉作为发展的根本目的，就要把人民的幸福放在第一位，努力让改革发展成果更多更公平惠及全体人民，使人民真正有获得感、幸福感、安全感。我们要认真贯彻习近平总书记的指示精神，多谋民生之利，多解民生之忧，在发展中补齐民生短板，促进社会公平正义，在幼有所育、学有所教、劳有所得、病有所医、老有所养、住有所居、弱有所扶上不断取得新进展，深入开展脱贫攻坚，保证全体人民在共建共享发展中有更多获得感，不断促进人的全面发展、全体人民共同富裕。

党的十八大以来，以习近平同志为核心的党中央把为人民谋幸福作为重要使命，在持续推动经济高质量发展的同时，不断加大保障和改善民生力度，实施了一大批惠民举措，社会建设取得了历史性成就，人民获得感显著增强。在党的十九大报告中，我们可以看到：6000 多万贫困人口稳定脱贫，贫困发生率从 10.2% 下降到 4% 以下。中西部农村教育明显加强。城镇新增就业年均 1300 万人以上。城乡居民收入增速超过经济增速，中等收入群体持续扩大。覆盖城乡居民的社会保障体系基本建立，人民健康和医疗卫生水平大幅提高，保障性住房建设稳步推进。社会治理体系更加完善，社会大局保持稳定，国家安全全面加强。

增进民生福祉，要切实保障和改善民生。中国特色社会主义进入新时代，我国社会主要矛盾已经转化为人民日益增长的美好生活需要和不平衡不充分的发展之间的矛盾。社会主要矛盾的变化对保障和改善民生提出了许多新要求，要坚持在发展中保障和改善民生，抓住人民最关心最直接最现实的利益问题，多谋民生之利，多解民生之忧，在发展中补齐民生短板，一件事情接着一件事情办，一年接着一年干，在幼有所育、学有所教、劳有所得、病有所医、老有所养、住有所居、弱有所扶上取得新进展，不断满足人民日益增长的美好生活需要，促进社会公平正义。

增进民生福祉，要突出打赢脱贫攻坚战。我国脱贫攻坚面临的任务仍然十分艰巨，越往后脱贫成本越高、难度越大。从结构上看，现有贫困人口大都是自然条件差、经济基础弱、贫困程度深的地区的群众，是越来越难啃的硬骨头。脱贫对象主要是残疾人、孤寡老人、长期患病者等“无业可扶、无力脱贫”的贫困人口以及部分教育文化水平低、缺乏技能的贫困群众。必须坚持精准扶贫、精准脱贫基本方略，坚持大扶贫格局，动员全党全国全社会力量，注重扶贫同扶志、扶智相结合，重点推进深度贫困地区脱贫攻坚，切实解决区域性整体贫困，做到脱真贫、真脱贫，真正实现全面建成小康社会一个都不能少。

增进民生福祉，需要全体中国人民共同奋斗。中国特色社会主义进入新时代，这是一个团结奋进、追逐梦想、创造美好生活的伟大时代，我们必须高举习近平新时代中国特色社会主义思想伟大旗帜，同心协力投入到实现“两个一百年”奋斗目标和中华民族伟大复兴的中国梦的壮丽事业中，创造出更加美好的生活。

二、民生是经济工作“指南针”，抓民生也是抓发展

指南针，古代叫“司南”，是中国古代“四大发明”之一，为人类的科学技术和文明进步作出了重要贡献。指南针主要组成

部分是一根装在轴上的磁针，磁针在天然地磁场的作用下可以自由转动并保持在磁子午线的切线方向上，磁针的北极指向地理的北极。人类利用指南针可以辨别方向，常将其用于航海、大地测量、旅行及军事等方面。

党的十八大报告指出："加强社会建设，必须以保障和改善民生为重点。要多谋民生之利，多解民生之忧，解决好人民最关心最直接最现实的利益问题，在学有所教、劳有所得、病有所医、老有所养、住有所居上持续取得新进展，努力让人民过上更好生活。"

习近平总书记提出"做好经济社会发展工作，民生是'指南针'"，充分体现了总书记对民生的高度关注和重视，具有深刻的内涵，对各地各部门用好民生这个"指南针"，明确改革发展方向，找准经济工作着力点，具有重要的指导意义。

发展和民生相互牵动、互为条件，坚持以经济建设为中心，把发展作为执政兴国的第一要务，凝心聚力推动发展，通过持续发展可以不断强化保障和改善民生的物质基础，通过不断保障和改善民生创造更多有效需求。

民生是"指南针"，要求在经济社会发展中坚持以人民为中心的发展思想。要把民生摆在突出位置，高度关注民生，按照民生指向，找准经济社会建设发展的着力点。实现好、维护好、发展好最广大人民的根本利益，是我们一切工作的出发点和落脚点，也是各领域深化改革、健康发展的动力源泉。随着全面建成小康社会进程的推进，实现更高质量、更有效率、更加公平、更可持续的发展，成为人民群众的期待。在改革发展中，我们要正确处理惠民生与稳增长的关系，有效把握二者相互支撑、相互促进的关系，把民生作为“指南针”，把民生所指作为经济社会发展的努力方向，实现改善民生与经济发展的有机统一。

民生是“指南针”，要求经济社会发展在改善民生上落细落小落实，让人民群众真正得到实惠。民生“指南针”的指向，就是人民群众的期盼，就是我们努力的方向。群众所思、所想、所急、所盼，应该成为经济社会发展的重中之重，成为我们工作的重点。群众的小事，就是我们必须办好的大事。一件件看似小的事办好了，改善民生就落地见效了。这就需要我们切实转变作风，走进群众家里，与群众坐在一条凳子上，倾听群众的心声，了解群众的意愿，为群众想办法、出点子，帮助群众解决一些具体问题。保持经济持续平稳高质量发展，保障民生才有坚实的物质基础；提高就业率，实现充分就业，是众望所归；居民人均可支配收入稳步增长，群众兜里有钱花，可以增加消费能力；物价保持基本稳定、让群众不焦虑等等，一系列民生指标都要努力让群众满意，促进民生保障与经济增长速度相适应。

民生是“指南针”，要求抓民生保障促进经济社会发展。民生问题，其实就是发展问题，是一个全局性、根本性的问题。民生问题是社会的敏感神经，涉及千家万户，牵一发动全身，民生解决得好，可以成为经济发展的助推器，可以成为社会稳定的压舱石。民生领域蕴含巨大的经济发展空间和新的经济增长点。我国与民生关联度高的基础公共服务尚不完善，交通、水利、教育、医疗等领域发展空间巨大，居民消费升级需求亟待满足。加大民生投入力度，有效保障和改善民生，可以增加经济活力，促进经济社会持续健康发展。持续改善民生、完善社会保障，让人民群众共享经济社会发展的成果，必将为改革发展稳定营造良好环境。

“民惟邦本，本固邦宁。”（《尚书·五子之歌》）重视民生是中华民族优良传统，更是中国共产党联系人民、服务人民的“传家宝”。我们党和政府做一切工作的出发点、落脚点都是让人民过上好日子。关注民生、改善民生就是为了人民幸福。

习近平总书记明确提出：“抓民生也是抓发展。”这充分表明了总书记对人民的关注、关心和关爱，这是一种深深的爱民情怀。总书记要求在保障基本公共服务有效供给基础上，积极引导群众对居家服务、养老服务、健康服务、文体服务、休闲服务等方面的社会需求，支持相关服务行业加快发展，培育形成新的经济增长点，使民生改善和经济发展有效对接、相得益彰。

“制国有常，而利民为本。”（《战国策·赵策二》）关注民生、重视民生、保障民生、改善民生，让人民过上美好生活，是中国共产党执着的追求。坚持改革开放，不断解放和发展社会生产力，就是为了努力解决群众的生产生活困难，让群众走上共同富裕的道路。我们党坚持以人民为中心的发展思想，把人民放在心中最高的位置，坚持以人为本、执政为民，就是要增进人民福祉、促进人的全面发展。

民生与发展，犹如鸟之两翼，不可偏废。发展为了民生，民生促进发展，二者相互牵动、互为条件、相互促进，统一于“两个一百年”奋斗目标和实现中华民族伟大复兴的中国梦的历史进程。民生与发展是一体的，不能割裂开来，更不能对立起来，抓发展是为了保障和改善民生，保障和改善民生是为了促进发展。所以，抓民生也是抓发展。抓好发展，可以为改善民生提供有力支撑，奠定坚实的经济基础，提供丰富的物质保障；抓好民生，可以调动人民的积极性和创造性，为发展营造良好的社会环境，凝聚更大的发展力量。

抓民生也是抓发展，就是要求高度重视民生，把民生工作摆在重要位置。到 2020 年全面建成小康社会是我们的战略目标，我们所有的工作都要聚焦于这个目标。坚持以经济建设为中心，把发展作为执政兴国的第一要务，凝心聚力推动改革发展，为全面建成小康社会奠定坚实的物质基础，这是重中之重。但是，我们应该看到，全面建成小康社会，民生建设很重要，必须不断改善民生，实现人的全面发展，抓民生就是抓发展。

抓民生也是抓发展，就是说抓民生和抓发展本质上是一致的。要全面把握发展和民生相互促进关系，通过推动经济持续健康发展，为保障和改善民生提供物质基础，通过不断保障和改善民生，为发展创造更多的有效需求。经济发展了，国家的财富增加了，就可以更好地投入到民生工作中，让人民共享改革发展成果；民生改善了，群众的生活水平提高了，群众的消费能力提高了，购买力就增强了，对发展的支持力度就大了。要把发展与民生有机统一起来，实现保增长、促民生、保稳定、促发展。千万不能口头上重视民生，实际上不抓民生，一边财政富，一边民生苦，让党群干群关系紧张，引发社会不稳定因素。要着力保障民生建设资金投入，全力解决好人民群众关心的教育、就业、收入、社保、医疗卫生、食品安全等问题，保障民生链正常运转，努力使全体人民学有所教、劳有所得、病有所医、老有所养、住有所居，推动和谐社会建设，不断提高人民群众的生活质量和幸福指数。

三、民生工作要一诺千金，像抓经济建设一样抓民生保障，像落实发展指标一样落实民生任务

“民生”这个词，从字面上理解有两层含义：“民”就是指人民、民众，“生”就是指生计、生活。所谓“民生”，主要是指人民群众的基本生存和生活状态，以及可以获得的基本发展机会、基本发展能力和基本权益保护的状况，等等。现阶段我国民生主要涉及就业、教育、分配、社保、稳定等方面问题。

党的十八大以来，以习近平同志为核心的党中央坚持以人民为中心的发展思想，坚持立党为公、执政为民，高度重视解决民生问题，让人民共享改革发展成果，民生问题有了很大改善，为新时代的发展注入了活力。

推动新时代的伟大事业，做好民生工作至关重要。“民惟邦本，本固邦宁。”民生工作直接关系到人民群众的切身利益，关系到社会和谐稳定与国家长治久安。做好民生工作，是以民为本、执政为民的重要体现，是加强党与人民群众密切联系、夯实党的

执政基础的重要保障。在建设富强民主文明和谐美丽的社会主义现代化强国的过程中，必须把民生工作摆在更加突出的位置，坚持民生为重、民生优先，切实解决民生问题，促进社会和谐，为改革发展营造良好的社会环境，调动群众参与中国特色社会主义建设的积极性和创造性。

做好民生工作，要有坚持不懈的韧劲。民生工作面广量大，涉及群众生活的方方面面，牵一发动全身，群众的关注度极高，期待值也高。这就需要我们始终保持一种韧劲，咬定青山不放松，持续发力，一件接着一件办，办一件成一件，办一件好一件，让群众真正有获得感，得到群众的认同。要统筹谋划，整体规划，突出重点，群众最关注的、急着要办的就先办快办，不要贪多嚼不烂，一件也办不好。不要狗熊掰棒子，眼大肚子小，掰一大堆抱不走、吃不了。民生工作不能力量分散，同时四面开花，一朵花都开不好。

抓好民生工作，习近平总书记要求我们“要一诺千金，说到就要做到”。对民生工作的态度，就是对群众的态度，既要积极作为，又要量力而为。对老百姓说出的话，对群众作出的承诺，就要兑现，说到就要做到。解决关系老百姓切身利益的民生问题，要有时间表、路线图，什么时间能做什么事，能做到什么程度，一旦作出承诺，就要千方百计兑现。只有这样，群众才会相信我们，才会对我们寄予希望。对一时做不了、做不好的事，要老老实实讲真话，向群众解释清楚，不要欺骗群众、乱表态、乱承诺。开空头支票，只能一时忽悠群众，只会更深地伤害群众，群众就不会信任我们，今后的民生工作就会失去群众的支持。

党的十九大报告指出："增进民生福祉是发展的根本目的。必须多谋民生之利、多解民生之忧，在发展中补齐民生短板，促进社会公平正义，在幼有所育、学有所教、劳有所得、病有所医、老有所养、住有所居、弱有所扶上不断取得新进展，深入开展脱贫攻坚，保证全体人民在共建共享发展中有更多获得感，不断促进人的全面发展、全体人民共同富裕。"这就为深入推进民生工作、促进社会和谐指明了方向。

民生问题是一个系统工程，需要久久为功，一抓到底。我们必须把人民放在心中最高的位置，带着对百姓的深厚感情，把各项惠民政策不折不扣地落实好，千方百计为群众办实事、办好事、解难事，让百姓得到看得见、摸得着的实惠，让群众在共享改革发展成果中感受到中国共产党对人民的深情厚谊，自觉听党话、跟党走，积极投身到实现中华民族伟大复兴的壮丽事业中。

《尚书·五子之歌》里说："民惟邦本，本固邦宁。"就是说，人民是国家的根本，人民稳定了，国家才能安宁。民生连着民心，民心关系国运。民心顺，事事顺；民心齐，泰山移。关注民生问题，就是关注民心。民生问题是中国改革最大的问题，解决民生问题是最大的政治，改善民生应该是各级党委、政府最大的政绩。

我们党和政府做一切工作的出发点、落脚点都是让人民过上好日子。习近平总书记提出："要像抓经济建设一样抓民生保障，像落实发展指标一样落实民生任务。”这个重要论述让人耳目一新，从中我们看到民生的重要性和民生工作的重要地位。

长期以来，很多地区、部门重视经济发展多，对民生保障重视不够，落实发展指标力度大，落实民生任务力度小，普遍存在着一重一轻、一硬一软的问题，这在很大程度上影响了民生工作。这里面有认识误区，必须引起注意。

事实上，保障和改善民生与发展经济是相辅相成、相互依托、相互促进的。发展经济是打好社会建设的基础，只有经济发展了，才有经济实力更好地保障和改善民生，所以要坚持以经济建设为中心，把发展作为第一要务。同时，我们还要看到，保障和改善民生，有利于促进社会和谐，推动经济发展。这就是说，经济发展和民生改善完全可以实现良性循环、良性互动，两方面实现良性循环，就能实现人与人、人与经济活动、人与环境和谐共存的良好局面，让老百姓共享经济发展、民生改善的成果。

关注民生、重视民生、保障民生、改善民生是党和政府的神圣职责。像抓经济建设一样抓民生保障，就是要让民生保障硬起来，实实在在地抓民生工作，一抓到底，持续不断；像落实发展指标一样落实民生任务，就是要让民生任务实起来，用任务说话，用数字检验，一件事情接着一件事情办，一年接着一年干，一任接着一任做。要多谋民生之利，多解民生之忧，解决好人民最关心最直接最现实的利益问题，在学有所教、劳有所得、病有所医、老有所养、住有所居上持续取得新进展，努力让人民过上更好生活。

四、民生工作离老百姓最近，同老百姓生活最密切，就业是民生之本

习近平总书记指出："民生工作离老百姓最近，同老百姓生活最密切。"这一重要论述，充分说明了民生工作与群众密不可分的关系以及做好民生工作的重要性，具有丰富的时代内涵。

民生工作离老百姓最近。从心理距离来看，民生工作离老百姓最近。做好民生工作，为群众排忧解难，为群众办实事、办好事，让群众过上幸福生活，是保障和改善民生、促进社会和谐的重要举措，努力实现好、维护好、发展好最广大人民的根本利益，是党和政府做好一切工作的出发点和落脚点。从实际距离和群众的实际需要来看，民生工作也离老百姓最近。做好民生工作，必须近距离、零距离地深入到群众中，帮群众所需，急群众所急，解群众所难，为群众办好每一件民生实事。做好民生工作不能高高在上，不能浮在面上，必须深入基层、深入群众、深入一线，真心实意地关心人民群众的生活，解决好群众关注的热点、难点问题，尽心竭力地为群众办事，真心实意为群众服务。

民生工作同老百姓生活最密切。民生问题与老百姓的生活密切相关，主要表现在老百姓的衣食住行、养老就医、子女教育等生活必需方面，是群众最关心最直接最现实的利益问题。民生工作与老百姓的生活息息相关、紧密相连，不可能分开。让老百姓劳有所得、病有所医、老有所养、住有所居，关系到老百姓的生活满意度，无一不在做好民生工作的范围内。做好民生工作，就

是要坚持以人为本，怀着对人民群众深厚的感情，以人民高兴不高兴、满意不满意、答应不答应为检验标准，不断改善老百姓的生活，保障群众的切身利益，不断增进人民的福祉，提高人民的幸福感。

民生工作面广量大，具有长期性、稳定性、连续性、累积性等特点。做好民生工作，要持之以恒把民生工作抓好，有坚持不懈的韧劲，一件事情接着一件事情办，件件有落实，一年接着一年干，年年见实效，让老百姓看到变化，真正得到实惠；要统筹安排、步步推进，积极作为、量力而为，件件有着落、事事有回音，不要求多、求大、求全；要发扬钉钉子精神，一抓到底，务求实效，不能虎头蛇尾；要一诺千金，说到就要做到，不能开空头支票，让群众看到变化、得到实惠，真诚兑现对群众的承诺。

在父母的心里，孩子的分量是最重的。20 多年含辛茹苦把孩子培养成人，培养出一个本科生、研究生，最大的愿望就是孩子能实现就业，有一份稳定的工作，能把今后的日子过好。可以说，就业牵动着每一个中国家庭，牵动着每一个中国人的心。试想，如果家里长期有一个“啃老族”，躺在父母身上，整天无所事事，在家里晃来晃去，父母的心就会像泡在水里，寝食不安，能快乐起来吗？

习近平总书记明确提出：“就业是民生之本，解决就业问题根本要靠发展。”这充分体现了党和政府对人民群众就业的高度关注和重视。

就业是民生之本，就是说，就业在民生问题中处于最基础、最根本的地位。就业是关系国计民生的大事，解决好就业问题，很多民生问题就可以迎刃而解。从家庭来说，就业能保障家庭收入，家庭能够稳定和谐，其乐融融；从劳动者来说，就业能取得报酬，获得生活来源，生活得到保障，还可以实现人生价值；从国家层面上来说，解决就业问题，能给国家提供源源不断的劳动力，推动党和人民的事业发展。

解决就业问题根本要靠发展，就是说，解决就业问题的根本出路在于发展，只有用发展的办法才能解决好就业问题。社会主义市场经济始终保持生机活力，国家经济社会始终保持持续健康发展的态势，就能为劳动者提供广阔的就业空间，为劳动者提供更多的就业机会，提供宽广的干事平台。多一个劳动者就业，就多一分社会稳定。就业问题解决好了，广大劳动者有了稳定的工作，就能为全面建成小康社会作出贡献，广大劳动者有了稳定的收入，就能更好地促进社会和谐。

在全面深化改革的进程中，我们一定要高度重视解决就业问题，把就业作为解决民生问题的根本，紧紧抓在手上，抓实、抓好。要把发展作为解决就业的根本出路，凝心聚力推动发展，为劳动者提供更多的就业机会。

五、保障和改善民生没有终点站，只有连续不断的新起点，民生工作要一抓到底

宋朝程颐说过："为政之道，以顺民心为本。"（《二程文集》卷五）我们党坚持立党为公、执政为民，团结和带领全国人民实

现中华民族伟大复兴的中国梦，一定要以民为本，争取民心，赢得民心，得到最广大人民群众的支持。

保障和改善民生，在经济发展基础上逐步提高人民物质文化生活水平，关注人民群众切身利益，保障人民群众权益，使人民过上幸福美好的生活，是推动经济持续健康发展、促进社会和谐稳定的重要保证。习近平总书记指出："保障和改善民生是一项长期工作，没有终点站，只有连续不断的新起点，要实现经济发展和民生改善良性循环。"

保障和改善民生，没有终点站。"国以民为本，社稷亦为民而立。"（宋·朱熹《四书集注·孟子·尽心下》）人民对美好生活的向往，就是我们的奋斗目标。民生问题，关系到十三亿多中国人民的福祉。随着全面建成小康社会的进程不断推进，民生问题越来越受到关注。保障和改善民生，贯穿于建设社会主义现代化强国的全过程，是一个庞大的系统工程，不是一时一事就能做好的，我们要有长期努力的思想准备。

保障和改善民生，只有起点站。"民惟邦本，本固邦宁。"在经济社会发展过程中，随时都会出现新的民生问题。我们要始终坚持以人为本、关注民生，牢记全心全意为人民服务的宗旨，关注人民群众的喜怒哀乐，关切人民群众的切身利益。要把人民群众的小事看成大事，忧群众所忧，解群众所困，尽力帮助群众解决实际问题。要在服务人民中为群众办实事、办好事，让人民群众随时感受到党和政府的温暖，加强党与人民的血肉联系。

民生问题关系每一个家庭的幸福，关乎每一个人的快乐。让人民群众快乐工作、幸福生活，是我们的职责。保障和改善民生，永远都在路上。解决一个民生问题，不是一个终点，而是一个新的起点。我们就是要有这样的韧劲，坚持不懈地做好民生工作，把保障和改善民生的工作做细、做实、做好，让幸福写在人民群众的脸上。

习近平总书记高度关注民生问题，高度重视民生工作。在总书记的系列重要讲话中，多次论述民生问题的重要性，对民生工作提出了明确的指示，要求把人民放在心中最高的位置，努力让人民群众有更好的教育、更稳定的工作、更满意的收入、更可靠的社会保障、更高水平的医疗卫生服务、更舒适的居住条件、更优美的环境。

民生工作点多、面广、量大、头绪多。做好民生工作，总书记要求“一件事情接着一件事情办，一年接着一年干，一任接着一任做”。各级领导干部必须深刻领会民生工作的稳定性、连续性、累积性，坚持不懈保障和改善民生。

民生工作要一件事情接着一件事情办。民生问题覆盖面广，涉及教育、就业、收入、社会保障、医疗卫生服务、住房、环境等方方面面，关系到千家万户，关系到人民的切身利益，群众的关注度很高。解决民生问题要总体统筹、全面安排，有计划、有步骤地推进。但是，解决民生问题，要与经济发展水平相适应，不能贪大求全，不能搞蛇吞象，想一口吃下。民生工作要一件事情接着一件事情办，办一件成一件，办一件好一件，办一件让群众高兴一件。这样日积月累，就能把民生工作做好。

民生工作要一年接着一年干。民生问题是一个长期积累的问题，不可能寄希望于一日之功。在发展的过程中，还会产生新的民生问题，需要我们及时应对。对待民生问题，我们要有长期作战的思想，既要打攻坚战，攻坚克难，集中力量攻下一个个民生问题的堡垒，又要打持久战，坚持不懈、久久为功。要一年接着一年干，一年解决几个民生问题，一年一年干下去，积小胜为大胜。要持续推进，不能断断续续，想起来干一下子，上面追问就干一下子，干一年歇三年，这样只会让民生问题越积越多。

民生工作要一任接着一任做。全心全意为人民服务是我们党的宗旨，实现好、维护好、发展好最广大人民的根本利益是我们一切工作的出发点和落脚点，解决民生问题，为群众排忧解难，是各级党委、政府和党员、干部的职责。各级领导干部要把民生问题放在心上，想群众所想，急群众所急，忧群众所忧，解群众所难，真心实意为群众办实事、办好事，让群众共享改革发展成果。做好民生工作，要一任接着一任做，不能断线，不能简单地把民生问题看作前任的问题。要制定好解决民生问题的规划，以“功成不必在我”的思想境界，一任接着一任干下去，把好的民生蓝图一绘到底，务必取得新的成效。

第三章
管党治党，人民对党更加信任

第一节　永远走在“赶考”的路上

1949年1月31日，人民解放军进入北平，北平和平解放。随着党的工作重心由乡村转移到城市，中共中央决定进驻北平。1949年3月23日，毛泽东、朱德、刘少奇、周恩来、任弼时率中共中央机关离开西柏坡。临行前，毛泽东同志意味深长地说：“今天是进京赶考的日子，不睡觉也高兴啊。今天是进京‘赶考’嘛，进京赶考去，精神不好怎么行啊！”

习近平总书记到西柏坡考察时深刻指出，“我们面临的挑战和问题依然严峻复杂，应该说，党面临的‘赶考’远未结束”。总书记的这番话，语重心长，充分说明新的中央领导集体对党面临的“赶考”的自觉和清醒，充分说明我们党还走在“赶考”的路上，还在接受人民和历史的考验。

党的先进性和党的执政地位不是一劳永逸、一成不变的。我们党团结和依靠人民夺取革命胜利，建立了新中国，成为在中国执政的马克思主义政党，团结和带领人民开辟中国特色社会主义道路，不断开创改革开放新局面，实现中国经济实力、综合国力和国际竞争力显著提高，人民生活水平显著改善。但是，我们要清醒地认识到，在前进的道路上，这只是万里长征走完了第一步，我们党还走在“赶考”的路上。

一、共产党人要有强烈的忧患意识，如果腐败问题越演越烈，最终必然会亡党亡国

“生于忧患，死于安乐”，这是被无数实践证明的真理。强烈的忧患意识是我们党执政兴国的宝贵经验，更是中国共产党人一以贯之的自觉意识。

习近平总书记提出“我们共产党人的忧患意识，就是忧党、忧国、忧民意识，这是一种责任，更是一种担当”，要求全党增强忧患意识，确实给我们注射了一针强力的清醒剂。总书记的谆谆教诲，高瞻远瞩、语重心长、意味深长，具有很强的现实针对性和长远的指导意义，值得共产党人细细品味、认真思量、自觉践行。

共产党人忧党，就要为党分忧，强化执政意识，为党的事业发展而奋斗。在新的历史时期，我们党面临着“四大考验”和“四大危险”，这也是每一个共产党人面临的考验和危险。我们要有忧患意识，更要有担当精神，自觉经受住考验，积极化解危险。要坚定理想信念，自觉加强党性锻炼，不断提高工作能力和执行力，为提高党的执政能力、巩固党的执政地位尽心尽力；要自觉坚持党的群众路线，以民为本，关注民生，加强党与人民群众的

联系，为夯实党的执政基础尽心尽力；要牢记空谈误国、实干兴邦和“三严三实”的要求，切实转变作风，想在实处、干在实处，为国家富强、民族振兴、人民幸福尽心尽力；要严格遵守党纪国法，坚持权为民所赋、权为民所用，与贪污腐败行为作坚决斗争，始终做到一身正气、两袖清风、清正廉洁，为保持党的先进性和纯洁性尽心尽力。

共产党人忧国，就要坚持国家利益至上。落后就要挨打，贫穷就会被动。发展是我们党执政兴国的第一要务。我们要实现“两个一百年”奋斗目标和中华民族伟大复兴的中国梦，还有很长的路要走，需要不断努力奋斗。只有不断发展进步，始终保持经济平稳健康发展，才能不断增强经济实力和综合国力，才能在国际竞争中赢得主动。这就需要我们以主人翁的姿态投入到实施“四个全面”战略中，立足岗位、尽职尽责、努力工作，不断推进中国特色社会主义事业。

共产党人忧民，就要强化宗旨意识。共产党人来自人民、根植人民，要一心为了人民。要坚持立党为公、执政为民，始终把人民放在心中最高的位置，努力实现好、维护好、发展好人民群众的根本利益，努力为人民谋福祉。要想人民所想，急人民所急，解人民所难，真心实意为人民办实事、办好事，把人民团结在党和政府的周围。要高度关注困难群众，加大扶贫攻坚力度，不断提高困难群众的生活水平，让贫困地区的群众在全面建成小康社会中不掉队。

“物必先腐也，而后虫生之。”（宋·苏轼《范增论》）在戈尔巴乔夫当政时期，苏联共产党党内腐败问题十分严重，且越演越烈，特权阶层恶性发展、队伍壮大，他们利用手中的特权侵吞国家财产，把国家对国有资产的支配权转化为自己实际的占有权。1991年苏联解体时，莫斯科上万名大富翁，大部分是苏联共产党的党政干部。苏联解体的一个重要原因就是：特权泛滥、贪污腐败、党风败坏、严重脱离群众。

习近平总书记深刻指出："大量事实告诉我们，腐败问题越演越烈，最终必然会亡党亡国！我们要警醒啊！"我们一定要引起高度警惕，增强危机意识、责任意识，居安思危、居危思危。

党的作风体现党的性质，关系党的形象，关系人心向背，关系党和国家的生死存亡。贪污腐败行为严重侵害党和国家的利益，严重破坏党和人民的血肉联系，动摇党的执政基础，影响党的形象。党内绝对不允许贪污腐败存在。

深入持久开展反腐败斗争，建设廉洁政治，是保持党的肌体健康，确保党成为中国特色社会主义事业的坚强领导核心的必然要求，始终是我们党一贯坚持的鲜明政治立场。党的十八大以来反腐败斗争的实践证明，党风廉政建设和反腐败斗争，是广大干部群众始终关注的重大政治问题。

加强反腐倡廉建设，我们要进一步增强危机意识，增强忧党、忧国意识，真抓实管，一抓到底，务求实效；要加强党员、干部教育，坚定理想信念，树立正确的权力观、政绩观、利益观，为人民掌好权、用好权，坚决不搞特权，不以权谋私，不危害党和人民的利益；要加大惩治贪污腐败力度，有贪必反，有腐必惩，有案必查，坚持“老虎”、“苍蝇”一起打，持续保持反腐败斗争高压态势，不让腐败分子有机可乘、有空可钻、有喘息的机会；要加强反腐倡廉的制度建设，建立长效机制，“把权力关进制度的笼子里”，加大监督力度，确保领导干部的权力在正确的轨道运行；要坚持长期抓、经常抓，把反腐倡廉建设一抓到底。要让贪污腐败分子成为过街老鼠，人见人恨，人人喊打。贪污腐败分子一天不肃清，惩治贪污腐败就一天不停止，决不能让贪污腐败越演越烈，危及党和国家的前途命运。

二、一个政党，一个政权，其前途和命运最终取决于人心向背，反对腐败是党心民心所向

得民心者得天下，失民心者失天下。这是我们熟知、认同的真理。中国共产党为什么能由弱到强？为什么能夺取抗日战争和解放战争的胜利？为什么能建立新中国？答案是：中国共产党得到了民心。中国共产党为什么能战胜一个又一个困难？为什么能开辟改革开放的强国之路？为什么能开创中国特色社会主义事业新局面？答案是：中国共产党得到了民心。民心对一个政党、对一个政权，实在太重要了。

习近平总书记深刻指出：“一个政党，一个政权，其前途和命运最终取决于人心向背。”习近平总书记把人心向背提到了一个政党、一个国家生死存亡的高度，这是对我们的教育和警醒。民心不可看轻，看轻就会翻天。苏联之所以土崩瓦解，根子就在于民心已经散乱，人民不再信任苏联共产党，民心不再向着苏联

共产党。当今世界一些国家的政权刚上台就倒台，没坐稳就垮台，走马灯一样更换总统、首相，根子还在于失去了民心。

坚持党的群众路线，密切党群、干群关系，保持党同人民群众的血肉联系，与人民共同奋斗、共同创造美好生活，我们党才能得到人民群众的拥护和支持，才能立于不败之地。脱离群众，必然脱离生存发展的土壤；失去人民，就会失去力量源泉，最终必然走向失败。

中国共产党是马克思主义执政党，来自人民、根植人民，全心全意为人民服务，为了人民的根本利益而奋斗。人民是中国共产党的执政之基、力量之源，人民是我们依靠的力量。我们一定要始终坚持党的群众路线，看重民心、看重民意、看重民情，要时时刻刻加强党同人民群众的血肉联系，尊重人民、团结人民、为了人民，努力实现好、维护好、发展好最广大人民的根本利益，为人民的幸福而奋斗。

我们一定要与人民心连心、同呼吸、共命运，努力为人民办实事、办好事、解难事；要了解民情，不要违背民意；要顺应民心，不要违背民心；要赢得民心，不要伤害民心；把全体中国人民团结在党的周围，自觉投入到中国特色社会主义事业的伟大实践中去。

党的十八大以来，以习近平同志为核心的党中央高度重视党风廉政建设，深入开展反腐败斗争，严厉惩治腐败分子，反腐败斗争取得了压倒性胜利，赢得了党心民心，受到了全党全国人民的拥护和支持。有党心民心作力量源泉，有全党全国人民的大力支持，反腐败斗争必定取得最后的胜利。

在反腐败斗争取得压倒性胜利后，我们还应该看到，反腐败斗争形势依然严峻复杂，实现不敢腐、不能腐、不想腐还有很长的路要走。腐败活动减少了但并没有绝迹，反腐败体制机制建立了但还不够完善，思想教育加强了但思想防线还没有筑牢，减少腐败存量、遏制腐败增量、重构政治生态的工作艰巨繁重，反腐败斗争任重道远，全党全国人民真情期待。

习近平总书记要求全党必须牢记“反对腐败是党心民心所向”。反对腐败是党心所向，就是全党各级党组织、8900多万名共产党员的心之所向，是全党的共同意志；反对腐败是民心所向，就是十三亿多人民的心之所向，是全体中国人民的共同愿望。这是一份沉甸甸的责任，我们必须勇于担当。

反对腐败是党心民心所向，就是我们必须坚持的方向，就是我们努力的方向。加强党的执政能力建设和先进性、纯洁性建设，巩固党的执政地位，我们必须坚定不移反对腐败。得民心者得天下。我们不能辜负党心民心，一定要坚定不移地推进反腐败斗争。反腐败只能进不能退，进则决胜千里，人民满意，退则溃不成军，人民不高兴；只能赢不能输，赢则得到党心民心，输则愧对党和人民，人民不答应。我们要有这样的清醒和自觉。

中国共产党是中国工人阶级的先锋队，同时是中国人民和中华民族的先锋队，是建设中国特色社会主义的领导核心。我们党反对腐败，是党心民心所向，顺应党心民心，才能赢得党心民心。我们坚信，党心民心在我们党一边，反腐败就有无穷的力量源泉，有全党全国人民的大力支持，反腐败斗争必定取得最后的胜利。

“雄关漫道真如铁，而今迈步从头越。”我们要深刻认识到党风廉政建设和反腐败斗争的严峻性、复杂性，勇于面对新情况，善于解决新问题，以除恶务尽、决战决胜的决心意志，以开弓没有回头箭的胆魄勇气，坚持无禁区、全覆盖、零容忍的高要求，采取严格有效的举措，实行铁的纪律，保持惩治腐败的高压态势，把党风廉政建设和反腐败斗争引向深入，务求取得反腐败的全面胜利。

三、不得罪成百上千的腐败分子，就要得罪十三亿人民

2014年12月13日，习近平总书记来到江苏镇江世业镇考察，在即将结束、将要告别村民时，很多村民自发地围了上来。这时，拥有53年党龄的74岁老党员崔荣海握着习近平总书记的手激动地说：“总书记，您好！您是腐败分子的克星，全国人民的福星。”习近平总书记面带笑容地说：“不辜负全国人民的期望。”听完习近平总书记的话，崔荣海一下子眼泪就下来了。农民朴实的话语，说出了人民群众对党中央坚决惩治腐败的认可和拥护。总书记说“不辜负全国人民的期望”，充分体现了党中央反腐败的坚定决心和责任担当。

习近平总书记深刻指出：“不得罪成百上千的腐败分子，就要得罪十三亿人民。”党的十八大以来，以习近平同志为核心的党中央从关系党和国家生死存亡的高度，切实担当起党和人民交

给的责任，推动全面从严治党不断向纵深发展，加强党风廉政建设，深入开展反腐败斗争，以猛药去疴、重典治乱的决心，以刮骨疗毒、壮士断腕的勇气，坚持无禁区、全覆盖、零容忍，坚持“老虎”、“苍蝇”一起打，严肃查处腐败分子，坚决遏制腐败现象蔓延势头，反腐败斗争取得了压倒性胜利，党风政风为之一新，党心民心为之一振，赢得了党心民心，真正做到以身许党许国、报党报国。

中国社科院《反腐倡廉蓝皮书》显示：2016 年，九成以上普通干部和专业人员认可党和政府惩治和预防腐败的力度，九成以上领导干部和普通干部对党风廉政建设和反腐败斗争“有信心”，各项百分比都比党的十八大以前有明显提升。这充分说明，人民支持反腐败，对反腐败斗争充满信心。有广大人民的支持和信任，我们夺取反腐败斗争的胜利就有了坚实的群众基础。

习近平总书记指出：“坚持有案必查、有腐必惩，任何人触犯了党纪国法都要依纪依法严肃查处，决不姑息，党内决不允许腐败分子有藏身之地。”这充分表明了党中央反腐败的坚定决心。深入开展反腐败斗争，就要按照总书记的要求，始终保持昂扬向上的斗争精神。

民心是最大的政治，正义是最强的力量。民心是我们党执政的根本，得民心才能得天下，聚民心才能治天下。腐败伤害民心，就是在动摇我们党执政的根本。习近平总书记多次强调：“全党必须牢记，反对腐败是党心民心所向。”“对腐败分子，我们决不能放过去，放过他们就是对人民的犯罪、对党不负责任！”

在对待腐败分子的问题上，我们必须旗帜鲜明，党内决不容忍腐败分子。我们要清醒地认识到，不得罪腐败分子，对腐败分子不敢斗争，视而不见、听而不闻，任其逍遥自在，任其胡作非为，就是对党和人民的不负责任，就是对党和国家的前途命运不负责任，就必然会辜负党，就必然会得罪人民。

在反腐败这一重大原则问题上，我们一定要从政治上算账，从人心向背上算账，算长远账、未来账，这才是真正的大账。要按照总书记的要求，该做的事就要做，该得罪的人就得得罪。不得罪腐败分子，就必然会辜负党、得罪人民。我们要站到人民一边，宁可得罪所有的腐败分子，因为他们罪有应得，应该受到党纪国法的惩处，也不能得罪十三亿多人民，因为人民是我们真正的靠山，任何时候不可得罪，得罪人民就会背离人心。对腐败分子决不能放过，放过他们就是对人民的犯罪，就是对党不负责任，就是背离党心民心。

四、中国的事情要办好，首先中国共产党的事情要办好

中国特色社会主义最本质的特征就是坚持中国共产党的领导，中国共产党是中国特色社会主义事业的领导核心，中国共产党的领导是坚持中国特色社会主义道路、实现中华民族伟大复兴的根本保证。习近平总书记提出："中国的事情要办好首先中国共产党的事情要办好。"这是根据党的性质、宗旨、奋斗目标、执政地位和党在现阶段的任务，坚持治国必先治党、治党务必从严，对全党提出的要求。

在新的历史时期，在世情、国情、党情发生深刻变化的新形势下，我们党依然面临着“四大考验”和“四大危险”，要应对和战胜前进道路上的各种风险和挑战，关键在党。打铁必须自身硬。作为在拥有十三亿多人口的国家执政的马克思主义政党，中国共产党要团结带领全党全国人民实现“两个一百年”目标，实现中华民族伟大复兴的中国梦，应对和战胜前进道路上的各种风险和挑战，关键在党。中国的事情要办好，首先中国共产党的事情要办好，把党建设成为中国特色社会主义事业的坚强领导核心。

中国的事情要办好，首先中国共产党的事情要办好，就是要求我们坚持党要管党，聚精会神地抓好党的建设。坚持党要管党，要在全党特别是各级党员领导干部中形成抓好党建是本职、不抓党建是失职、抓不好党建是不称职的共识，全面落实党建工作责任制，健全党委统一领导、部门齐抓共管、一级抓一级、层层抓落实的党建工作格局，不断增强党建工作的整体合力。要按照树立科学理念、积极改革创新、遵循客观规律、注重实际成效的思路，坚持不懈加强党的建设，不断自我净化、自我完善、自我革新、自我提高，不断提高党的执政能力，巩固党的执政地位，使我们党越来越成熟、越来越强大、越来越有战斗力。

中国的事情要办好，首先中国共产党的事情要办好，就是要求坚持从严治党，切实把从严治党的要求落到实处。坚持从严治党，最根本的就是要严格按党章办事、按党纪党规办事，并贯穿于党的建设的各方面工作中，切实体现到对各级党组织、党员、干部进行教育、管理、监督等各个环节中，不断解决党内存在的问题。要坚持从严治吏，从严教育、管理、监督各级领导班子和党员领导干部，让各级领导干部守纪律、懂规矩。要切实加强党风廉政建设，保持反腐败斗争的高压态势，坚持“老虎”、“苍蝇”一起打，坚持反腐败全覆盖、无禁区、零容忍。要加强作风建设，坚决整治“四风”，纠正各种不良作风，营造风清气正的干事创业环境。

面向未来，实现全面建成小康社会，建成富强民主文明和谐美丽的社会主义现代化强国，我们党肩负重任，任重道远。我们党正在“赶考”的路上。“考卷”就在中国大地上，在世界舞台上，“考题”由人民来出，“答案”在人民手上，“阅卷人”就是人民。我们党正在经受时代、人民和历史的考验。

随着世情、国情、党情的深刻变化，新形势下我们党面临着“四大考验”，需要化解“四大危险”。随着国际国内形势的深刻变化，我们面临的困难和矛盾将越来越多，“考题”将越来越难。我们一定要牢固树立“赶考”意识，用心做好每一道“题”，用力答好每一道“题”，不断攻坚克难、破解难题，稳扎稳打、步步为营，不断推进中国特色社会主义伟大事业，向人民、向时代、向历史交一份满意的答卷。

五、深入推进党风廉政建设和反腐败斗争，努力营造良好政治生态

深入推进党风廉政建设和反腐败斗争，扎紧制度笼子，加大

治本力度，巩固和深化“不敢”，逐步实现“不能”、“不想”。习近平总书记指出：“深入推进党风廉政建设和反腐败斗争，同样要做好‘破’和‘立’这两篇文章。”“破”和“立”是辩证统一的。“破”是一种自身审视，是查找问题、正视问题后的一种清醒和自觉，是解决问题的方式和途径。“破”是一种自我扬弃，是为了更好地“立”，为了“立”得更稳、更久、更好。

不受监督的权力必然导致腐败，不受监督的权力越大，导致的腐败越严重。长期以来，我们不断加强制度建设，初步形成以党章为根本的党内法规制度体系、以制约监督权力为核心的惩治和预防腐败制度体系。但是，有的制度一成不变，严重老化，没有与时俱进地修改完善，不适应新形势下党风廉政建设和反腐败斗争的需要；有的制度设计科学性不够，留有漏洞，开了“后门”，存在着牛栏关猫关不住的问题；有的制度原则性强，大而化之，可操作性不强，无法对应实际工作。体制机制不完善，监督制度不严密，就会有权力寻租的空间，有空子可钻，就会使一些党员干部失去约束，肆意妄为。这就需要我们正视问题，该“破”的一定要“破”，该“立”的一定要“立”，使它们有机统一，密切配合。

要突出重点，针对时弊，健全完善党内监督制度，进一步完善党内法规；要着力健全选人用人管人制度，加强领导干部监督和管理，督促领导干部按本色做人、按角色办事。要严把选人用人关，探索建立实名推荐干部、选拔任用全程纪实、“带病提拔”问题责任倒查等制度，严厉查处选人用人上的不正之风和腐败问题；要深化体制机制改革，最大限度减少对微观事务的管理，推行权力清单制度，公开审批流程，强化内部流程控制，防止权力滥用；要围绕管好权、看好钱，消除体制机制障碍，冲破利益固化的藩篱，堵塞制度漏洞，努力铲除腐败现象滋生蔓延的土壤；要着力完善国有企业监管制度，加强党对国有企业的领导，加强对国企领导班子的监督，搞好对国企的巡视巡察，加大审计监督力度。完善国有资产资源监管制度，强化对权力集中、资金密集、资源富集的部门和岗位的监管。

政治生态是一个地方政治生活现状以及政治发展环境的集中反映，是党风、政风、社会风气的综合体现，具体表现在领导干部的党性问题、党悟问题、作风问题等方面。习近平总书记深刻指出："政治生态污浊，从政环境就恶劣；政治生态清明，从政环境就优良。"

做好各方面工作，必须有一个良好的政治生态。营造良好的政治生态和从政环境，伴随着我们党执政的全过程，是调动党员、干部干事创业积极性、推动党和人民事业发展的必然要求。政治生态和自然生态一样，一旦受到污染、破坏，再想恢复到良好状态，就需要很长时间付出很大代价。我们要高度重视政治生态建设，努力营造良好的政治生态和从政环境，做到政治清明、政府清廉、干部清正。

良好的政治生态，是良好从政环境的保障。全面建成小康社会、全面深化改革、全面依法治国、全面从严治党，需要良好的政治生态。一个地方、一个部门拥有良好的政治生态，就能形成风清气正的从政环境，就可以把班子团结起来，把干部队伍带好，把人心凝聚起来，形成干事创业的良好氛围，促进改革发展稳定。

从习近平总书记的重要论述中，我们深切地体会到，大到一个国家、一个政党，小到一个地方、一个部门，如果政治生态污浊，就会歪风邪气盛行，贪污腐败横行，就会让从政环境恶劣，就会让党员、干部无所适从，好人难做、好事难办，让想干事的人干不了事，党的事业发展就会处于停滞状态，甚至出现倒退；如果政治生态清明，党风正、政风清、民风淳，就会使从政环境优良，就会有干事创业的好环境，想干事、会干事、能干事、干得成事的党员、干部就会得到尊重和重用，经济社会就能持续健康发展。

我们既要重视营造良好的政治生态和从政环境，又要防止政治生态和从政环境被污染。各级领导干部要从自身做起，加强党性锻炼，时时处处用党章和党的纪律规矩严格要求自己，坚定理想信念，坚定中国特色社会主义道路自信、理论自信、制度自信、文化自信；牢记党的宗旨，努力实现好、维护好、发展好最广大人民的根本利益；认真履职尽责，敢于担当、勇于负责，肩负起时代和人民赋予的使命；保持清正廉洁，一身正气、两袖清风，始终保持领导干部的良好形象。

第二节　打铁必须自身硬

打铁真不容易，打铁人更不容易。打铁是一种力气活，打铁人需要有强壮的身体，有一把子力气，要有手力，不然就举不起铁锤，打下去也没有力度。打铁要有良好的耐力，能持续作战，不然一天打不了两块铁，就无法养家糊口。打铁是一个技术活，要讲技巧，把剑打得像刀，把刀打得像锄头，那是卖不出去的。打铁人还要经受得住持久考验，炉子里烈火熊熊，严冬还好受一点，酷暑暴热难耐，还不能退缩。打铁必须自身硬，这话一点不假。

习近平总书记在十八届中共中央政治局常委同中外记者见面时告诫全党："打铁还需自身硬。"在党的十九大报告中强调："打铁必须自身硬。"短短七个字，彰显了中国共产党坚持党要管党、从严治党，切实解决自身存在的突出问题，切实改进工作作风，密切联系群众，始终成为中国特色社会主义事业的坚强领导核心的定力。中国共产党要实现现阶段的改革发展任务，实现长远的奋斗目标，必须不断加强自身建设，党自身要硬。

一、治国必先治党，治党务必从严，必须切实解决党内存在的问题

打铁必须自身硬，我们党自身要过硬。党的十八大以来，以习近平同志为核心的党中央坚定不移地推进全面从严治党，加强党风廉政建设，深入开展反腐败斗争，大力整治不正之风，加强党和人民群众的血肉联系，努力把党建设成为中国特色社会主义事业的坚强领导核心，取得了明显成效，党风政风为之一新，极大地凝聚了党心民心，党的凝聚力、战斗力得到了提高，赢得了人民的信赖和拥护，党的形象得到了明显提升。

习近平总书记指出："治国必先治党，治党务必从严。"加强党的建设，就是要造就一个过硬的马克思主义执政党。我们党始终坚定理想信念，始终保持党的先进性和纯洁性，始终保持与人民群众的血肉联系，始终保持旺盛的生命力，始终不断提高执政能力，因此才成为中国特色社会主义事业的坚强领导核心，带领各族人民从胜利走向胜利，不断创造新的辉煌。

治国必先治党，治党务必从严。中国共产党是世界上最大的马克思主义执政党，要实现长期执政，就要通过管党治党，切实解决人民群众反映强烈的党内突出问题。管党治党，必须严字当头，把严的要求贯彻全过程，做到真管真严、敢管敢严、长管长严。

办好中国的事情，关键在党。这是被中国近代以来的历史反复证明了的真理。执政兴国，关键在党。我们党作为一个有 8900

多万名党员、450 多万个基层党组织的党，作为一个在拥有十三亿多人口的大国长期执政的党，党的建设关系重大、牵动全局。

治国必先治党，这是执政党的自觉担当，也是依法治国的必然要求。中国共产党是中国特色社会主义事业的领导核心。我们党肩负着国家和民族的重托，要团结带领全党、全国各族人民不断推进中国特色社会主义伟大事业，实现“两个一百年”奋斗目标，实现中华民族伟大复兴的中国梦，让中华民族永远屹立于世界民族之林，责任重大、使命光荣。要治理好这样一个拥有十三亿多人口的国家，我们党就要有这样一种清醒和自觉：治国必先治党。必须扎实推进全面从严治党，切实加强和改进党的建设，加强党的思想建设、组织建设、作风建设、制度建设和反腐倡廉建设，不断加强党的执政能力建设和先进性、纯洁性建设，不断提高党的凝聚力和战斗力，不断巩固党的执政地位，夯实党的执政基础，确保党始终成为中国特色社会主义事业的坚强领导核心。

治党务必从严。全党必须清醒地看到，在世情、国情、党情发生深刻变化的新形势下，提高党的领导水平和执政水平，提高拒腐防变和抵御风险能力，加强党的执政能力建设和先进性、纯洁性建设，面临许多前所未有的新情况新问题新挑战。落实党要管党、从严治党的任务比以往任何时候都更为繁重、更为紧迫。巩固党的执政地位，要牢记治党务必从严，有效推进全面从严治党。管党治党，贵在一个“严”字，必须严字当头，把严的要求贯彻到管党治党的全过程，从严从实，务求实效。要真的管、真的严，用真心、使真劲，把管党治党摆上重要议事日程，认真履行好党委的主体责任和纪委的监督责任，紧紧抓在手上，抓严抓实，毫不松懈；要敢于严、善于严，对党员干部要严格要求、严格教育、严格管理、严格监督，把纪律和规矩挺在前面，严格执行党章党规党纪，反腐败实现全覆盖、无禁区、零容忍；要长期管、长期严，打一场全面从严治党的持久战、攻坚战，长期抓下去，长期严下去，全面推进党的建设新的伟大工程，不断增强党自我净化、自我完善、自我革新、自我提高能力，不断提高党的建设科学化水平，务必取得管党治党的全面胜利。

从严治党，就要解决党内存在的问题，只有把党内存在的问题解决好，才能推进新时期党的建设伟大工程，提高党的执政能力，保持党的先进性和纯洁性，增强党的凝聚力和战斗力，把党建设成为中国特色社会主义事业的坚强领导核心。

打铁必须自身硬，领导干部自身要过得硬。毛泽东同志曾经说过："政治路线确定之后，干部就是决定的因素。"领导干部是中国特色社会主义伟大事业的中坚力量，一定要把"打铁必须自身硬"作为履职根本，自觉加强学习，提高素质；自觉加强锻炼，提高本领；自觉经受洗礼，清正廉洁。领导干部做到党性强、能力强、作风正、纪律严，自身硬气，才能在关键时候过得硬，担当起改革发展的重任，不辜负党和人民的期待。

党组织要管理党员、干部，党员、干部要自觉接受党组织管理，这是我们党的重要规矩。习近平总书记指出："解决党内存在的问题，根本在于严格管理标准、延伸管理链条、落实管理责任，使每个党员、干部都及时纳入组织管理，使党组织对每个党员、干部都做到情况明、问题清、措施实。”这就给我们指明了解决党内存在的问题的方向和重点。

要严格管理标准。对党员、干部的管理要严字当头，要高标准、严要求，制定严格的管理措施，把从严治党提高到一个新的水平。在管理制度上，要与时俱进，有“破”有“立”，对那些不适应从严治党要求的制度措施，要进行修改完善；对出现管理空白的地方，要建立制度管起来，避免出现真空地带。制度一旦制定完善，就要狠抓落实，抓好制度执行，不能让制度成为挂在墙上的一张纸，不能成为可松可紧的橡皮筋。

要延伸管理链条。我们党已经建立科学的组织体系，从严治党要发挥组织的作用，依靠组织的力量管理党员、干部。解决党内存在的问题要整体联动，上下对接，环环相扣，做到不脱节、不断层。延伸管理链条，就是要把对党员、干部的管理不断延伸下去，让每一个党员、干部都在管理链条上，确保全覆盖，使每个党员、干部都及时纳入组织管理。党员、干部在哪里，管理链条就要延伸到哪里，做到无缝对接，不留真空地带。

要落实管理责任。责任到位，工作才能到位。加强党员、干部的管理，关键是要落实责任。各级党组织要肩负起从严治党的责任，担当起管理党员、干部的责任，一级抓一级，一级促一级，一级给一级示范，层层负责、层层监督、层层考核、层层问责，切实把责任落到实处。党组织要对每个党员进行全方位的管理，做到情况明、问题清、措施实，做到管到底、管到位、管得实，千万不能糊里糊涂，底数不清，情况不明。

二、党要管党丝毫不能松懈，从严治党一刻不能放松，从严治党必须依靠人民

“胜人者有力，自胜者强。”（《老子》第三十三章）打铁必须自身硬，这是我们党的清醒和自觉，是对国家、民族、人民的责任担当，是把我们党建设成为中国特色社会主义事业的坚强领导核心的必然要求。习近平总书记指出：“党要管党丝毫不能松懈，从严治党一刻不能放松。”只有坚持党要管党、从严治党，才能协调推进经济社会发展，使党和人民的事业充满生机活力。

党要管党丝毫不能松懈。中国共产党是马克思主义执政党，是中国工人阶级的先锋队，同时是中国人民和中华民族的先锋队，是中国特色社会主义事业的领导核心。提高党的执政能力，保持党的先进性和纯洁性，增强党的凝聚力和战斗力，需要我们坚持党要管党，不断加强党的政治建设、思想建设、组织建设、作风建设、制度建设和反腐倡廉建设。只有这样，我们党才能自身硬起来，才能担当起国家、民族、人民赋予的历史责任。党要管党，关键要坚持不懈，丝毫不能松懈，要持之以恒，一抓到底，毫不放手。中国共产党成立近百年来，正是坚持党要管党，通过不断自我净化、自我完善、自我革新、自我提高，不断发展壮大，成为领航中国发展的坚强领导核心，带领全国人民在革命、建设、改革中取得一个又一个胜利。

从严治党一刻不能放松。新形势下，我们党要经受住“四大

考验”，化解“四大风险”，就要从严治党，认真解决好党内存在的问题。治党贵在从严，要下最大的决心、最大的气力解决一些党员干部中发生的贪污腐败问题、脱离群众问题以及形式主义、官僚主义、享乐主义、奢靡之风等突出问题。要严字当头，对各级党组织和党员、干部从严要求、从严管理、从严监督。对不正之风和贪污腐败问题要从严治理，以踏石留印、抓铁有痕的坚毅，以壮士断腕、刮骨疗毒的担当，以重典治乱、猛药去疴的魄力，发现一起查处一起，发现多少查处多少，始终保持反腐败的高压态势。

全面从严治党，是党的十八届六中全会作出的战略部署。中国共产党是建设中国特色社会主义的坚强领导核心，要提高党的执政能力，提高党的先进性和纯洁性，增强党的凝聚力和战斗力，就必须坚持党要管党、从严治党，不断加强党的政治建设、思想建设、组织建设、作风建设、制度建设和反腐倡廉建设。

得民心者得天下，失民心者失天下，人民拥护和支持是党执政最牢固的根基。中国共产党是在拥有十三亿多人口的国家执政的马克思主义政党，肩负着全面建成小康社会，建设社会主义现代化国家，实现中华民族伟大复兴的中国梦，实现国家富强、民族振兴、人民幸福的历史重任。把中国共产党建设好，是国家、民族、人民的根本利益所在，是全国人民的共同心愿。习近平总书记指出：“人民群众中蕴藏着治国理政、管党治党的智慧和力量，从严治党必须依靠人民。”这就要求我们在全面从严治党的过程中，充分发挥人民群众的力量，调动人民群众的积极性，得到人民群众支持和帮助。

要办好中国的事情，必须把我们党的事情办好。坚持党要管党、从严治党，就必须充分相信和依靠各级党组织、党员、干部和人民群众，充分发挥他们的积极性和创造性。各级党委要认真履行全面从严治党主体责任，就要把党要管党、从严治党作为重要的工作，纳入重要的议事日程，经常抓、长期抓，不断创新推进新时期党的建设伟大工程，取得实实在在的成效。党员、干部要积极参与党要管党、从严治党，严格执行党章和党的纪律，严格执行党的规定，严格执行党中央的决策部署。要发挥先锋模范作用，主动作为，影响和带动更多的群众团结在党的周围。

从严治党必须依靠人民，让人民支持和帮助我们党，就要按照习近平总书记的要求，畅通两个渠道，一个是建言献策渠道，一个是批评监督渠道。各级党员领导干部要坚持党的群众路线，放下架子、贴近群众，沉下身子、走近群众，迈开步子、走向群众，深入到第一线，深入到群众中去，认真听取群众对从严治党的意见和建议，多向群众请教从严治党的方法。要虚心接受人民群众的批评，听真话、听实话，敢于听刺耳的话，听得进尖锐的意见。要重视群众的意见，从中吸取从严治党的智慧和力量。要自觉接受群众的监督，把自己的工作、生活主动置于群众的监督之下，在群众的监督中不断改进工作，完善自己。

三、党要管党，首先要从党内政治生活管起；从严治党，首先要从党内政治生活严起

在“四个全面”战略布局中，全面从严治党是全面建成小康社会的根本要求，是全面深化改革的必然体现，是全面依法治国的政治保证。习近平总书记提出“严肃党内政治生活是全面从严治党的基础”，一语中的，指出了全面从严治党的根本途径和着力点，充分说明了严肃党内政治生活的重要性和在全面从严治党中的基础性地位，我们要深刻领会。

严肃党内政治生活，是我们党的优良传统和政治优势。严肃党内政治生活，是我们党坚持党的性质和宗旨、保持先进性和纯洁性的重要法宝，是解决党内矛盾和问题的“金钥匙”，是广大党员、干部锤炼党性的“大熔炉”，是纯洁党风的“净化器”。

严肃党内政治生活，是我们党的优良传统和政治优势。我们党能由弱变强，由小变大，不断发展壮大，成为带领中国人民取得新民主主义革命、社会主义革命与建设以及改革开放的伟大胜利，成为拥有8900多万名党员、450多万个基层党组织的执政党，一个重要的原因就是，我们党通过严肃的党内政治生活，实现了党的团结和统一，不断增强了党的凝聚力和战斗力。

严肃党内政治生活是全面从严治党的基础。办好中国的事情，关键在党，关键在党要管党、从严治党。党要管党必须从党内政治生活管起，从严治党必须从党内政治生活严起。党的十八大以来，以习近平同志为核心的党中央身体力行、率先垂范，坚

定推进全面从严治党，加强党的建设，坚持思想建党和制度治党紧密结合，集中整饬党风，严厉惩治腐败，净化党内政治生态，党内政治生活展现新气象，赢得了党心民心，为开创治国理政新局面提供了重要保证。

党的十八届六中全会站在党和国家事业发展的高度，深刻总结我们党开展党内政治生活的历史经验，深入分析全面从严治党面临的形势和任务，深刻把握新形势下党内政治生活的新情况新特点，针对党内存在的突出矛盾和问题，审议通过了《关于新形势下党内政治生活的若干准则》（以下简称《准则》），就新形势下加强和规范党内政治生活作出全面部署，从 12 个方面作出规定，提出明确要求，为严肃党内政治生活、净化党内政治生态提供了基本遵循。

严肃党内政治生活，必须严格执行《准则》。《准则》既指出了党内政治生活存在的问题，又为严肃党内政治生活开出了药方；既是对党章规定的具体化，也是对党的十八大以来全面从严治党实践中形成的一系列举措的系统化；既有严肃党内政治生活的治本方略，又有严肃党内政治生活的治标举措，具有很强的思想性、指导性和针对性，我们一定要认真执行，抓好落实。党内政治生活严肃起来、认真起来，全面从严治党就有了重要基础。

党的执政地位，决定了党内监督在党和国家各种监督形式中是最基本的、第一位的。习近平总书记明确要求："党要管党，首先要从党内政治生活管起；从严治党，首先要从党内政治生活严起。"

严肃党内政治生活，是马克思主义政党的本质要求，是中国共产党区别于其他政党的鲜明标志，是保持党的先进性、纯洁性的重要法宝，是加强党的自身建设的重要经验，是我们党的优良传统和政治优势，是我们党取得一个又一个胜利的重要保证，是增强自我净化、自我完善、自我革新、自我提高能力的重要途径。只有以党内监督带动其他监督，完善监督体系，才能为全面从严治党提供有力的制度保障。

重温党的历史，我们发现，党内政治生活的概念最早是毛泽东同志在《古田会议决议》中提出的："纠正的方法：主要是教育党员使党员的思想和党内的生活都政治化，科学化。"党的十一届五中全会通过的《关于党内政治生活的若干准则》，正式提出"党内政治生活"这一概念。党内政治生活是指党内全部政治活动，包括党内组织体系、党内文化、党内政治关系、党内制度等内容。具体来讲，主要是指党内的思想文化活动、党内领导决策活动、党内关系和党内制度、党内行为状态等。

党要管党、从严治党，首先从严肃党内政治生活管起、严起，要形成常态。对党内政治生活，要真管，始终紧紧抓在手上，出实招、用真力，毫不松劲；要真严，严格要求、从严从实，严格执行《准则》。抓住党内政治生活这个关键点，就抓住了解决党内矛盾和问题的钥匙。通过党内政治生活的大熔炉，来锤炼党员干部、锻炼各级组织，我们党就能坚持真理、修正错误，凝心聚力、强身健体，实现自我修复，保持肌体健康。要把严肃党内政治生活作为党要管党、从严治党的基础工程来抓，切实增强党内政治生活的政治性、时代性、原则性、战斗性，不断提高各级党组织的创造力、凝聚力和战斗力，为实现“两个一百年”奋斗目标提供坚强的政治保障。

党要管党、从严治党，首先从党内政治生活管起、严起，要突出重点。抓住关键，一抓到底。要坚持把思想政治建设摆在首位，固本培元，增强定力，切实拧紧党员干部理想信念的“总开关”，引导党员干部特别是领导干部筑牢信仰之基、补足精神之钙、把稳思想之舵，坚定理想、坚定信念，坚持真理、坚守正道，坚持原则、严守规矩，不忘初心、继续前进；要把贯彻执行民主集中制作为重点，充分发扬民主，善于集中集体智慧，努力形成又有集中又有民主、又有纪律又有自由、又有统一意志又令个人心情舒畅的生动活泼的政治局面；要把批评和自我批评作为锐利武器，坚持问题导向，以党章为依据，以党规党纪为尺子，认真查找党员干部在政治上、思想上、作风上存在的突出问题，开展经常性的批评和自我批评，抓早抓小，让“咬耳扯袖、红脸出汗”成为常态；要把纪律和规矩挺在前面，把严明党的纪律作为从严治党的中心环节、严肃党内政治生活的关键来抓，作为抓班子、带队伍的刚性要求，使管党治党真正严起来，让党员始终做到严守纪律、严守规矩；要把加强监督作为重要保障，强化党内监督，强化纪律约束，整改督促落实，把上级对下级、同级之间以及下级对上级的监督充分运用起来，让党组织和党员自觉接受各方面的监督，为全面从严治党、严肃党内政治生活提供有力保障。

党要管党、从严治党，首先从党内政治生活管起、严起，必须坚持党的政治纪律，坚持党的集中统一，党员、干部要在思想上、政治上、行动上与以习近平同志为核心的党中央保持高度一致，自觉维护党的团结和统一，维护党中央的权威和集中统一领导，不能口是心非、自行其是；必须严格执行党的民主集中制，按照民主集中制原则来设定和处理党内各种重要关系，坚决做到“四个服从”，既充分发扬民主，调动各方面的积极性，不搞独断专行，又善于集中统一，集中各方面的智慧，体现党的力量；必须严格坚持批评与自我批评，同志之间坦诚相待、相互帮助、共同提高，在党内形成批评与自我批评的良好氛围。

党要管党、从严治党，首先从党内政治生活管起、严起，贵在经常、重在认真、要在细节。每一个党员、干部都要增强党内政治生活意识，自觉参与党内政治生活，在严格的党内生活中锻造政治品格，接受经常性的党性锻炼，把自己锻造成为忠诚于党、个人干净、勇于担当，守纪律、懂规矩的党员、干部。

四、从严治党，重在从严管理干部，党员干部一定要讲规矩

政治路线确定之后，干部就是决定的因素。正确的政治路线要靠正确的组织路线来保证。干部掌握着方方面面的权力，是党的理论路线方针政策的具体执行者。习近平总书记指出：“从严治党，重在从严管理干部。”总书记还告诫全党：“我们国家要出问题主要出在共产党内，我们党要出问题主要出在干部身上。”

从严管理干部，把干部管好，对于建设高素质的干部队伍，提高党的领导水平和执政能力，夯实党的执政基础，巩固党的执政地位，推进党和人民事业发展，具有重要的现实意义。

目前，一些地方和部门在干部管理中还存在着认识不够、要求不严、措施不严、监督不严等问题，干部自觉接受管理监督的意识还不强，干部监督管理机制有待进一步完善。

从严管理干部，要“严”字当头。严是爱，松是害，对干部管理若失之于宽、失之于软，就会导致干部身上的小毛病演变成大问题，最终害了干部。寓言故事里的“差不多先生”信奉“凡事只要差不多，就好了”，最终只会一事无成。从严管理干部，就是要按照习近平总书记的要求，坚持以严的标准要求干部、以严的措施管理干部、以严的纪律约束干部，使干部心有所畏、言有所戒、行有所止。

从严管理干部，要以严的标准要求干部，高标准、严要求。各级干部要争做“信念坚定、为民服务、勤政务实、敢于担当、清正廉洁”的好干部，自觉践行总书记提出的“三严三实”的要求，做到对党忠诚、个人干净、勇于担当。要自觉把“三严三实”作为修身做人的基本遵循、为官用权的警世箴言、干事创业的行为准则。

从严管理干部，要以严的措施管理干部。要严把干部“入口关”，严格执行领导干部选拔任用条例，坚决防止带病提拔；严把干部“管理关”，严格执行干部管理各项规定，不能让干部天马行空；严把干部“教育关”，切实加强干部的思想教育和理想信念教育，加强党性锻炼，筑起一道坚固的干部管理防线。

从严管理干部，要以严的纪律约束干部。要加强干部管理制度建设，用严的纪律来规范干部的行为，严格执行干部纪律，确保纪律的严肃性和权威性，使干部身边随时都有一把纪律的戒尺，做到心有所畏、言有所戒、行有所止。

我们要以对党和人民高度负责的精神，切实加强干部管理，敢抓敢管，善抓善管，努力培养一支适应建设中国特色社会主义要求的高素质干部队伍，为全面建成小康社会、全面深化改革、全面依法治国、全面从严治党提供坚强的组织保证。

讲规矩是对党员、干部党性的重要考验，是对党员、干部对党忠诚度的重要检验。习近平总书记提出“治理一个国家、一个社会，关键是要立规矩、讲规矩、守规矩”。可见讲规矩对治党治国治军的极端重要性。

没有规矩不成方圆。讲规矩是对党员、干部党性的重要考验。党员、干部的党性强不强，一个重要的方面就是看讲不讲规矩。

立规矩的目的在于讲规矩、守规矩。党章党规党纪、国家的法律法规、地区或部门的规章制度，这些都是党员、干部要讲的规矩。党员、干部讲党性，就要讲规矩，在规矩范围内活动，做到心有规矩、懂得规矩、遵守规矩，言有所思、行有所止，有令即行、令行禁止，在群众中树立良好的形象。不讲规矩的党员、干部是不可能有党性可言的。

讲规矩是对党员、干部对党忠诚度的重要检验。一个党员、干部，对党忠诚不忠诚，忠诚度有多高，讲规矩就是一个重要的检验。中国共产党是马克思主义政党，拥有8900多万名共产党员、450多万个基层党组织，在拥有十三亿多人口的中国执政，要不断提高党的凝聚力和战斗力，不断提高执政能力，巩固执政地位，需要有严明的纪律和规矩，党员、干部都要讲规矩。在规矩面前，任何时候、任何情况下都要心有所畏、言有所戒、行有所止，不越雷池半步。嘴上喊着对党忠诚，行动不讲规矩，阳奉阴违，说的是一套，做的是另一套，就没有半点忠诚可言，只会给党和人民的事业带来危害。

讲规矩是我们党赖以生存发展的“生命线”，是全面从严治党的关键所在，是加强干部队伍建设的必然要求。党员干部一定要增强规矩意识，心中有规矩红线，敬畏规矩，讲规矩，时时处处知道什么事能做，什么事不能做。要遵守政治纪律和政治规矩，牢固树立“四个意识”，自觉在思想上、政治上、行动上同以习近平同志为核心的党中央保持高度一致，自觉维护党中央权威和集中统一领导，自觉维护党的团结统一；要自觉遵守党章党规党纪，自觉遵守六大纪律，自觉遵守国家法律法规；要遵循组织程序，重大问题该请示的请示，该汇报的汇报，不允许超越权限办事；要服从组织决定，决不允许搞非组织活动，不得违背组织决定；要牢记权为民所赋、权为民所用，牢记“手莫伸，伸手必被捉”，始终敬畏权力、管好权力、慎用权力，不能公权私用、假公济私、以权谋私，确保权力在规矩范围内运行。

党员干部要从严从实要求自己，要守住政治生命线，对党和人民忠诚，坚守党和人民交给自己的政治责任；要守住正确的世界观、人生观、价值观，认真践行社会主义核心价值观；要守住廉洁自律的底线，个人干净，保持清正廉洁的良好形象。

五、端正用人导向是严肃党内政治生活的治本之策，从严治党需要教育与制度同向发力、同时发力

治国之要，唯在用人。选人用人是党内政治生活的风向标，用人上的不正之风和腐败现象对政治生活危害最烈。习近平总书记指出“端正用人导向是严肃党内政治生活的治本之策”，为严肃党内政治生活提供了组织保证。

端正用人导向，必须坚持正确的选人用人导向，这是净化党内政治生态的必然要求。选人用人导向正确，党内政治生活就会充满正气，干部就会见贤思齐、心齐气顺。选人用人存在不正之风，没有公道正派，就会邪气横生、人心涣散、政治生态恶化。必须把端正用人导向作为严肃党内政治生活、净化党内政治生态的重要着力点，以用人环境的风清气正促进政治生态的山清水秀。

端正用人导向，要认真落实好干部标准。坚持德才兼备、以德为先，坚持五湖四海、任人唯贤，坚持事业为上、公道正派。要严把政治关、品行关、作风关、廉洁关，真正让忠诚干净担当、为民务实清廉、奋发有为、锐意改革、实绩突出的干部得到褒奖和重用；让阳奉阴违、阿谀逢迎、弄虚作假、不干实事、会跑会要的干部没有市场、受到惩戒，使党内正能量更加充沛，为

党和人民事业发展提供坚强保证。

端正用人导向，要大力整治选人用人上的不正之风。要严明用人纪律，强化责任追究。坚决禁止跑官要官、买官卖官、拉票贿选等行为，坚决禁止向党伸手要职务、要名誉、要待遇行为，使用人风气更加清朗，坚决纠正“劣币驱逐良币”的逆淘汰现象。领导干部要带头执行党的干部政策，不准任人唯亲、搞亲亲疏疏，不准封官许愿、跑风漏气、收买人心，不准个人为干部提拔任用打招呼、递条子，不得干预曾经工作生活过的地方、曾经工作过的单位和不属于自己分管领域的干部选拔任用。

端正用人导向，要加大正向激励力度。要旗帜鲜明为敢于担当的干部担当，引导广大干部保持良好精神状态、奋发有为、敢于担当。要为敢于负责的干部负责，对那些想干事、能干事、善作为、出实绩的干部要充分理解、大力支持和保护，理直气壮地为他们撑腰鼓劲，该褒奖的褒奖，该重用的重用。对不担当、不作为、敷衍塞责的干部要严肃批评，对失职渎职造成严重后果的要严肃问责，真正使敢担当、敢负责、敢作为在干部队伍中蔚然成风。

端正用人导向，要认真贯彻《关于新形势下党内政治生活的若干准则》（以下简称《准则》）。《准则》在选拔任用干部的原则、选人用人的根本遵循、防范和纠正用人上不正之风的措施等方面，作出了明确规定，为选好人用对人、严肃党内政治生活、净化党内政治生态指明了方向，要抓好落实。

坚持思想建党和制度治党是我们党的优良传统，是我们党加强和改进党的建设的有效途径。习近平总书记提出“从严治党靠教育，也靠制度，二者一柔一刚，要同向发力、同时发力”，具有深刻的内涵，对推进新时期党的建设伟大工程具有重大的现实意义和指导意义。

从严治党既要靠教育，也要靠制度，这是辩证统一的，统一在党的建设伟大工程中，统一在全面从严治党中。教育和制度，教育是基础，制度是保障，二者一柔一刚，刚柔相济，同向发力、同时发力，就能在从严治党中发挥更大的作用。

从严治党“靠教育”，就是要高度重视党员、干部的教育，突出抓好理想信念教育。理想信念是党员、干部思想和行动的“总开关”。理想滑坡是最致命的滑坡，信念动摇是最危险的动摇。理想信念动摇，党员、干部就会胸无大志，意志消沉，迷失前进的方向，丧失精神动力，不能发挥先锋模范作用；背弃理想信念，党员、干部的政治生命就会终止，甚至走到人民的对立面。所以，要通过多种形式的教育，让党员、干部牢固树立正确的世界观、人生观、价值观、政绩观、权力观、是非观，坚定共产主义理想、中国特色社会主义信念和中华民族伟大复兴的中国梦的共同理想，坚定中国特色社会主义道路自信、理论自信、制度自信、文化自信，积极投身到全面建成小康社会、全面深化改革、全面依法治国、全面从严治党的进程中。

从严治党“也靠制度”，就是要高度重视党的制度建设，建立从严管理党员、干部的长效机制。制度具有长期性、根本性、权威性和稳定性，是从严治党的根本保障。“牛栏关猫是不行的。”

制度建设要突出针对性和实用性，制度不在于多，而在于精，要管用。要形成制度体系，搞好配套衔接，互为补充，增强整体功能，形成制度一张网。制度多，落实不到位，流于形式，是普遍存在的突出问题。要抓好制度的落实，切实提高制度执行力，真正用制度管权管事管人。要坚决维护制度的严肃性和权威性，坚持制度面前人人平等、执行制度没有例外，不留“暗门”，不开“天窗”，坚决纠正有令不行、有禁不止的行为，不能让制度成为“稻草人”和橡皮筋。

六、全党同志要增强政治意识、大局意识、核心意识、看齐意识

习近平总书记要求：“全党同志要增强政治意识、大局意识、核心意识、看齐意识，切实做到对党忠诚、为党分忧、为党担责、为党尽责。”

增强“四个意识”，是对党的建设重要经验的科学总结，是对党章党规重要内容的深度凝练，是在新的历史起点上坚持和发展中国特色社会主义的必然要求，是把我们党建设成为中国特色社会主义坚强领导核心的必然选择，是全面从严治党的重大举措，对于加强党的建设，坚持党中央集中统一领导，增强党的团结统一，提高党的向心力、凝聚力和战斗力，具有十分重要的意义。

增强政治意识，就是要始终坚定正确的政治方向，始终做到对党绝对忠诚，始终在政治上与党中央保持高度一致，严守党的政治纪律和政治规矩，始终在纪律和规矩之下行动，始终做政治

上的明白人。要坚定理想信念，坚定中国特色社会主义道路自信、理论自信、制度自信、文化自信，坚定党是中国特色社会主义的坚强领导核心，始终严格遵守党的政治纪律和政治规矩，牢记全心全意为人民服务的根本宗旨。

增强大局意识，就是要准确把握党的工作大局和中心工作，始终心有大局，时时从大局出发，以大局为重，服从大局、服务大局、维护大局，真抓实干、勇于担当，认真贯彻落实以习近平同志为核心的党中央的决策部署。要牢固树立大局意识，自觉从大局看问题，善于处理眼前与长远、局部和整体、个人和集体的关系，把工作放到大局中去思考、定位，做到正确认识大局、自觉服从大局、坚决维护大局。

增强核心意识，就是要坚决维护习近平总书记在党中央和全党的核心地位，坚决维护党中央的权威和集中统一领导，真正做到政治上坚定、思想上清醒、理论上成熟、行动上自觉。办好中国的事情，关键在党。一个国家、一个政党，领导核心至关重要。要统一服从党中央的决策部署，把坚定维护习近平总书记这个核心真正内化于心、外化于行，变成政治纪律和政治规矩，自觉落实到实际行动上。

增强看齐意识，就是要坚定不移向党中央看齐，向习近平总书记看齐，向党的理论、路线、方针、政策看齐，始终在思想上、政治上、行动上同以习近平同志为核心的党中央保持高度一致，做到党中央提倡的坚决响应、党中央决定的坚决执行、党中央禁止的坚决不做。要跟上党中央的步伐，任何时候不能偏离。

向以习近平同志为核心的党中央看齐，向习近平总书记看齐，关键要落实在行动上，要敢于担当、勇于负责，真抓实干、开拓创新，把党中央的重大决策部署落到实处，推动经济社会持续健康发展，真正做到对党忠诚、为党分忧、为党担责、为党尽责。

第三节　把权力关进制度的笼子里

说起笼子，每个人都不陌生。笼子有方形的，有圆形的，有用竹子编的，有用木板钉成的，有用铁栏杆焊成的。不管什么动物，进了笼子里，就不能像在外面一样自由了。

一只猛虎占山为王，自由自在，威风凛凛，十里八乡的人都对它敬而远之。在弱肉强食的动物世界，老虎以自己的强大，拥有对一些动物的生杀大权。老虎吼叫一声，整个山都会颤抖，小动物就会飞快逃命，东躲西藏。但是，如果把老虎关进笼子里，它就不能再任意猎杀其他动物，即使看到旁边的梅花鹿，心痒嘴馋，也只能流流口水了。因为，老虎的权力被关进了笼子里。

习近平总书记指出："要加强对权力运行的制约和监督，把权力关进制度的笼子里，形成不敢腐的惩戒机制、不能腐的防范机制、不易腐的保障机制。"把权力关进制度的笼子里，就是要加强对权力的制约和监督，让制度来约束权力。此招一出，顺应民心，深得民心，充分表明我们党加强反腐倡廉建设的清醒和自觉。

一、党要管党，首先是管好干部；从严治党，关键是从严治吏。领导干部使用权力，要接受党和人民监督

我们党始终高度重视加强党的自身建设，积累了宝贵的经验。面对新的世情、国情、党情，面对“四大考验”和“四种危险”，必须坚持党要管党、从严治党。习近平总书记指出：“党要管党，才能管好党；从严治党，才能治好党。”

党要管党，怎么管？从严治党，怎么治？习近平总书记给我们指明了方向：“党要管党，首先是管好干部；从严治党，关键是从严治吏。”这就为加强新形势下党的建设尤其是干部队伍建设提出了明确要求。

党要管党，首先是管好干部。政治路线确定之后，干部就是决定的因素。各级干部是我们党执政的中坚和骨干力量。管好干部，是加强党的自身建设的迫切需要，是提高党的凝聚力和战斗力、提高党的执政能力、巩固党的执政地位的必然要求，是建设高素质干部队伍的根本要求。对我们这样一个拥有 8900 多万名党员、在一个拥有十三亿多人口的大国长期执政的党，管党治党一刻也不能松懈。要把从严管理干部贯彻落实到干部队伍建设全过程，坚持从严教育、从严管理、从严监督，让每一个干部都深刻懂得，当干部就必须付出更多辛劳、接受更严格的约束。要全方位多形式加强干部管理，加强干部教育，提高政治理论素质，坚定理想信念，遵守政治纪律；要提高干部的执行能力，在实践中培养和锻炼干部；要加强干部的监督，把权力关进制度的笼子

里，确保干部手中的权力为民所赋、为民所用；要改进干部作风，牢记空谈误国、实干兴邦，求真务实、务求实效。

从严治党，关键是从严治吏。要严字当头，严格执行党的纪律，坚决整治干部队伍中的不正之风，反对形式主义、官僚主义、享乐主义和奢靡之风，对那些顶风而上、违纪违规、欺压群众、损害群众利益的干部，要严肃处理。要坚决整治干部队伍中的贪污腐败问题，严肃查处贪污腐败分子，做到有贪必反，有腐必肃，有案必查，始终保持反腐败斗争的高压态势，让干部不想贪、不敢贪、不能贪。只要我们的干部坚持立党为公、一心为民，求真务实、真抓实干，风清气正、清正廉洁，就能在人民群众中保持良好形象，密切党与人民群众的血肉联系。

人有一个共性，都喜欢自由自在，不喜欢被人约束，不喜欢被人监督。几岁的小孩子受到父母的宠爱，“政策”相对会宽一些，但并不是宽泛无边。他不可以想干什么就干什么，还是有很多限制的。比如，他不可以把感觉不好吃的饭随意倒在地上，不可以把客厅翻得乱七八糟，不可以在生病时不接受治疗。

作为一名领导干部，从参加工作那天起，不管你是自觉还是不自觉，自愿还是不自愿，主动还是被动，都要接受党和人民的监督。领导干部手中都有党和人民赋予的权力，权为谁用，用在什么地方，怎么使用，使用得对不对，使用得好不好，都应该接受党和人民的监督。党和人民有这个监督权。习近平总书记指出：“领导干部手中的权力都是党和人民赋予的，领导干部使用权力，使用得对不对，使用得好不好，当然要接受党和人民监督。”

对党和人民的监督，领导干部要有正确的认识，有良好的心态，自觉接受监督，保持良好的状态，主动配合监督。其实，党和人民的监督，是对领导干部的关心和爱护，是一种最有效的保护，领导干部不应该感到不舒服，而应该心存感激、感动。不能简单地认为这是对领导干部权力的限制，更不能错误地认为这是对领导干部权力的干扰。

把权力关进制度的笼子里，从形式上看，领导干部受到了约束，不能自由自在地行使权力了。但是，领导干部在行使权力的过程中，却可以得到监督、提醒、警示，这是对干部的有效保护。按照制度正确行使权力，把权力用在正轨上，为党和人民工作，把权力用在正道上，为人民服务，对领导干部只有好处，没有坏处。

领导干部接受党和人民监督，是一种责任，也是一种义务，应该成为一种自觉行动。只要领导干部对党负责、尽职尽责，努力工作、为民服务，公正用权、廉洁用权，不干亏心事，不做对不起党和人民的事，就不会惧怕党和人民的监督。不想接受监督的人，不能自觉接受监督的人，觉得接受党和人民监督很不舒服的人，就不具备当领导干部的起码素质。

领导干部接受党和人民的监督，要始终保持一颗阳光透亮的心。对重大决策、重大投资、重大资金支出、重要人事任免，都要坚持民主集中制，充分发扬民主，听取群众意见，并及时向群众公开。对群众帮助找到的问题，要及时解决，对自身的毛病，要及时改正。自觉接受党和人民监督，领导干部就能更好地坚持立党为公、执政为民，更好地做好本职工作，更好地完善提高自己。

二、破解一把手监督难题，保证领导干部做到位高不擅权、权重不谋私

领导干部责任越重大、岗位越重要，就越要对其加强监督。领导干部是“关键少数”，各级领导班子一把手是“关键少数”中的“关键少数”，是党内监督的重中之重。习近平总书记要求“抓住‘关键少数’，破解一把手监督难题”。长期以来，对一把手的监督是一个难题，普遍存在着上级监督太远、同级监督太软、下级监督太难的问题。一把手监督已经成为薄弱环节，切实加强一把手监督，补足这块监督短板，是我们必须破解的难题。

破解一把手监督难题，要知难而进，敢于碰硬。严是爱，松是害。加强对一把手监督，是对党和人民负责，也是对干部的爱护。一把手责任越重大、岗位越重要、权力越大，越要对其加大监督力度。要明确监督责任，整合监督力量，推进一把手监督工作常态化、科学化、规范化。要多设置监督“探头”，切实把一把手置于党组织、党员、群众监督之下。上级要加强对下级的监督，上级一把手特别要注重加强对下级一把手的监督。上级要多了解下级一把手日常的思想、工作、生活状况，多关注干部群众反映下级一把手的问题，多听取各方面对一把手的意见。上级纪委要充分发挥专责监督机关的作用，把下级一把手纳入监督重点，发现问题线索及时处置。

破解监督一把手难题，要突出权力监督。权力导致腐败，绝对权力导致绝对腐败。反腐倡廉的核心就是制约和监督权力。监督一把手，要突出重点，既要监督一把手德、能、勤、绩、廉的现实表现，更要强化权力监督。要围绕一把手正确行使用人、用钱、决策、审批等权力，对一把手的选人用人权、重大决策权、资金使用权和项目安排权进行全方位监督。同时，要加强预防监督，推行权力公开透明运行，通过厘权、制权、晒权、行权、控权、评权，规范“一把手”权力的行使。

破解监督一把手难题，要严字当头。对一把手，要实行严格监督、严格管理、严肃查处。要抓好关键岗位、关键领域和重点行业一把手的监督管理，特别是加强对国有企业、高等院校和人权、事权、财权高度集中部门的一把手的监督。要坚持和落实民主集中制，用好巡视“利剑”，用好批评和自我批评武器，把权力关进制度的笼子里，让权力在阳光下运行，不断构建全方位的监督机制。对一把手的监督要从宽、松、软真正走向严、紧、硬，动真碰硬，展现刚性，使一把手做到位高不擅权、权重不谋私，干干净净做事、坦坦荡荡为官。

破解监督一把手难题，要形成监督合力。把上级监督、同级监督、机构监督、舆论监督、群众监督有机结合起来，加大监督力度，对一把手实行全方位、全天候监督，做到“一把手”到哪里，监督措施和网络就延伸到哪里。对一把手存在的问题，不论涉及谁，不论官大官小，决不能姑息养奸、包容纵容，必须毫不留情、从严从速，一查到底，达到惩处一个、教育一片的目的。

在群众眼里，领导干部特别是各地、各部门的一把手，都是位高权重的。习近平总书记明确要求加强对一把手的监督，认真执行民主集中制，健全施政行为公开制度，“保证领导干部做到位高不擅权、权重不谋私”。各级领导干部一定要认真落实总书记的要求，自觉做到身居高位而不擅用权力，手握重权而不谋私利。

我们要清醒地认识到，领导干部的地位再高也高不过人民，领导干部的权力再重也是人民赋予的。每一个领导干部的成长进步，都是组织培养的结果，要对党和人民始终怀有一颗感恩的心，时时都要知恩图报，努力回报国家。

领导干部做到位高不擅权、权重不谋私，要增强自律意识，珍惜党和人民赋予的权力，珍重组织交给的职责，对权力始终保持一种敬畏之心，牢记权为民赋、权为民用，谨慎用权、公正用权、依法用权、廉洁用权。要树立正确的政绩观，多做打基础、利长远的实事，多做促民生、利发展的好事，不搞伤民心、耗财政的政绩工程、形象工程。要坚持党的民主集中制，充分发扬民主，善于集中集体智慧，在重大事项、重要干部任免的决策上做到依法决策、民主决策、科学决策，不搞独断专行，一个人说了算。

领导干部做到位高不擅权、权重不谋私，要加强制度建设，把权力关进制度的笼子里，要用制度规范权力的运行，加强对施权行为的程序化管理，严格制度规范。要建立领导干部廉政谈话、诫勉谈话、警示谈话和廉政承诺、廉政情况报告、重大事项报告、离任审计等制度，保证领导干部的权力不脱轨、不偏向、不走进误区。

领导干部做到位高不擅权、权重不谋私，要加强权力监督，完善权力制约和监督机制。要进一步拓展监督渠道，确保权力正确行使，让权力在公正中行使，在阳光下运行。要加强对执行政治纪律、组织纪律、廉洁纪律、群众纪律、工作纪律、生活纪律情况的监督，把党内监督与人大监督、政协监督、民主党派监督、群众监督、社会舆论监督有机结合起来，努力形成对领导干部监督的强大合力，保证人民赋予领导干部的权力始终为民所用、为民服务。

三、党内监督任何时候不能缺位，领导干部要主动接受各方面监督

长期以来，党内监督不同程度存在着不愿监督、不敢监督、抵制监督、不会监督等现象，存在着监督下级怕丢“选票”，监督同级怕伤“和气”，监督上级怕穿“小鞋”的不良心态。

实行严格的党内监督，就是要提高党的凝聚力和战斗力，维护党的集中统一，确保全党统一意志、统一行动、步调一致前进，更好地贯彻落实党中央重大决策部署；就是要引导广大党员干部积极投身党的事业，形成奋发有为、敢于担当的精气神，营造干事创业、风清气正的政治生态；就是要督促各级领导干部树立正确的政绩观，把抓好党建作为最大的政绩，坚持党建工作和中心工作一起谋划、一起部署、一起落实、一起考核，把每条战

线、每个领域、每个环节的党建工作都抓具体、抓深入。

习近平总书记告诫我们：“党内监督缺位，必然导致党的领导弱化、党的建设缺失、全面从严治党不力。”党内监督在党和国家各种监督形式中是最根本的、第一位的，只有不断增强向体内病灶开刀的自觉性，党组织积极开展监督，干部主动接受监督，才能让党内监督成为永葆党的肌体健康的生命之源。党内监督一定要到位，不能缺位，一定要出真力，不能做虚工，务必做到全覆盖、无禁区，让《党内监督条例》落地生根，取得实效。

强化党内监督，要形成全党合力。深化全面从严治党，必须从根本上解决主体责任缺失，监督责任缺位，管党治党宽、松、软的问题，把强化党内监督作为党的建设的重要基础性工程，使监督的制度优势充分释放出来。党内监督是全党的任务，党内监督没有禁区、没有例外，全党必须一起动手，各级组织、全体党员干部必须参与，形成党内人人受监督、人人参与监督的良好局面。

强化党内监督，要完善监督体系，明确监督责任。建立健全党中央统一领导、党委（党组）全面监督、纪律检查机关专责监督、党的工作部门职能监督、党的基层组织日常监督、党员民主监督的党内监督体系。党委（党组）负主体责任，书记是第一责任人，党委常委会委员（党组成员）和党委委员在职责范围内履行监督职责。党的各级领导干部一定要把责任扛在肩上，做到知责、尽责、负责，敢抓敢管，勇于监督。各级纪委是党内监督专责机关，履行监督执纪问责职责。要通过强有力的党内监督，不断增强党在长期执政条件下自我净化、自我完善、自我革新、自我提高的能力。

强化党内监督，要形成监督合力，织密监督制度网。要坚持好民主集中制，把民主基础上的集中和集中指导下的民主有机结合起来，把上级对下级、同级之间以及下级对上级的监督充分调动起来。坚持党内监督同国家机关监督、民主党派监督、群众监督、舆论监督等相结合，使积极开展监督、主动接受监督成为全党的自觉行动。要把确保党章、党规、党纪在全党有效执行，维护党中央集中统一领导，维护党的团结统一，作为重要监督任务。要以党的领导机关和领导干部特别是主要领导干部为重点监督对象。要坚持惩前毖后、治病救人，抓早抓小，运用好监督执纪“四种形态”，及时发现问题，纠正偏差，把党内监督体现在时时处处事事上，敦促党员、干部按本色做人、按角色办事、按规矩履职。

历史反复证明，广开言路、从谏如流，往往是良政善治的开端；壅蔽言路、闭目塞听，常常是政治衰败的前兆。权力失去制约和监督，必然产生腐败，这是铁的定律。习近平总书记要求各级领导干部“要主动接受各方面监督”。

我们不难看到，在现实中，少数领导干部不能正确对待监督，不喜欢监督、不接受监督，认为监督就是别人在给自己找麻烦，把上级的监督看成是对自己不信任，把同级的监督看成是跟自己过不去，把下级的监督看成是对自己不尊重，把群众的监督看成是无关紧要，想方设法压制监督，甚至打击报复。这是很不正常的，是十分错误的。这种不接受监督的干部，肯定是要出问题的。习近平总书记要求各级领导干部要主动接受各方面监督，这既是一种胸怀，也是一种自信。

各级领导干部主动接受各方面监督，是一种胸怀。良药苦口利于病，忠言逆耳利于行。以人为镜，才能知得失。党内不允许有不接受监督的特殊党员。实践证明，有人监督是好事，没人监督会出事。领导干部手中的权力是党和人民赋予的，只能用来为人民服务，干部行使权力是否公正无私，履行职责是否尽职尽责，帮助群众是否真心实意，都离不开监督。自觉接受监督，是正确行使权力的需要。自觉接受监督，虚心听取各方意见建议，有利于修正偏差，使决策和决策的执行更加科学有效，把工作做得更好。自觉接受监督，是领导干部的立身之本和终生课题，有利于领导干部加强党性修养，不断进行自我教育、自我改造、自我完善、自我提高。领导干部要襟怀坦荡，以党的事业和人民的利益为重，带头接受监督，欢迎来自各方面的监督，养成在监督下学习、工作和生活的习惯。要把监督看成是组织、同志、群众对自己的关心爱护，以开放包容和海纳百川的胸怀自觉接受监督，真心诚意听取意见建议，做到有则改之、无则加勉，修正错误、完善提高。

领导干部要主动接受各方面监督，是一种自信。领导干部怎样看待监督，能不能主动接受监督，敢不敢接受监督，体现的是一种自信。对领导干部而言，容忍批评才有胸襟，从谏如流可增智慧，接受监督方显自信。只要我们始终把党和人民的利益放在第一位，事事坚持原则、出于公心，依纪依规依法办事，处处严以律己、公正无私、清清白白，我们就应该有足够的自信接受监督。自觉接受监督，要有无私无畏的襟怀，有闻过则喜的雅量，有宽容包容的气度，有见贤思齐的精神，有择善而从的品格，自觉接受上级与下级的监督、党内与党外的监督、组织与群众的监督、社会与媒体的监督，在各方面的监督中完善自己。要自觉强化自律意识，不断加强党性锻炼，提高自身素养，坦坦荡荡做人，踏踏实实做事，为党和人民更好地工作。干部以一种自信自觉接受监督，无论对党和人民的事业，还是对自身的成长都大有好处。

四、抓住领导干部这个“关键少数”，各级党组织要在从严治党上进一步做起来、实起来

全面从严治党是我们党在新形势下进行具有许多新的历史特点的伟大斗争的根本保证。习近平总书记在党的群众路线教育实践活动总结大会上强调，从严治党重在从严管理干部，坚持以严的标准要求干部、以严的措施管理干部、以严的纪律约束干部，使广大干部既廉又勤，既干净又干事。在谈到全面从严治党时，总书记提出“关键是要抓住领导干部这个‘关键少数’”，可谓一针见血、直指要害，具有很强的针对性和现实性。

领导干部手中的权力都是党和人民赋予的。制度问题带有根本性、全局性、稳定性和长期性。我们经常讲，人管人管不住，制度管人才管得住。权力是一把双刃剑，用得好，可以更好地为

党工作，为人民谋利益、谋幸福；用得不好，就会滥用权力，危害党和国家，伤害群众利益。把权力关进制度的笼子里，就是要形成腐败防范机制、腐败惩戒机制和不易腐败的保障机制，更好地制约权力，让权力依法、依纪、依规、依制度行使，让权力朝着一个规范的轨道运行，让党和人民更好地监督权力。

各级领导干部是党的路线方针政策的具体组织者、执行者，是中央重大决策部署的具体落实者、推动者。在党员、干部队伍中，领导干部的数量是“少数”，但是，他们是各地、各部门的领导班子成员，在推动工作中处于中坚骨干的关键地位。领导干部手中有权，权为谁用，用在哪里，为公用还是为私用，这些都很关键。从严治党，就要抓住领导干部这个重点，抓住领导干部这个“关键少数”。

从严治党，关键要从严治吏。抓住领导干部这个“关键少数”，就抓住了从严治党的关键，牵住了“牛鼻子”。要加强对领导干部特别是一把手的监督和管理，对领导干部要严字当头、贯穿全程，严格要求、严格教育、严格管理、严格监督，不能失之于宽、失之于软。要坚持以正面教育为主、预防为主、事前监督为主的原则，制定切实有效的措施，建立健全强化预防、及时发现、严肃纠正的工作机制，把党内监督、法律监督、群众监督和舆论监督结合起来。抓住领导干部这个“关键少数”，要把从严管理领导干部贯穿到干部培养教育、考察考核、选拔任用、日常管理全过程，不放松任何一个环节。

领导干部是“关键少数”，就要在从严治党中发挥模范带头作用。领导干部要牢记自己肩负的责任和使命，始终忠诚于党、国家和人民，认真履职尽责，为国家富强、民族振兴、人民幸福努力工作，尽心尽力干好每一天，敢于担当不懈怠，勇于负责不失职。要牢记权为民所赋、权为民所用，严以律己、严以用权，为民用权、不能专权，让权力始终运行在正确的轨道上。要牢记“手莫伸，伸手必被捉”，时时处处严格要求自己，做到不敢腐、不能腐、不想腐，保持清正廉洁的良好形象。

坚持党要管党、从严治党，是各级党组织和全体党员、干部的共同责任。关于全面从严治党，党的十八大以来，以习近平同志为核心的党中央进行了很好的顶层设计，方向、目标、任务、举措非常明确，关键是要抓好落实。全党在从严治党上统一思想，形成共识，积极行动起来，就能把我们党建设得更加团结统一、更加坚强、更有凝聚力、更有战斗力。

习近平总书记要求“各级党组织要在从严治党上进一步做起来、实起来”，强调加强和改进党的建设的极端重要性，为新形势下坚持从严治党提出了明确要求。各级党组织要按照总书记的要求抓好落实，把从严治党的任务一项一项落到实处，落地生根。

在从严治党上进一步做起来，就是要把从严治党抓起来、干起来，要有实际行动，在实际工作中真抓真干。一打纲领不如一个实际行动。再好的部署、再好的规划、再好的蓝图，都是需要实际行动来支撑、来落实的。党中央作出了部署安排，各级党组织就要有行动，要与党中央保持高度一致，只有这样，从严治党才能上下联动，形成合力。各级党组织要按照从严治党的要求，严肃认真对待党赋予的职责，按要求对党员、干部进行严格的组织管理，实行严格的制度，采取严格的措施，进行严格的监督，切实解决党内存在的问题，让党员、干部守纪律、懂规矩，努力营造良好的政治生态和良好的廉洁从政环境。

在从严治党上进一步实起来，就是要发扬求真务实的作风，实实在在做好从严治党的工作。严则正气充盈，实则内力倍增。从严治党措施要实，成效要实，不能有任何水分，来不得半点虚的。党内存在的问题分布在各级党组织，反映在党员、干部身上。各级党组织要善于发现党内问题，正确对待党内问题，找准问题存在的原因和根子，善于从根本上解决问题。从严治党要从实处思考，在实处着力，用实的举措，找准工作着力点，用严的标准要求党员、干部，用严的措施管理党员、干部，认真地而不是敷衍地、深入地而不是表皮地解决党内存在的各种矛盾和问题，务求取得实实在在的成效。各级党组织认真履行职责，切实解决党员、干部存在的问题，从严治党就能形成良好态势，作风建设就能取得新成效。

第四节　坚持以零容忍态度惩治腐败

中国共产党历来与腐败水火不容。不论是在革命战争的艰难岁月，还是在建设改革的和平年代，我们党始终坚持有腐必反、有贪必肃。坚决反对腐败，防止党在长期执政条件下腐化变质，是我们必须抓好的重大政治任务。腐败问题是侵入党和国家健康肌体的毒瘤，一日不除，后患无穷。腐败分子侵害党和人民的利益，人见人恨，人人喊打。持续保持反腐败斗争高压态势，习近平总书记要求全党“坚持以零容忍态度惩治腐败”。

坚持以零容忍态度惩治腐败，是我们党反腐败的根本态度。对腐败零容忍，就是要对腐败现象毫不宽容、绝不包容，毫不忍受、绝不忍让，坚持“露头即打”。对腐败分子，发现一个坚决查处一个；对腐败行为，发现一起坚决整治一起。对腐败零容忍，就是说腐败没有“特区”，反腐败没有“禁区”。在党纪国法面前，没有特殊党员、没有特殊干部，不论什么人，不论其职务多高，任何人都不能心存侥幸，都不能指望法外施恩，没有免罪的“丹书铁券”，也没有“铁帽子王”。

一、举起反腐利剑，形成强大震慑，坚持“老虎”、“苍蝇”一起打

党的十八大以来，以习近平同志为核心的党中央以对党、对国家、对民族、对人民高度负责的精神，以对历史和未来担当的崇高使命，坚定不移推进反腐败斗争，更加坚定了十三亿多中国人民对党的信心。我们党反腐败的方向更加明确，反腐败的信心更加坚定，反腐败的勇气更加坚强，反腐败的力度进一步加强。

从查处的严重腐败案件中，我们痛心地看到，腐败问题已经成为我国经济社会生活中的一颗“毒瘤”，成为我们党和国家事业发展的一只“拦路虎”。“毒瘤”不摘除，必然进一步恶化，毒害党和国家的肌体；“拦路虎”不清除，必然成为障碍，阻碍我们推进中国特色社会主义伟大事业。党中央深入开展反腐败斗争，顺应了党心民心，得到了全党全国人民的衷心拥护和支持。

深入开展反腐败斗争，保持高压态势不放松，查处腐败问题，就要按照习近平总书记“把反腐利剑举起来，形成强大震慑”的要求，敢于亮剑，让党员干部看得到剑锋，心有畏惧，不敢腐、不能腐、不想腐，形成强大震慑；就是要让反腐利剑随时出鞘，剑锋所指、所向披靡，利剑出鞘、战无不胜，让腐败分子无处藏身，不让任何腐败分子从反腐利剑下溜走。

查处腐败问题，必须坚持零容忍的态度不变，坚持“老虎”、“苍蝇”一起打，发现一起查处一起，发现多少查处多少；必须

坚持猛药去疴的决心不减，坚定反腐败的信心，出狠招、下猛药，与腐败问题作坚决的斗争，夺取最后的胜利；必须坚持刮骨疗毒的勇气不泄，要有勇往直前的毅力，不怕一时阵痛，从根子上清除腐败；必须坚持严厉惩处的尺度不松，坚持“严”字当头，对腐败分子不心慈手软，严查、严办，严惩、严处。

开弓没有回头箭，勇往直前利于行。腐败分子侵害国家和民族的利益，破坏党的形象，是党和人民的公敌，在中国大地没有任何市场。只要我们始终保持反腐败的高压态势，始终保持反腐败的强劲势头，始终高举反腐利剑，始终团结和依靠广大党员干部，我们就一定能夺取反腐败斗争的最后胜利。

习近平总书记明确要求：“要坚持‘老虎’、‘苍蝇’一起打，既坚决查处领导干部违纪违法案件，又切实解决发生在群众身边的不正之风和腐败问题。”

说起老虎，见过没见过的人都会有一种恐惧感。因为老虎会伤人、会害人、会吃人，让人闻之变色、退避三舍。苍蝇令人讨厌，因为它喜欢肮脏的地方，哪里腥、哪里臭，它就喜欢到哪里。它浑身臭味，却喜欢凑热闹，嗡嗡乱叫，传染疾病，污染环境，破坏人的好心情。

从根本上说，大“老虎”、小“苍蝇”都是党和国家的蛀虫，是人民身上的寄生虫，贪污腐败的性质相同，无时不在危害社会，伤害党的肌体，侵害群众利益，群众对他们深恶痛绝，不会站在他们一边。老虎加了引号，就不可怕了。这样的“老虎”看似强大，其实很虚弱，因为他们侵害了党和人民的利益，非常心虚。苍蝇加了引号，就说明他们更是臭不可闻，人见人恨，人见人打。

从严治党，惩治这一手决不能放松。习近平总书记要求坚持“老虎”、“苍蝇”一起打，就是坚持党纪国法面前没有例外，不管涉及谁，都要一查到底，决不姑息，充分表明了我们党坚决惩治腐败的坚强决心，也彰显了我们党反对腐败的力度和广度。加强党的执政能力建设，保持党的先进性和纯洁性，加强党和人民的血肉联系，提高党的凝聚力和战斗力，既要严厉打击大贪污、大腐败，也要打击小贪污、小腐败，整治不正之风。

坚持“老虎”、“苍蝇”一起打，就是要坚持抓大不放小，抓小不放大，同步推进，同时着力，既要打击位高权重、胆大包天的大“老虎”，又要打击有权就滥用的小“苍蝇”，坚决清除党内和群众身边的贪污腐败问题和不正之风。

打“老虎”，就是要斩断“老虎”伸向党和人民的毒手，让他们不再为“虎”作伥，同时也是为了打“虎”震虎，教育更多的干部特别是身居高位的领导干部，让他们对权力有一种敬畏，不敢滥用职权。打“苍蝇”，是为了从点滴做起，保护群众利益，从更广层面净化社会风气，也是为了不养“蝇”为患，不让小“苍蝇”变成大“老虎”，不让小问题变成大问题。

坚持“老虎”、“苍蝇”一起打，就是要同时出手、坚决惩治，同步用力、绝不手软，绝不姑息、绝不心软，对腐败分子始终保持高压态势，全方位保护党和人民的利益，增强人民对我们党和国家的信心，有百利而无一害。

二、反腐败要坚持无禁区、全覆盖、零容忍，腐败分子发现一个就要查处一个

党的十八大以来，我们党从关系党和国家生死存亡的高度，以强烈的历史责任感、深沉的使命忧患感、顽强的意志品质推进党风廉政建设和反腐败斗争，取得明显成效。习近平总书记要求“坚持无禁区、全覆盖、零容忍，严肃查处腐败分子，着力营造不敢腐、不能腐、不想腐的政治氛围”，充分表明了党中央推进党风廉政建设和反腐败斗争的坚强决心。

坚持无禁区、全覆盖、零容忍，是党中央旗帜鲜明推进反腐败斗争的鲜明态度和坚定决心。无禁区彰显的是深度，反腐败要向纵深推进，腐败不能有特殊保护区；全覆盖彰显的是广度，反腐败要全面推进，不留死角；零容忍彰显的是力度，谁敢腐败就查处谁，不能宽容，不能忍让。我们党要打赢反腐败这场攻坚战、持久战，就必须下最大决心，拿出最大的魄力，采取最有力的措施，始终保持反腐败的强劲势头，坚决遏制腐败现象蔓延势头，坚守阵地、巩固成果、深化拓展，坚定不移推进党风廉政建设和反腐败斗争。

坚持无禁区，就是说反腐败没有不可以进入的区域。禁区，是指一个“未经许可不允许进入”的特殊地区或区域。党中央果断查处周永康、薄熙来、郭伯雄、徐才厚、孙政才、令计划等严重违纪违法问题，向全党表明，腐败分子即使身居高位、位高权重，也逃不脱党纪国法的惩处。反腐败没有特殊区域，没有特权

保护的区域，腐败分子无一例外都要受到查处。

坚持全覆盖，就是说反腐败全面覆盖社会生活的方方面面，没有遗漏，坚持“老虎”、“苍蝇”一起打，都不能幸免。哪里发生腐败问题，反腐败斗争就要延伸到哪里，腐败分子藏在哪里，反腐败的利剑就会指向哪里，剑锋所指，所向披靡。那种自认为身在边缘部门、清水衙门，很少有人关注，可以贪点、拿点的侥幸心理最终只会害了自己；那种自认为位高权重，没有人敢碰，就可以贪污腐败的侥幸心理，最终只会毁了自己。在贪污腐败的问题上，不能心存丝毫侥幸，小官巨贪已经引起极大的关注，“手莫伸，伸手必被捉”已经成为铁定的规律。

坚持零容忍，就是说不能容忍腐败问题，对腐败分子不能心慈手软。我国是社会主义法治国家，不论腐败分子是谁，不论他们的职位高低，在法律面前人人平等，只要他们贪污腐败，侵害了党和人民的利益，触犯了党纪国法，就要依法依纪严肃查处、惩治。我们党已经高举反腐败的利剑，始终保持反腐败斗争的高压态势，坚持有腐必反、有贪必肃、有案必查，对腐败分子发现一起查处一起，发现多少查处多少，不会容忍任何腐败分子逍遥法外。

习近平总书记发表的2015年新年贺词可谓惜墨如金，字字珠玑，但是，在这精短的篇幅里，专门有一段文字谈到从严治党、转变作风、反对腐败。总书记明确要求：“在中国共产党领导的社会主义国家里，腐败分子发现一个就要查处一个，有腐必惩，有贪必肃。”总书记的这一重要讲话，铿锵有力、落地有声，信心十足、底气十足，进一步彰显了以习近平同志为核心的党中央深入推进反腐败斗争的坚定决心。

“腐败分子发现一个就要查处一个”，这话让人民群众振奋，让广大党员干部警醒，让腐败分子胆战心惊。党的十八大以来，党中央从关系党和国家生死存亡的高度，以强烈的历史责任感、深沉的使命忧患感、顽强的意志品质，切实加强党风廉政建设，深入开展反腐败斗争，坚持无禁区、全覆盖、零容忍，坚持“老虎”、“苍蝇”一起打，严肃查处腐败分子，着力营造不敢腐、不能腐、不想腐的政治氛围，赢得了党心民心，增强了党的凝聚力和战斗力。反腐败斗争极大地增强了人民对党和国家的信心，极大地震慑了腐败分子。习近平总书记要求对腐败分子发现一个就要查处一个，充分表明了党中央坚持不懈抓好反腐败斗争的决心，要求我们继续以零容忍的态度查处腐败分子。

“有腐必惩，有贪必肃”，这就让“反腐败一阵子”的错误言论不攻自破，也让腐败分子不再心存侥幸。中国共产党从成立之日起，就与腐败水火不相容，这是由我们党的理想、性质、宗旨和目标任务所决定的。在我们党的成长壮大过程中，反腐败始终是一项极为重要的工作。有腐必惩，有贪必肃，这是党心所向、民心所向，是巩固党的执政地位，推进中国特色社会主义事业，实现“两个一百年”奋斗目标，实现中华民族伟大复兴的中国梦的必然要求。

党的十八大以来，我们党敢于直面问题、纠正错误，勇于从严治党、捍卫党纪，深入开展党风廉政建设和反腐败斗争，不断提高自我净化、自我完善、自我革新、自我提高能力。不管是谁，不管地位多高、权力多大，只要触犯国家法律和党的纪律，就一查到底、决不手软。反腐倡廉受到广大干部群众的好评，赢得了党心、民心。习近平总书记指出，反腐败高压态势必须继续保持，坚持以零容忍态度惩治腐败。这充分表明了党中央反对腐败的坚强意志和坚定决心。

在新的历史时期，我们一定要按照党中央的统一部署和要求，以大无畏的气概，增强斗争精神，坚持不懈深入开展反腐败斗争，始终保持反腐败的势头不减，反腐败的劲头不松，反腐败的力度不减，反腐败的制度“笼子”扎得更紧，与腐败分子作坚决的斗争，让腐败分子无处藏身，坚决打赢反腐败这场持久战、攻坚战。

三、以最大的决心和勇气，确保反腐倡廉常抓不懈，拒腐防变警钟长鸣，经常抓，长期抓

党的十八大以来，以习近平同志为核心的党中央切实加强党风廉政建设，深入开展反腐败斗争，坚持“老虎”、“苍蝇”一起打，让腐败分子无处藏身，取得了明显的成效，得到了广大人民群众的支持，极大地凝聚了党心、民心。

在看到反腐败斗争取得成绩的同时，我们也要清醒地认识到，滋生腐败的土壤还没有从根本上铲除，反腐败斗争形势依然严峻复杂，“四风”问题和腐败问题影响恶劣，亟待解决，反腐败斗争需要走的路还很长。

习近平总书记要求全党同志要深刻认识反腐败斗争的长期性、复杂性、艰巨性，以猛药去疴、重典治乱的决心，以刮骨疗毒、壮士断腕的勇气，坚决把党风廉政建设和反腐败斗争进行到底。这进一步表明了党中央反腐败的坚定信心和坚强决心。

坚决惩治腐败是我们党坚持从严治党、加强党风廉政建设的基本方针。敢于正视问题，坚决反对腐败，是我们党有力量的表现，也是我们党顺应党心、民心的体现。用“猛药去疴”、“重典治乱”，就是要根据反腐败斗争的复杂性、艰巨性，对腐败问题施以“猛药”、“重典”，目的就是要依法严厉惩治腐败分子，根治腐败问题，让我们党的肌体更健康，更有凝聚力和战斗力。

“刮骨疗毒”和“壮士断腕”，都是流传久远的典故。试想，如果关羽害怕刮骨疗毒，箭毒必然危及他的生命；如果勇士的手被毒蛇咬伤，不立即截断手腕，毒性就会扩散至全身，不可救治。不能忍受刮骨之痛，就会失去一只胳膊；割舍不了一只手，就会丧失生命。

以“刮骨疗毒”和“壮士断腕”的勇气反对腐败，表明了我们党反对腐败的果敢气概。只要我们坚定决心，有腐必反、有贪必肃，不断铲除腐败现象滋生蔓延的土壤，以实际成效取信于民，就能拯救我们的党。

在十八届中央政治局常委同中外记者见面时，习近平总书记强调，新形势下，我们党面临着许多严峻挑战，党内存在着许多亟待解决的问题。尤其是一些党员干部中发生的贪污腐败、脱离群众、形式主义、官僚主义等问题，必须下大气力解决。全党必须警醒起来。

党风廉政建设和反腐败斗争是一项长期的、复杂的、艰巨的任务，不可能毕其功于一役。习近平总书记指出："反腐倡廉必须常抓不懈，拒腐防变必须警钟长鸣，关键就在'常'、'长'二字，一个是要经常抓，一个是要长期抓。"我们要清醒地认识到，反腐倡廉、拒腐防变是一项长期而艰巨的任务，要经常抓，长期抓。

要在"常"字上着力，经常抓，使反腐倡廉常态化，坚决遏制腐败现象蔓延的势头。各级党委要把反腐倡廉列入重要的议事日程，保持惩治腐败的常态，有案必查，有腐必反，有贪必肃，不让腐败分子有喘息机会。

反腐倡廉经常抓，就是要保持惩治腐败的高压态势。不能说起来重要，抓起来不重要；不能抓一阵子，放一阵子；不能紧一阵子，松一阵子；不能热一头子，冷一头子。要坚持"老虎"、"苍蝇"一起打，腐败分子有一个抓一个，大"老虎"要打，小"苍蝇"要拍，防止小"苍蝇"变成大"老虎"、小贪变成巨贪，给党和人民的事业造成严重损失，给党的形象造成严重伤害。

要在"长"字上下功夫，长期抓，打一场拒腐防变的持久战。根除腐败，不可能毕其功于一役。要有惩治腐败的坚强决心，坚信党能根除腐败，要有长期作战的恒心，保持昂扬斗志。要坚持不懈地反腐倡廉，始终保持一种韧劲，贪污腐败存在一天，就战斗一天，不断以反腐倡廉的实际成效推进党风廉政建设。

反腐倡廉常抓不懈，拒腐防变警钟长鸣，就是要以踏石留印、抓铁有痕的精神，善始善终、善作善成，让全党全体人民来监督，让人民群众不断看到党风廉政建设和反腐败斗争的成效和变化。同时，要健全完善制度，建立反腐倡廉的长效机制，筑牢拒腐防变的“防火墙”，让我们的干部敬畏党纪国法，敬畏权力，守住做人、做事、做官的底线，把权力用在为党工作、为人民服务上。

习近平总书记指出：“要深入推进反腐败斗争，下大气力拔‘烂树’、治‘病树’、正‘歪树’，使领导干部受到警醒、警示、警戒。”这充分说明党中央深入推进反腐败斗争的信心没有动摇，力度没有减弱，覆盖面没有缩小。拔“烂树”，治“病树”，正“歪树”，通俗易懂，形象生动，内涵丰富，对深入开展党风廉政建设和反腐败斗争具有重要的指导意义，我们要把总书记的要求落到实处。

下大气力拔“烂树”，就是要坚决惩处贪污腐败分子。烂树，就是从心到根都烂透的树，是已经死掉的树，必须及时拔掉，不能让它影响环境。腐败分子就是典型的“烂树”，他们侵害党和人民的利益，危害党和人民的事业，影响党和政府在人民心中的形象，心已经黑透了，手已经脏透了，无可救药了，必须坚决拔除。对腐败分子这些“烂树”，不能心慈手软，绝对不能容忍，不管他们的“根”有多深，长得有多“高”、多“大”，一定要下大力气把他们拔出来，清除出党员干部队伍，让他们受到党纪国法的惩处。“烂树”拔出，环境大变，群众信心大增，政治生态就会更好。

下大气力治“病树”，就是要帮助带“病”的党员、干部治“病”。树病了，叶子就会变黄，萎靡不振，没有生机，就需要给它喷点农药治治病，浇点水，施点肥，让它恢复活力，茁壮成长。党员、干部带“病”了，组织上要给他们应有的关心，放任不管只会让他们的病情加重，最终病入膏肓。要热心帮助他们诊断“病情”，为他们把把脉，发现问题所在，查找“病根”，对症下药，“病”重的要下猛药，让他们早日恢复健康，更好地为党和人民工作。

下大气力正“歪树”，就是要帮助那些出现倾向性问题的干部。歪树不扶正，只会越长越歪，长不成大树，不能成为有用之材，甚至还会倒下。党员、干部出现问题，一时长“歪”了，我们要多看他们的本质和主流，对他们“咬咬耳朵”、“拍拍肩膀”、“拉拉袖子”，及时提醒帮助，拉他们一把，把他们扶“正”，让他们回到正道上，更好地成长进步。

我们相信，“烂树”拔出来了，“病树”治好了，“歪树”扶正了，政治生态就会有大的改善，廉洁从政就会有良好环境。

四、党组织要自觉担当党风廉政建设的责任，领导干部要守住廉洁自律的底线

加强党风廉政建设，各级党组织承担着主体责任，负有主要责任。在实际工作中，一些党组织还存在着对党风廉政建设宏观部署多、具体抓得少，总体要求多、具体落实少，说得多、做得少等问题，这在相当程度上影响了党风廉政建设的成效。这些问

题必须切实纠正。

习近平总书记要求各级党委（党组）要切实把党风廉政建设当作分内之事、应尽之责，进一步健全制度、细化责任、以上率下。这一重要论述一语中的，点准了党风廉政建设的要穴，抓住了党风廉政建设的根本。

所谓分内之事，就是本分之内的事情，自己应负责任的事情，不是分外之事。所谓应尽之责，就是责任范围的事，是应该尽到的责任。各级党委肩负着加强党的思想建设、政治建设、组织建设、作风建设、制度建设和反腐倡廉建设的重任。党风廉政建设是党委的分内之事，不是分外之事，就应该把党风廉政建设作为一件大事抓在手上，作为一件重要的工作列上党委的重要议事日程，总体统筹、总体部署、总体推进；党风廉政建设是党委的应尽之责，就不是可有可无的责任，也不是可轻可重的责任，就要切实负起责任，勇于担当这份责任。

各级党委把党风廉政建设当作分内之事、应尽之责，就要强化落实党风廉政建设的主体责任。各级党委（党组）要切实履行党风廉政建设主体责任，这是以习近平同志为核心的党中央正确判断反腐败斗争形势后作出的重大决策，是对党风廉政建设和反腐败斗争规律的深刻认识和把握，是对加强党风廉政建设的重要制度性安排。

主体责任就是主要责任，是不可推卸的责任。把主体责任落实到位，主动抓好党风廉政建设，是各级党委的重要责任。各级党委要从思想上深刻认识落实主体责任的极端重要性，切实增强党要管党、从严治党的政治责任意识，强化敢于担当、勇于担责的历史使命意识，牢固树立抓好党风廉政建设是尽职、不抓党风廉政建设是失职的意识，把主体责任记在心上、扛在肩上、抓在手上，守好自己的“责任田”。同时，要支持纪委履行职责，充分发挥纪委的监督作用，形成党风廉政建设的合力。

坚持以零容忍态度惩治腐败，各级党委要肩负起责任。各级党委是反腐倡廉建设的责任主体，要切实担负起全面领导反腐倡廉建设的政治责任，党政主要负责人要切实负起第一责任人的责任。各地各部门领导班子成员要切实履行“一岗双责”，抓好本部门本系统的党风廉政建设和反腐败工作。各级纪委要认真履行好监督执纪的职责，采取更加有力的措施，构筑起惩治和预防腐败的“高压线”与“防火墙”。各级党委认真履行主体责任，自觉抓好所在地区、部门的党风廉政建设，全党联动、上下互动，以上率下、上行下效，就能形成持续推动党风廉政建设的良好局面。

坚持以零容忍态度惩治腐败，需要党员干部积极行动起来，各级党组织履行主体责任，一定要切实负起责任，对干部严格要求、严格教育、严格管理、严格监督，确保干部廉洁自律。习近平总书记指出：“干部廉洁自律的关键在于守住底线。”

人们常说，做人要有底线，要遵纪守法，对法律有敬畏之心；要讲伦理道德，孝敬父母长辈，有一颗孝心；要讲朋友情义，重情重义，不挖陷阱坑人害人；要守师生规矩，尊敬老师、维护老师；要遵守人际关系的规矩，讲诚信、守承诺。一个人能守住底线，就能受到社会各方面的欢迎，就能不断成长进步。

干部守住廉洁自律的底线，就能永葆共产党人政治本色。要守住做人、处事、用权、交友的底线，守住党和人民交给自己的政治责任，守住自己的政治生命线，守住正确的人生价值，守住权力的底线，决不能把权力变成牟取个人或少数人私利的工具。

做官先做人，领导干部不仅要守住做人的底线，还要自加压力，有更高的标准和要求。干部守住底线，就能做到一身正气、两袖清风、一尘不染，就能成为廉洁自律的表率。守住做人的底线，才能把官做好。一个人品不好的干部，是很难融入到群众中去的，是很难履行职责的。

干部守住底线，要坚守根本，树立正确的世界观、人生观、价值观，坚定理想信念，找准人生的航向，不误入歧途，不做迷途不知返的羔羊。各级领导干部要坚定理想信念，严以律己、清正廉洁，牢记“手莫伸，伸手必被捉”，始终保持一身正气、两袖清风，堂堂正正做人，干干净净做事，清清白白做官，不要走到人民的对立面。

干部守住底线，要看清红线，时时保持清醒的政治头脑，严格遵守党的政治纪律，时时处处维护中央权威，认真贯彻中央的决策部署，不搞“上有政策、下有对策”。

干部守住底线，不能碰高压线，对手中的权力有一种敬畏，做到权为民所赋、权为民所用。要为人民掌好权、用好权，而不能把权力用到歪门邪道上，为自己谋私利，侵害国家和人民的利益。千万不能贪污腐化，自取灭亡。那些敢碰“高压线”的干部，都是不死即伤，不仅毁了自己的前程、伤了亲人的心，还会严重影响党和政府的形象。

五、全面从严治党永远在路上，必须打赢党风廉政建设和反腐败斗争这场攻坚战、持久战

中国共产党敢于直面问题、纠正错误，勇于从严治党、捍卫党纪，善于自我净化、自我完善、自我革新、自我提高，坚持有贪必反、有腐必惩，铁腕反腐、正风肃纪，以强烈的历史责任感、深沉的使命忧患感、顽强的意志品质推进党风廉政建设和反腐败斗争，坚持无禁区、全覆盖、零容忍，严肃查处腐败分子，着力营造不敢腐、不能腐、不想腐的政治氛围，赢得了全党全国各族人民的衷心拥护，受到了国际社会的好评。

我们要清醒地认识到，党风廉政建设和反腐败斗争形势依然严峻复杂，主要是在实现不敢腐、不能腐、不想腐上还没有取得压倒性胜利，腐败活动减少了但并没有绝迹，反腐体制机制建立了但还不够完善，思想教育加强了但思想防线还没有筑牢，减少腐败存量、遏制腐败增量、重构政治生态的工作艰巨繁重。

开弓没有回头箭。习近平总书记告诫全党说："党风廉政建设和反腐败斗争永远在路上。"党风廉政建设和反腐败斗争是一场攻坚战、持久战，是一场输不起的斗争，只要有全党上下齐心协力，有人民群众鼎力支持，我们一定能够决战决胜。

党的十八大以来，以习近平同志为核心的党中央驰而不息地反腐惩恶，正风肃纪，及时出台了"八项规定"，着力解决管党

治党失之于宽、失之于松、失之于软的问题；在全党深入开展党的群众路线教育实践活动，聚焦“四风”问题，整治不正之风；坚持“老虎”、“苍蝇”一起打，以零容忍的态度惩治腐败，努力构建不敢腐、不能腐、不想腐的体制机制；坚持党要管党、从严治党，内设“高压线”、外念“紧箍咒”，正风肃纪与铁腕反腐强力推动，开创了党风廉政建设和反腐败斗争全新局面，党风政风为之一新，党心民心为之一振，党风廉政建设和反腐败斗争取得明显成效。

“冰冻三尺非一日之寒”。反腐败斗争取得显著成效，但是，滋生腐败的土壤依然存在，党风廉政建设和反腐败斗争形势依然严峻复杂，不正之风和腐败问题长期积累，根深蒂固，不可能毕其功于一役，需要打持久战，实现党的十八大提出的“干部清正、政府清廉、政治清明”的政治建设目标，全面从严治党今后需要走的路更长，工作更艰巨，任务更繁重。

党风廉政建设和反腐败斗争面临的新情况、新问题注定了这是一场攻坚战、持久战。我们看到，不正之风和腐败的病根未除，病源还在，行有“不敢”，还做不到心里“不能”和“不想”。在纠正“四风”中，仍有少数领导干部玩小聪明，钻制度的空子，有的参加公款宴请不坐公车改坐公交车、出租车去，大吃大喝，有的躲进“培训中心”，有的藏进了“内部食堂”，有的钻进了“私人会所”，公款送礼玩出新花样，改成了“网购送礼”。在反腐败斗争的高压态势下，有些党员干部仍然不收手，变着花样贪污受贿，甚至变本加厉、有过之而无不及，有些地方腐败案连发，甚至出现“塌方式腐败”。

当前已经进入反腐败斗争的关键阶段，恰如逆水行舟，不进则退。党风廉政建设和反腐败斗争永远在路上，就是要求我们坚持不懈地把党风廉政建设和反腐败斗争进行到底，脚步不能停，力度不能减，尺度不能松，反腐败绝不封顶设限，直至取得最后的胜利；要求我们必须高举反腐利剑，坚持零容忍的态度不变、猛药去疴的决心不减、刮骨疗毒的勇气不泄、严厉惩处的尺度不松，发现一起查处一起，发现多少查处多少，形成强大震慑，保持惩治腐败的高压态势。

天下之势，常系民心。中国共产党与腐败水火不相容。各级党委（党组）要深入开展理想信念和宗旨教育，筑牢思想上拒腐防变的堤坝；要强化党风廉政建设主体责任，切实把党风廉政建设当作分内之事、应尽之责，进一步健全制度、细化责任、以上率下；要横下一条心纠正“四风”，抓出习惯、抓出长效，在坚持中见常态，向制度建设要长效，强化执纪监督，把顶风违纪搞“四风”列为纪律审查的重点。反对腐败是党心民心所向，有党心民心作力量源泉，反腐败斗争必定取得最后的胜利。

不正之风和腐败问题具有顽固性、反复性和长期性，作风建设永远在路上，永远没有休止符，党中央已经横下一条心，一定要遏制住腐败蔓延势头。我们要打攻坚战，始终保持党风廉政建设和反腐败斗争的高压态势，知难而进、迎难而上，攻坚克难、攻无不克、战无不胜；我们要打持久战，坚持不懈、久久为功，踏石留印、抓铁有痕，与不正之风和腐败问题战斗到底，让顶风违纪者收敛，让伸手腐败的人收手，不获全胜不收兵。

我们坚信，只要全党上下齐心协力，在人民群众的鼎力支持下，我们一定能够打赢党风廉政建设和反腐败斗争这场攻坚战、持久战。

第五节　建设党和人民信赖的干部队伍

2015 年 6 月 30 日，习近平总书记在会见全国优秀县委书记时要求县委书记："始终做到心中有党、心中有民、心中有责、心中有戒，努力成为党和人民信赖的好干部。"

"信赖"这个词很好解释，简单说就是信任和依靠的意思。但是，在人与人之间，要真正达到信赖的程度，那可不是一件容易的事。习近平总书记要求"努力成为党和人民信赖的好干部"，就是要让党和人民信得过、靠得住，这是一个很高的要求。

得民心者得天下，失民心者失天下。党心所向，战无不胜、攻无不克；民心所向，众志成城、攻坚克难。努力成为党和人民信赖的好干部，应该成为领导干部为官做事的追求。

一、用人导向最重要、最根本，也最管用，必须坚持正确的用人导向

目前，在一些地方和部门的干部选拔任用中，还不同程度地

存在着一些“法治盲点”。有的干部缺乏法律意识，没有法治素养，却被选拔任用到领导岗位上来；有的领导干部不依法办事，甚至以身试法，却被当作小事，一再被“原谅”，一路得到提拔重用；对领导干部法治素质的考核，多以“法律意识有待提高”蒙混过关；对领导干部的违法违纪行为处理失之于宽、失之于软，能放则放、能保则保。这些问题不利于推进全面依法治国，必须引起高度重视。

在全面推进依法治国进程中，领导干部的关键作用发挥得好，可以起到模范作用，带动一大批党员干部群众依法办事；领导干部的关键作用发挥得不好，甚至知法犯法、违法乱纪，就会严重破坏法治建设环境。习近平总书记提出“用人导向最重要、最根本、也最管用”，就是把全面依法治国和全面从严治党有机统一起来，紧紧抓住领导干部这个“关键少数”，要求坚持正确的用人导向，强调各级领导干部在全面依法治国中更好地发挥作用。这就要求我们在选人用人中不断强化干部的法治素养。

选人用人必须坚持五湖四海、任人唯贤，坚持德才兼备、以德为先，坚持信念坚定、为民服务、勤政务实、敢于担当、清正廉洁的好干部标准，这是不能动摇的根本导向。习近平总书记提出“法治素养是干部德才的重要内容”，我们要在干部考察中把遵守法律、依法办事作为考察干部的重要内容，要注重考察干部的法治素养，要看干部的法律意识、法律素质以及依法办事的能力和水平。要按照党的十八届四中全会的要求，加强对领导干部法治建设实绩考核，把法治建设成效作为衡量各级领导班子和领导干部工作实绩的重要内容，纳入政绩考核指标体系，不断加重法治的权重，把领导干部依法行政、依法办事的要求落到实处。

坚持正确的用人导向，要用法治思维、法治方式来匡正选人用人风气。对那些法治素养好、依法办事能力强、能履行好法治建设责任的干部，要优先提拔使用。对那些目无法纪、无法无天、在群众中造成恶劣影响的干部，要下决心按照党纪国法严肃处理，从领导干部队伍中清除出去，绝对不能让他们一路违法还一路被提拔。

用什么人就是风向标，就有什么样的干部作风，乃至就有什么样的党风。习近平总书记指出："用一贤人则群贤毕至，见贤思齐就蔚然成风。"亲贤臣，远小人，则国兴；亲小人，远贤臣，则国废。这是古人留给我们的治国智慧，告诉我们一个朴实的道理：国家的兴、废，取决于怎样用人、用什么人。用贤人，远离小人，国家就兴盛；用小人，不用贤人，国家就衰败。无论是古代还是当代，这都概莫能外。

习近平总书记强调，面对复杂多变的国际形势和艰巨繁重的国内改革发展任务，实现党的十八大确定的各项目标任务，进行具有许多新的历史特点的伟大斗争，关键在党，关键在人。我们要清醒地认识到，各级领导干部是党和国家事业的骨干力量，如何选好人用好人，是我们需要不断探索的重大课题。

习近平总书记深刻指出："用一贤人则群贤毕至，见贤思齐就蔚然成风。"可见，坚持正确的用人导向，把优秀人才选拔到领导岗位上来，就能发挥积极的示范引领作用。群贤毕至，人才济济，有利于我们把更多的人才聚集在党的旗帜下，为党和人民的事业而奋斗。

选人用人，历来是一个社会关注度很高的问题。有什么样的选人用人导向，就有什么样的干部作风，就有什么样的党风。选拔任用那些信念坚定、为民服务、勤政务实、敢于担当、清正廉洁的好干部，就可以让干部见贤思齐，增强干部的信心，凝聚群众的力量，有利于一个地方、一个部门的发展；选错用错一个领导干部，就会“一粒老鼠屎坏了一锅汤”，打击广大干部的积极性，寒了群众的心，贻误一个地区、一个部门的发展。

各级党委及组织部门要坚持党管干部原则，坚持正确用人导向，坚持德才兼备、以德为先，努力做到选贤任能、用当其时，知人善任、人尽其才，把好干部及时发现出来，合理使用起来。对那些不琢磨事、只琢磨人，不想干事、不会干事的干部，坚决不能重用，对那些跑官要官、买官卖官的干部要坚决查处，努力营造风清气正的选人用人环境。

二、锻造人格力量，努力做让党放心、让人民满意的好干部

邓小平同志说过，共产党人干事业，一靠真理的力量，二靠人格的力量。习近平总书记指出：“共产党人拥有人格力量，才能无愧于自己的称号，才能赢得人民赞誉。”共产党人拥有人格力量，在群众中就有影响力和凝聚力，就能把群众团结起来，就能发挥先锋模范作用，就能带动群众为实现党的长远目标和近期任

务而奋斗。在新的历史时期，我们要按照总书记的要求，把人格力量作为干事创业的重要支撑，自觉锻造共产党人的人格力量。

人格力量是人的性格、气质、能力、品行等方面具有的吸引人的魅力。共产党人的人格力量，是对人民群众的影响力、感召力、凝聚力和战斗力的集中体现。在中国革命时期，老一辈共产党人正是以“人生自古谁无死，留取丹心照汗青”、“砍头不要紧，只要主义真”的伟大人格，团结和影响了广大人民群众，共同为国家独立和民族解放事业而奋斗。新中国成立以来，县委书记的好榜样焦裕禄、党的好干部孔繁森、人民的好公仆郑培民，还有牛玉儒、杨善洲、高德荣等一大批优秀共产党员，都是用共产党人的人格力量影响和带动了时代风尚。

共产党人拥有人格力量，要坚定理想信念，牢记入党誓言，自觉履行对党的承诺，为实现“两个一百年”目标而奋斗，任何时候精神上都不能缺“钙”；要坚持立党为公、执政为民，把人民放在心中最高的位置，全心全意为人民服务，努力实现好、维护好、发展好最广大人民的根本利益，努力为人民谋幸福；要坚持党的群众路线，自觉践行群众观点，加强党与人民群众的血肉联系；要牢记“空谈误国，实干兴邦”，大力弘扬求真务实的作风，努力为群众办实事、办好事，为群众排忧解难，不断提高人民的幸福感；要严以律已、清正廉洁，自觉纠正不良作风，整治不正之风，与贪污腐败行为作斗争，做到一身正气、两袖清风、清正廉洁；要加强党性锻炼，提高自身修养，提高自身的综合素质，在群众中树立良好形象，做合格的共产党员。

我们坚信，广大共产党人拥有人格力量，在人民群众中具有感召力和影响力，我们党就能不断增强凝聚力和战斗力，团结和带领全党全国人民协调推进“四个全面”战略布局，不断推进中国特色社会主义伟大事业，创造无愧于时代、无愧于人民、无愧于历史的业绩，谱写中华民族伟大复兴的中国梦的壮丽华章。

党员干部在我们党的事业发展中发挥着中坚骨干作用。我们党要完成长远奋斗目标和近期任务，需要不断涌现出一大批好干部。什么样的干部是好干部？习近平总书记明确指出：“好干部要做到信念坚定、为民服务、勤政务实、敢于担当、清正廉洁。”习近平总书记要求各级领导干部特别是主要领导干部“要时时处处严格要求自己，努力做让党放心、让人民满意的好干部”。让党放心、让人民满意，是对领导干部很高的标准，是各级领导干部的努力方向。

好干部要让党放心。让党放心，就要坚定共产主义理想、中国特色社会主义信念和中华民族伟大复兴的中国梦共同理想，树立正确的世界观、人生观、价值观，树立正确的权力观、地位观、利益观，永葆共产党员的先进性和纯洁性；就要对党忠诚，在大是大非面前立场坚定、旗帜鲜明，在风浪考验面前无所畏惧、一往无前，在各种诱惑面前毫不动心、稳如泰山，让党靠得住、信得过、能放心；就要在党为党，真心实意做党的人，心中装着党、想着党，为党和人民努力工作，一切为了党的事业发展，一切为了实现人民的根本利益；就要在党言党，任何时候都站在党的立场上说话，与党保持高度一致，维护党的权威和形象；

就要在党忧党，增强忧患意识，始终与党同心同德、同甘共苦；就要在党兴党，立足岗位、尽职尽责，一切为了党的兴旺，努力振兴党的事业；就要清正廉洁，牢记权为民所赋、权为民所用，把职务作为一种责任、一种担当，把权力作为公权，在权力面前不放纵自己，不能为自己捞取私利，更不为小集团、小团体谋取私利，做到严以律己、公正无私、公私分明、克己奉公。

好干部要让人民放心。就要坚持立党为公、执政为民，始终把人民放在心中最高的位置，牢记党的宗旨，增强公仆意识，全心全意为人民服务；就要把实现好、维护好、发展好最广大人民的根本利益作为一切工作的出发点和落脚点，时时刻刻把群众的利益放在心上，不侵害群众利益；就要坚持党的群众路线，践行群众观点，深入群众，密切联系群众，倾听群众呼声，做群众的贴心人；就要坚持以民为本，改善民生，努力为群众办实事、办好事，为群众排忧解难，把最广大的群众团结在党和政府的周围。

成为党信赖的好干部，就要心中有党，对党忠诚。要始终坚持党的领导，高举中国特色社会主义伟大旗帜，认真贯彻党的理论路线方针政策，认真落实党中央的决策部署。要牢记入党誓言，讲诚信，坚守并兑现对党的承诺，任何时候都与党同心，与党同行，言必信、行必果，努力推进党的事业发展。要加强党性修养，不断锤炼政治品格，在任何时候都与党中央保持高度一致，做真正合格的领导干部。要认真履职尽责，立足本职做好工作，尽心尽力推动地区、部门的发展，为党的事业添砖加瓦。

成为人民信赖的好干部，就要心中有民，热爱人民。要始终把人民放在心中最高的位置，牢固树立人民至上的思想，把实现好、维护好、发展好最广大人民的根本利益作为一切工作的出发点和落脚点。要牢固树立全心全意为人民服务的宗旨，让人民真正感受到领导干部真心实意在为他们办实事、办好事、解难事。要坚持党的群众路线，坚持一切从群众中来、到群众中去，善于听取群众的意见和建议，充分尊重群众的意愿，善于集中群众的智慧、凝聚群众的力量，努力发挥群众的积极性和创造性，把群众想办的事办好，成为广大群众信任和依靠的好干部。

成为党和人民信赖的好干部，就要捧出真心、付出真诚、用尽真心，全身心地投入到党和人民的事业中；就要大力发扬求真务实的作风，多动手、多务实功，少动口、少务虚功，实实在在地让组织感受到领导干部的工作成效，让人感受到领导干部对他们的真情实意，从心里靠近你、贴近你。各级领导干部成为党和人民信任和依靠的好干部，就能带动一大批党员干部，共同推进经济平稳健康发展。

三、领导干部要心中有党、心中有民、心中有责、心中有戒，清清白白做人、干干净净做事、坦坦荡荡为官

习近平总书记要求全国的县委书记“始终做到心中有党、心中有民、心中有责、心中有戒”。“四个有”、四句话、十六个字，语重心长、发人深省，具体而不抽象，包含着丰富的内涵，有很强的针对性和指导性。这是总书记对县委书记提出的很高要求，

为全国的县委书记指明了努力的方向。做新时期合格的领导干部，就要自觉践行总书记的要求。

心中有党，就是要把党放在心中最重要的位置，自觉在思想上、政治上、行动上与以习近平同志为核心的党中央保持高度一致，自觉维护党中央权威和集中统一领导，维护党的团结和统一。要做到步调一致、令行禁止，党中央提倡的坚决响应，党中央决定的坚决照办，党中央禁止的坚决杜绝，经得起风浪考验，任何时候不能在政治方向上走岔了、走偏了。

心中有民，就是要始终把人民放在心中最高的位置，牢记全心全意为人民服务的宗旨，努力实现好、维护好、发展好最广大人民的根本利益。要做到坚持党的群众路线，自觉践行群众观点，深入群众倾听群众意见，善于集中群众智慧，善于发挥群众的积极性和创造性。要想群众所想，急群众所急，解群众所难，真心实意为群众办实事、办好事，全心全意为人民谋福祉。

心中有责，就是要勇于担当责任，肩负起党和人民赋予的责任。责任重于泰山。只有责任在肩，领导干部才不会变得轻飘飘。领导干部心中有责，就要担当起应尽的责任，就要对党和人民负责，就要对一个地区、部门的改革、发展、稳定负责，做到守土有责、守土尽责、守土负责；就要勇于担当，敢于直面困难，知难而上，破解难题，敢于迎接挑战，排除风险，化解矛盾，为群众排忧解难，把问题解决在第一线，不上交矛盾。

心中有戒，就是心中要有一把自我约束的刚性“戒尺”，不断规范自己的言行。要始终对党和人民有一种敬重，时时刻刻与党和人民保持高度一致，为建设富强、民主、文明、和谐、美丽的社会主义现代化强国而努力工作，为人民谋幸福；要对党纪国法有一种敬畏，自觉遵守党的纪律和国家法律，做依法治国的模范，做懂规矩、守纪律的领导干部。要对权力有一种敬畏，严以律己、严以用权，确保权力始终用来为党和人民服务，不以权谋私，不贪赃枉法，不侵害群众利益。要正确行使权力，依法用权、秉公用权、廉洁用权，做到心有所畏、言有所戒、行有所止，处理好公和私、情和法、利和法的关系。

怎样做人、做事、为官？长期以来，这是各级党校领导干部培训班上经常研讨的话题，也是各级领导干部经常思考的问题。习近平总书记给领导干部指明了努力的方向："清清白白做人、干干净净做事、坦坦荡荡为官。"总书记的三句话，通俗易懂，形象生动，内涵丰富，寓意深刻，道出了领导干部做人、做事、为官的基本遵循和底线要求。

清清白白做人，这是做人的根本，也是领导干部的立身之本。清清白白做人，是领导干部必须坚守的道德底线，任何时候都不能逾越，一旦逾越，就会变成可怕的"魔鬼"。领导干部清清白白做人，始终坚守共产党人的精神高地，就会有一种正气在身，就会有一种有形的力量，对群众有一种感染力和凝聚力。领导干部自身不清白，就会人见人怕、人见人恨，群众就会远离你，不敢靠近你。领导干部清清白白做人，就要做到心不变黑、手不变脏，不侵占党和人民的利益，不损害他人的利益。

干干净净做事，就是在干事创业的过程中，要始终做到干干净净。领导干部在其位，就要谋其政，为官一任，造福一方，推动所在地区、部门经济发展和社会和谐稳定。干干净净做事，就要明确我们是为党和人民做事，为了党的事业发展和人民的幸福，不是为自己做事，不可逞一时之能，爽一时之快；要把实现好、维护好、发展好最广大人民的根本利益作为做事的立足点和落脚点，不为小集团、小团体谋私利；要一身正气、两袖清风、清正廉洁，做到公私分明，公就是公，私就是私，不能假公济私，让私利搭上“公”车。只有这样，才能把事做成、做好，让党放心、让人民满意。

坦坦荡荡为官，就是要做到胸怀坦荡、行为坦荡，光明磊落。古人说：“政者，正也。”领导干部作为一个从政者，作为执政党的一员，时时刻刻都要有一种“正”在身。坦坦荡荡为官，要始终坚定理想信念，心中有党，忠诚于党，时刻有党的阳光照耀，心里透透亮亮；要心中有民，始终把人民放在心中最高的位置，真心实意为人民服务，时时处处维护人民的根本利益；就要严以律己、严以用权，把党和人民赋予的权力用在为党工作、为民服务上，不以权谋私、贪污腐败。领导干部坦坦荡荡为官，就能在群众中产生感召力和影响力，把更多的群众团结在党和政府的周围。

四、领导干部不能只想当官不想干事，只想揽权不想担责，只想出彩不想出力，不能干一年、两年、三年还是涛声依旧

习近平总书记高度重视干部要有担当，明确指出：“干部就

要有担当，有多大担当才能干多大事业，尽多大责任才会有多大成就。”因为，如果干部没有担当，没有担起肩负的责任，没有认真履职尽责，没有尽职尽责，就不可能干成事业，就不可能干出成就。

习近平总书记深刻指出：“不能只想当官不想干事，只想揽权不想担责，只想出彩不想出力。”总书记的这一明确要求，击中了干部队伍中存在的一些根深蒂固的问题，如醍醐灌顶，具有很强的针对性，必须引起各级领导干部的高度警醒。

不能只想当官不想干事。在干部队伍中，我们不难看到这样的领导干部，他们成天想的事就是当官，刚任新职务，就开始琢磨着怎么再上新台阶，甚至不惜跑官、要官、买官，一门心思在当官上，把主要精力放在当官上。他们把当官的责任、干事创业全放在一边，信奉所谓“不跑不送原地不动，又跑又送提拔重用”等官场歪理。只想当官不想干事是十分危险的，只会贻误事业发展，影响干部成长。只想当官不想干事，最终必然被组织抛弃、被人民远离。领导干部的职务，本身就是一种职责，需要的是一种担当精神。当官就要干事，就要为党工作，为人民服务，推动党和国家事业发展，这在我们共产党内是天经地义的。

不能只想揽权不想担责。在现实生活中，我们不难看到这样的领导干部，他们成天想的是怎样揽权，让自己手中的权力越多越好，甚至权力膨胀，大权独揽、独断专行。但是，他们把权力揽到手后，却不想担责，甚至是不负任何责任，遇到矛盾就绕路，碰到困难就回避，推过揽功，缺乏领导干部最基本的担当。

领导干部的权力与责任是一致的，有多大权力，就要担多大的责任，就要对职责范围内的工作负责，就要把工作做好，推动所负责地区和部门的发展。

不能只想出彩不想出力。有的领导干部，他们成天不想出力，想的就是怎样让自己的工作出彩，好在上级面前邀功，在同级面前炫耀，在下级面前露脸，有的甚至不惜搞政绩工程、形象工程，不惜夸大事实、虚报浮夸，制造有水分的增长。领导干部想出彩，想出政绩，关键是要用心去干、出力去干，不想出力就想出彩，是根本不可能的。即使地区、部门的工作出彩了，也是广大党员干部群众努力的结果，跟你自己无关，这种彩挂在你脸上，群众也看不到你的光彩，因为你偷了大家的功。

《涛声依旧》是群众熟知喜爱的一首流行歌曲。人们在回首美好往事时，总喜欢涛声依旧，找到不变的回忆。美好的回忆可以涛声依旧，事业发展却不能涛声依旧。

习近平总书记鼓励县委书记要意气风发、满腔热情干好，为官一任、造福一方。总书记巧妙地引用了《涛声依旧》这首歌的部分词句，要求县委书记“不能干一年、两年、三年还是涛声依旧，全县发展面貌没有变化，每年都是重复昨天的故事”。让县委书记们在会心一笑中，感受到肩负推动一方经济社会发展责任的重要性。

习近平总书记创作的词《念奴娇·追思焦裕禄》中有一句：“为官一任，造福一方，遂了平生意”，集中体现了总书记对焦裕禄的高度评价。为官一任，造福一方，是对每一个领导干部的基本要求，应该成为领导干部的自觉行动。领导干部在一个地区、一个部门干几年，甚至干一两届，还是山河依旧，还是涛声依旧，没有任何发展，人民没有得到任何实惠，就会耽误所在地区和部门的发展。这样的领导干部，就是不合格的。

各级领导干部要自觉把为官一任、造福一方作为一种责任、一种担当，始终把发展作为执政兴国的第一要务，意气风发干事创业，满腔热情推动发展，真心实意为人民谋幸福，不辜负党的重托和人民的期待。领导干部为官不为，无所作为，就不应该占着那个位子。

五、坚持好干部标准，培养造就一支具有铁一般信仰、信念、纪律、担当的干部队伍

我们党历来高度重视选贤任能，始终把选人用人作为关系党和人民事业的关键性、根本性问题来抓。什么样的干部是好干部？好干部的标准是什么？习近平总书记提出了明确的要求："好干部要做到信念坚定、为民服务、勤政务实、敢于担当、清正廉洁。"五个层面，二十个字，给好干部画了像，也为我们全体干部指明了努力方向。

好干部要信念坚定。没有坚定信念，就会迷失政治方向和人生航向。一定要坚定共产主义远大理想，真诚信仰马克思主义，矢志不渝为中国特色社会主义而奋斗，坚定中国特色社会主义信念，坚定中华民族伟大复兴的中国梦共同理想信念，树立正确的世界观、人生观、价值观，任何时候都不动摇。党的干部必须求

真务实、真抓实干，坚持原则、认真负责，敬畏权力、慎用权力，保持忠诚、干净、担当的政治本色，创造出经得起实践、人民、历史检验的实绩。

好干部要为民服务。不为民服务，就不是好干部。要牢记全心全意为人民服务的宗旨，牢记权为民所用、情为民所系、利为民所谋，真正做到为民服务。要自觉把自己作为人民的公仆，真心实意为人民办实事、办好事，努力实现好、维护好、发展好最广大人民的根本利益。

好干部要勤政务实。不勤政务实，任何工作都不可能落实。干部要把德放在第一位，守本分，尽本职，勤勤恳恳为党和人民工作，把聪明才智用在正道上，用在工作上。要求真务实，做老实人，干老实事；要有大智慧，不耍小聪明，把工作一项一项抓落实。不要油腔滑调，偷懒耍滑；不要争权夺利，推过揽功。

好干部要敢于担当。不敢担当，这个干部就不要当。当干部就意味着一种责任，要有一种担当的精神，在其位，谋其政，认真履职尽责；要敢于承担责任，时时把党和人民的利益摆在第一位，不计较个人安危、得失。那种遇事推诿、遇风险退让、遇困难退缩的干部，就是不敢担当的干部。

好干部要清正廉洁。不清正廉洁，就会走到另外一极。人民最恨贪官污吏。干部的形象是靠自己树立的。一身正，就不会沾染邪气；一身廉，就会有一身威。一身正气、两袖清风，人民就会亲近你、相信你、依靠你。干部要严格要求自己，对权力始终保持一种敬畏，心莫黑、手莫伸，慎用权、用好权。

政治路线确定之后，干部就是决定因素。我们要建设一支什么样的干部队伍？习近平总书记要求干部队伍要“具有铁一般信仰、铁一般信念、铁一般纪律、铁一般担当”。

干部队伍要有铁一般信仰。信仰关系到干部的精神境界和行为表现。信仰缺失，党员干部就会迷失前进的方向，就会犯下这样那样的错误。干部有铁一般信仰，就要坚定马克思主义信仰，真学真懂真信真用马克思主义中国化最新成果。要把信仰体现在对党绝对忠诚上，认真践行对党的信仰，任何时候、任何情况下都始终保持政治定力、纪律定力、道德定力和拒腐定力。

干部队伍要有铁一般信念。坚定理想信念，坚守共产党人的精神追求，是共产党人安身立命的根本，是对干部的必然要求。中国共产党成立近百年来，一代代中国共产党人正是有铁一般的坚定信念，才经受住血与火的考验和各种风浪考验，夺取了新民主主义革命、社会主义建设和改革开放的一个又一个新胜利。没有理想信念，理想信念不坚定，精神上就会“缺钙”，就会得“软骨病”。干部有铁一般信念，就要坚定理想信念，就要坚定中国特色社会主义道路自信、理论自信、制度自信、文化自信，坚持和发展中国特色社会主义。

干部队伍要有铁一般纪律。我们党能够团结统一，关键就是有严明的纪律。守纪律是对干部党性的重要考验和对党忠诚的重要检验。严明纪律对加强干部队伍建设极端重要。没有严明的纪律，就不能提高党的凝聚力和战斗力，就不能提高党的执政能力。干部要把遵守党的纪律作为一种自觉、一种习惯，把严守政治纪律和政治规矩放在首位，时时刻刻与以习近平同志为核心的党中央保持高度一致，做到认识上一致、思想上统一、政治上同心、情感上认同、行动上同步，坚决维护以习近平同志为核心的党中央权威和集中统一领导，坚决贯彻执行党中央的重大决策部署。要时时绷紧纪律这根弦，把纪律和规矩挺在前面，用铁一般的纪律严格要求自己，真正敬畏纪律、遵守纪律、执行纪律、维护纪律。

干部队伍要有铁一般担当。担当就是责任，就是责任重于泰山的自觉，就是对党和人民事业极端负责的精神，就是敢担责、敢负责、敢作为、善作为的干事创业状态，就是一种知难而进、攻坚克难，踏石留印、抓铁有痕的韧劲。在困难和矛盾面前，要用铁一般担当的精神，勇于担当、能够担当、敢于担当、善于担当，主动接受挑战，大胆开拓创新，推动改革发展。要敢于坚持原则，在原则面前不让步；要敢于较真碰硬，在歪风邪气面前敢于坚决斗争；要敢于攻坚克难，在矛盾、困难面前敢于化解矛盾、克服困难；要认真履职尽责，在危机面前敢于挺身而出，在自己的问题面前敢于自我革命。

第四章
改进作风，党和人民融为一体

第一节　干部作风关系成败

2012年12月7日至11日，习近平总书记在广东考察工作时指出："大量事实证明，一个地方的工作，成在干部作风，败也在干部作风；一个地方的事业，兴在干部作风，衰也在干部作风。"

习近平总书记的这一重要论述，对干部作风高度重视和深入关切，把干部作风提到关系工作成败、事业兴衰的高度，充分说明了干部作风的重要性，对各级干部是一个警醒。

干部作风是干部宗旨意识、精神面貌、领导水平、办事效率、服务质量的外在表现，直接关系到党和政府的形象，关系到党风、政风、民风，关系到群众对我们党的信任度，关系到人心向背，关系到党和国家事业的兴衰成败。干部作风历来是人民群众关注度很高的问题。群众往往直接从干部作风来看我们党和政府的作风。每一个干部都应该引起高度重视。

一个地区、部门的工作要不断上新台阶，各项事业要持续发展，关键看干部作风。干部有好的作风，深入实际、深入群众，求真务实、真抓实干，敢于担当、勇于负责，清正廉洁、为民服务，就能起到模范带头作用，团结广大群众为党和人民的事业而奋斗。干部没有好的作风，讲大话、讲空话，务虚功、图虚名，心又黑、手又贪，干部队伍就会成为一盘散沙，就会没有凝聚力和战斗力，群众就会调头离去、不敢靠近，改革发展就很难形成合力。

一、不良风气的危害很大，不能任其像一座无形的墙把我们党和人民群众隔开

说起墙，人们并不陌生。墙对房子起到支撑作用，让房子能立得住，还能起到隔离作用，挡住外来的风，让家里更加温暖。可以说，没有墙，就没有家。但是，墙放在哪里却很有考究，如果把它放在不该放的地方，就会让房子不规整，住起来不舒服。所以，墙不可以乱砌、乱放。

我们党来自人民、根植人民、服务人民，党和人民是血肉联系、鱼水关系，在党和人民之间绝对不能有一堵无形的墙。因为，在任何时候、任何情况下，党和人民是不可分割的。

习近平总书记指出："工作作风上的问题绝对不是小事，如果不坚决纠正不良风气，任其发展下去，就会像一座无形的墙把我们党和人民群众隔开，我们党就会失去根基、失去血脉、失去力量。"试想，我们党如果失去了人民这个根基，就会无立足之地；如果失去了人民这个血脉，就不能生存下去；如果失去了人民这

个力量，就不可能实现理想目标。可见，不良工作作风的危害是非常大的。

我们一定要引起高度警觉，不能让工作作风上的问题肆意泛滥，在党和人民之间砌起一堵无形的墙，把党和人民分隔开来。这堵无形的墙一旦形成，我们的党就会脱离群众，就会没有力量根源，就会失去人民的支持，党的壮大就没有根基，党的事业就不能发展。

工作作风上的问题，就像一颗大毒瘤，它腐蚀我们的干部，损坏我们党的肌体，削弱我们党的执政能力，破坏党与人民群众的密切联系，一定要早日切除。

改进工作作风，就是要净化政治生态，营造廉洁从政的良好环境。整治工作作风上的问题，各级党组织要高度重视，真抓实管，切实采取有效措施，小问题立马改，大问题大整改，一抓到底，善始善终。要建立长效机制，用制度来严格管理干部，用制度来规范干部的言行，用制度来整治不正之风。同时，要发挥社会各方面的监督作用，形成高压态势，让不正之风无处藏身。

干部每天都在群众中工作，都在群众的眼皮子底下活动，干部的一言一行，干部的所作所为，群众看得清清楚楚，心里明明白白。群众心里有一杆秤，随时在称量着干部有几斤几两；群众心里有一把尺子，时时在丈量着干部的优劣长短；群众有一双火眼金睛，看得清干部的所作所为。我们的干部千万不能自以为瞒得过群众，可以耍小聪明糊弄群众，搞小动作欺骗群众，那样只会自食恶果，最终被群众唾弃、抛弃。

我们的干部来自群众、植根群众，不是脱离于组织、独立于群众的独行独往的个体，不能随意任性。我们要高度重视加强干部作风建设，要从大处着眼，教育和引导干部坚定理想信念，牢记党的宗旨，树立为民服务意识和廉洁从政观念；要从小处着手，不放过干部作风的任何一个细节，时时教育和警醒干部，不断纠正不良作风，整治不正之风。干部作风好，我们与群众的联系就会更加紧密，就能得到广大群众的支持，我们的工作就能快速推进，我们的事业就能持续发展。

党员干部要从自身做起，切实改进工作作风，坚持不懈整改下去，不留隐患。要牢记“空谈误国，实干兴邦”，讲真话、说实话，办实事、求实效，深入实际、深入群众，求真务实、真抓实干，切实加强党与人民群众的联系，一心一意为人民谋幸福。

二、牢记“空谈误国，实干兴邦”，做到踏石留印，抓铁有痕

在现实生活中，我们不难看到，有这样一些干部，他们热衷于夸夸其谈、天南地北，喜欢空说空讲、白沫子乱飞，喜欢大话连篇、天上地下，说起来天花乱坠，讲起来一套一套，却始终不见任何行动，干不了一件利国利民的实在事。这样的干部，是让人讨厌的，不受群众欢迎。

实现中华民族伟大复兴的中国梦，需要我们勠力同心，共同奋斗。习近平总书记提出：“空谈误国，实干兴邦。”这是对全体党员、干部发出了一个总动员令，提出了一个总要求，倡导力戒

空谈、务求实干，受到广大群众的欢迎。

人民群众是最真实的，也是最注重实际的，他们不看干部说得多好听，而是看干部的实际行动和实干精神。他们关注干部干了什么事，取得什么成效，给他们带来什么实惠。那些只会说、不会干，吹嘘成绩头头是道，干起来找不到门道的干部，群众是嗤之以鼻的。

空谈只会误国。空谈是最容易、最不费力气的，端一杯茶水，二郎腿一跷，从古至今乱说乱讲，自得其乐。但是，我们要清醒地认识到：空谈，只会误国，让国家错过发展时机，在国际竞争中掉队，陷入落后挨打的被动境地；空谈，只会误民，既误导群众，搅乱群众思想，让群众无所适从，又给群众正常的工作和生活造成不良影响；空谈，只会误事，贻误事业发展，影响改革发展进程。空谈真是一无是处，毫无益处。

实干才能兴邦。马克思说过，一个实际行动胜过一打纲领。可以说，一次实干胜过一万次空谈。推动中国特色社会主义伟大事业，每向前迈进一步，都需要实干，实实在在地干。深化改革需要实干，加快发展需要实干，扩大开放需要实干，只有“干”字当头，人人崇尚实干，人人干事创业，党和人民的事业才能发展，才能实现国家富强、民族振兴、人民幸福。

空谈没有希望，越空谈越绝望；实干才有出路，越实干越有希望。我国改革进入了攻坚期和深水区，只有大兴实干之风、求真务实之风，实干、实干、再实干，才能克服前进道路上的困难，才能攻坚克难，啃下硬骨头，才能闯过深水区，涉过险滩，不断推进中国特色社会主义伟大事业。不空谈，多实干，我们的国家就充满希望，人民的事业就欣欣向荣，群众就会给我们的干部多打满意分。

走过茶马古道的人，细心一点儿都会发现，在古老的马道上，一块块大石板被磨得光滑锃亮，留下了深深的马蹄印，甚至还可以看到赶马人的脚印。马蹄印、赶马人的脚印是怎么留下来的？那是马帮千万次来来往往踩踏出来的。赶马人用成百上千年的坚持，做到了踏石留印。

以习近平同志为核心的党中央实行改进作风的八项规定后，各族人民感到春风拂面，倍觉温暖，对加强党的作风建设寄予厚望、充满信心。人民的希望，就是我们努力的方向。让人民多一点希望，少一点失望，没有半点绝望，是党员干部肩上的责任。

作风问题具有顽固性和反复性，抓一抓有好转，松一松就反弹。对作风问题，习近平总书记要求“要以踏石留印、抓铁有痕的劲头抓下去，善始善终、善作善成，防止虎头蛇尾”，充分表明了党中央领导集体抓作风建设的坚定决心。我们要按照习近平总书记的要求，坚持不懈抓好作风建设。作风问题就算是一块顽石，我们也要踏出脚印，作风问题就算是一块钢铁，我们也要抓出痕迹，让人民群众不断看到实实在在的成效和变化。只有这样，我们才能切实改进作风，取信于民，得到人民支持，聚集更多的正能量，推动党和人民的事业发展。

作风建设是党的建设的重要方面。作风问题无小事，小事会变成大事。群众正是从党员、干部的工作、生活作风来直观地看待党风的。只有我们加强和改进党的作风，群众才会欢迎、才会满意、才会高兴，才会对我们党高看一眼、厚爱一层，充满信心。

作风问题不是一天两天积累起来的，它有很强的顽固性，不是一时半会儿就能改变的，要有打持久战的思想，要有长期作战的准备。作风问题具有反复性，不是抓一次就一劳永逸，不可能毕其功于一役，要经常抓、反复抓。抓作风建设，就是要有踏石留印的坚定，要有抓铁有痕的坚韧，坚持不懈，一抓到底，经常抓，长期抓，一刻也不能松劲。

三、发扬钉钉子精神，说到的就要做到，承诺的就要兑现

说起钉钉子，人们都不陌生，都有亲身感受。钉钉子的人一旦选择好位置，就会把钉子放正，然后就举起锤子，先用力把钉子揿入木板内，再接着一锤一锤用力敲，才能把钉子钉实、钉正、钉牢。钉牢一颗钉子再钉下一颗，不断地钉下去，必然达到预期的目的。钉钉子如此，干事创业也如此。

习近平总书记要求各级干部“发扬钉钉子的精神”。总书记用老乡们朴素的话语，说出了一个深刻的道理，让人沉思品味。确实，干事业就好比钉钉子，钉子通常不是一锤子就能钉好的，即使是小钉子，也不可能一锤钉好，一下就敲进去。试想，如果一颗钉子被几个人不停地换地方钉来钉去，肯定要被敲弯、敲断。最终，木板或墙壁还被敲出许多小洞眼儿，不堪入目。

干事业何尝不是这样？我们时常看到这样的情况，有的领导干部新到一个地区、一个部门，为了展现自己的能耐，表现自己的创新，就要来一个兜底翻，搞推倒重来，根本不考虑事业发展的连续性和稳定性。这样的做法，是对一个地区、一个部门发展的极端不负责，只会危害党和人民的事业。

心胸没有针眼儿大，这样的领导干部没有气度，是自私狭隘的。你可以对前任领导有意见，但是，你不能跟整个地区、整个部门的干部群众过不去，那样，就会让你成为孤家寡人。一个地区、一个部门有很好的工作思路、发展目标和建设规划，你却要三天一个新思路，五天一套新办法，折腾来折腾去，把干部群众弄得无所适从，干也不是，不干也不是，其结果就不可能把发展这颗“钉子”钉上去、钉牢固。很多劳民伤财的重复投资、无效投资、半截工程，就是这样折腾出来的，群众意见很大。

政贵有恒。一个地区、一个部门的发展，并非一朝一夕之功，需要持之以恒地坚持，需要坚持不懈地努力，需要不见成效不松劲的韧劲，要一任接着一任干，一届接着一届干，一抓到底。领导干部一定要找准定位，担当起发展的责任，一定要树立科学的政绩观，推动全面、协调、可持续发展。在干事创业上要发扬钉钉子的精神，以功成不必在我的胸怀，在一张好的蓝图上锲而不舍地干下去，以踏石留印、抓铁有痕的作风，一干到底，切实把工作落到实处。

对领导干部来说，开会讲话会有表态，下去调研会有承诺，这是经常的事。领导干部到一个地方、一个部门调研，群众希望他们为基层办实事，解决一些实际问题。领导干部一旦表态承诺，群众就会日盼夜盼，等着他们兑现承诺。

习近平总书记提出“各级领导干部要以身作则、率先垂范，说到的就要做到，承诺的就要兑现，中央政治局同志从我本人做起”，不仅对各级领导干部提出了要求，还明确提出从自己做起，充分体现了以身作则、率先垂范的领导风范。党的十八大以来，以习近平同志为核心的党中央认真履行对党和人民的承诺，扎实推进中国特色社会主义伟大事业，在各项工作中为全党作出了表率，赢得了全国人民的信任和支持。

我们时常看到，有这样一些领导干部，他们说起话来慷慨激昂，大话开口就说，表态不打磕巴，给人一种有气势、有魄力的感觉，但是，会一散就全忘记了，没有说到做到，承诺的没有兑现。这样一来，时间长了，次数多了，干部群众就认为他说的话不算数，原来是说大话不办实事的“大忽悠”。以后他再表态、再承诺，干部群众也就不再相信，不以为然。这不利于维护领导干部的威信，不利于加强与人民群众的联系。

我们反思一下，确实有不少领导干部存在这样的问题，说到的没有做到，甚至全忘记了，把说到作为一种形式，说给群众听，说完了就完了，承诺的事转过身也忘了，一点都不兑现。领导干部说话不算数，谁还会信你？谁还会听你？谁还会跟你？最终就会自说自听，陷入非常尴尬的境地。

领导干部就是要以身作则、率先垂范，说到的就要做到，承诺的就要兑现，这是为人之道，也是为官之道，要有一种负责任的精神，做一个负责任的领导干部。

领导干部开口之前，要认真思考，精心准备，想好了再说，能做到多少就说多少。不要口无遮拦，一泻千里，相差万里。说到的，就要努力做到，一时不能做到的，要向群众讲实话、说清楚，并要有解决问题的实际行动。

领导干部承诺之前，要深入调查研究，摸清底数，找准问题。一旦承诺，就要认真兑现，列出时间表，一项一项兑现，承诺多少就兑现多少。领导干部言必信，行必果，说到就做到，有承诺就有兑现，群众才会信任我们，我们才能够把群众团结起来共谋发展。

四、真抓才能攻坚克难，实干才能梦想成真

实现“两个一百年”奋斗目标，实现中华民族伟大复兴的中国梦，我们需要什么样的精神状态？一句话：真抓实干！只有以大无畏的精神勇往直前，敢于担当，开拓奋进，以求真务实的作风，深化改革，加快发展，才能创新推进各项事业发展，实现美好的梦想。

习近平总书记指出：“真抓才能攻坚克难，实干才能梦想成真。”总书记的这一重要论述朴实无华，内涵丰富，富有哲理，寓意深刻，就是要在全社会大力弘扬真抓实干、埋头苦干的良好风尚。真抓实干是最好的领导方法，是最好的工作作风，是推动改革发展的一剂良药，最能感染人、带动人，形成干事创业的良好风气。

真抓才能攻坚克难。我国的改革已经进入攻坚期和深水区，面对重重困难，唉声叹气是没有用的，唯一的出路就是攻坚克难，闯过难关，越过险滩，走出深水区。做好深化改革的各项工作，需要真抓。真抓就要动真情、用真心、出真力，把改革的工作重点抓在手上，整体推进各项工作。要知难而上，克服一切困难，用发展的办法解决前进道路上的问题。

实干才能梦想成真。邓小平同志说过："不干，半点马克思主义都没有。"梦想是美好的，唯有真抓实干方能实现。点燃希望，让梦想成真，空说空讲没有用，大话连篇没有用，只能靠实干。不真抓实干，半点梦想都不可能实现。实干就是要弘扬求真务实的精神，出实策、鼓实劲、办实事，不图虚名，不务虚功，实实在在地干，一抓到底，务求实效，以身作则带领群众把各项工作落到实处，让人民群众真正得到实惠。重实干、求实效、出实绩，应该成为全社会的共识。只要我们都有真抓实干的作风，都有埋头苦干的劲头，就没有克服不了的困难，就一定能攻坚克难，不断取得新的发展，持续推动中国特色社会主义事业。

领导干部一定要带头发扬真抓实干、埋头苦干的作风，在攻坚克难、加快发展中发挥模范带动作用，在真抓实干中经受锻炼成长、砥砺作风，在真抓实干中多出实绩，在真抓实干中服务人民、造福人民、取信于民，在真抓实干中实现梦想。要在全社会形成求真务实、真抓实干的良好风尚，让十三亿多人民投入到追梦中，向梦想迈进，为梦想加油，不断谱写中华民族伟大复兴的中国梦的壮美华章。

第二节　转变作风要实打实

天地之间有杆秤，老百姓就是定盘星。我们不难看到这样的干部，他们成天泡在城里，偶尔下去调研也是为了取几个镜头上电视，让记者写一篇报道，照几张相片登报，既不深入群众，又不解决实际问题。这种浮在面上、“漂汤油”式的干部，群众一眼就能看穿。你作秀，老百姓就不认为你秀，只会认为你很丑。

习近平总书记指出：“转变作风就是要打破‘围城’、‘玻璃门’和无形的墙，深入基层，深入群众，多接接地气很好。”这就为干部转变作风指明了方向。

干部在“围城”里，很自在，很安全，不用吃苦受累，却接不了地气。干部隔着“玻璃门”看事、看群众，模模糊糊看得见，实实在在摸不着，肯定会说错话干错事。无形的墙看不见形状，却可以把党和人民隔开，把干部和群众隔离。

干部作风关系到党风、政风、民风，关系到人心向背。没有好的工作作风，就会脱离群众，就不能加强党和人民群众的联系，就不能完成党在现阶段的任务和长远的奋斗目标。干部的作风问题已经成为社会关注的一个热点。转变作风，是一个现实而紧迫的任务，必须引起我们的高度重视。

一、有多大担当才能干多大事业，不图虚名，不务虚功

古人说“为官避事平生耻”（金·元好问《四哀诗·李钦叔》），就是要求为官者在其位谋其政，要敢于担当，不要遇事就推诿逃避、敷衍塞责、怕事躲事。我们今天的党员干部更应该有勇于担当的精神。

习近平总书记指出：“担当大小，体现着干部的胸怀、勇气、格调，有多大担当才能干多大事业。”可见，担当大小与事业成功是成正比的。

关于敢于担当，总书记给干部提出了“五个面对”的要求：面对大是大非敢于亮剑，就是要求在原则问题上不能退让，自觉坚持党员干部的底线，严守党的政治纪律，在思想上、政治上、行动上与党中央保持高度一致，维护党中央权威，敢于亮出正气之剑、正义之剑，与不正之风作斗争；面对矛盾敢于迎难而上，就是要求在矛盾面前绝不退缩，不把矛盾上交，要知难而上，攻坚克难，在化解矛盾中解决问题，为发展铺平道路；面对危机敢于挺身而出，就是要求在危机到来时从容应对，不要手忙脚乱，要敢于站到第一线，正确处理危机、化解危机，不能躲到一边晒太阳；面对失误敢于承担责任，就是要求在失误面前不推卸责

任，该承担的责任要承担起来，不推过揽功，把失误推到别人的身上，自己一身轻松；面对歪风邪气敢于坚决斗争，就是要求在不正之风面前有一身正气，敢于战斗、善于战斗，不被歪风邪气压倒，始终保持共产党人的浩然正气。

坚持原则、敢于担当，是党员干部必备的基本素质。有多大担当才能干多大事业。各级领导干部在任何时候都要有一种担当精神，始终把党和人民的利益摆在第一位，为党分忧、为组织解难、为民造福，不计较个人安危和得失，知难而进、迎难而上，锐意进取、奋发有为，敢于负责、敢于担当。

干部敢于担当，就不要做“平庸官”，占着一个职位，干不了小事，成不了大事；不要做“懒官”，无所事事、无所作为，火烧到眉毛都懒得动一下；不要做“太平官”，万事求平安，不求有功但求无过，把保“乌纱帽”、平安着陆退休作为价值追求；不要做“圆滑官”，当老好人，四面讨好，八面玲珑，不负责任。没有担当精神，只会误党、误国、误民，就不要去当领导干部，还不如回家卖红薯。

小孩子喜欢吹气球，吹得越大越高兴，跑一路吹一路。他们为什么乐此不疲？因为他们吹出来的气球给他们带来了快乐，尽管只有一瞬间。飘在天上的气球，色彩鲜艳、五彩斑斓，让人赏心悦目，却经不起时间的考验，时间一长自然就瘪了，更经受不住人们用针来戳，一戳就漏气瘪了。虚名犹如天上的气球、水中月、镜中花，中看不中用。领导干部需要的快乐，不应该是自己一时的快乐。

习近平总书记指出："各级领导干部要带头发扬劳模精神，出实策、鼓实劲、办实事，不图虚名，不务虚功。"这就为领导干部做人、做事、做官提出了明确要求。领导干部为官一方，要造福一方，不说流芳千古，也要留个好名声。不能人还在位就怨声载道，人一离开就骂声一片。这是对领导干部最起码的要求。

领导干部不能贪图虚名。那种为了追求轰动效应，鼓噪一时，急功近利，大搞政绩工程、形象工程的做法，得到的是一时的虚名，群众一眼就能看穿，组织上是不屑一顾的。名不是可以贪的，名也不是可以图的。在名上，一旦有贪图之念，就走上了邪路。金杯银杯不如老百姓的口碑，好名声不是自封的，而是老百姓从心里给你的，老百姓给你的名才是实名。

领导干部不务虚功，就要实实在在为党工作，为老百姓做事。务虚功，就是占着位子不干活，就是典型的形式主义、官僚主义，就是在愚弄群众、欺骗组织，就是在贻误党和人民的事业。务虚功，务不出实效，务不出好名声，只会误了人民，误了自己。

空谈误国，实干兴邦。我们一定要大兴求真务实之风，切实转变工作作风，深入实际，调查研究，制定切合实际的政策，拿出解决问题的对策，找准发展定位，明确工作思路；要深入群众、发动群众，突出工作重点、突破近期难点，带动群众一起干，鼓实劲，实干、实干、再实干；要为群众办实事、办好事、解难事，实现好、维护好、发展好最广大人民的根本利益，努力为人民谋幸福，推动经济社会持续健康发展。

二、调查研究是谋事之基、成事之道，不能弄虚作假

2013 年 7 月 24 日，习近平总书记在武汉召开部分省市负责人座谈会时指出："实现全面建成小康社会的奋斗目标，对全面深化改革提出了更加迫切的要求。我国改革已进入攻坚期和深水区，需要解决的问题十分繁重。"

研究、思考、确定全面深化改革的思路和重大举措，刻舟求剑不行，闭门造车不行，异想天开更不行，必须进行全面深入的调查研究。

毛泽东同志早就告诫我们："没有调查，就没有发言权。"习近平总书记指出："调查研究是谋事之基、成事之道。没有调查，就没有发言权，更没有决策权。"总书记把调查研究作为谋事之基、成事之道，突出强调没有调查就没有发言权，更没有决策权，进一步凸显了调查研究的重要性。

调查研究是一名领导干部应该具有的基本素质和基本能力，不想调查研究，不会调查研究，没有"发言权"、没有"决策权"，怎么当领导干部？这确实需要引起我们对调查研究的高度重视。调查研究是领导干部最基本的工作方法，也是领导干部直接联系群众的有效手段。领导干部一定要注重调查研究，喜欢调查研究，善于调查研究，不断提高调查研究的实际能力和水平。

干部成天泡在机关里，每天两点一线从家里到办公室，就会患上"机关病"，对基层的情况不掌握，对群众的疾苦不了解，还喜欢高高在上、指手画脚。这样的干部，对事业发展没有益处，

老百姓是不欢迎的。

转变作风要打破“围城”、“玻璃门”和无形的墙，就是不能让干部困在“城”里，不能让干部隔着“玻璃”看群众，不能让党群、干群之间形成一堵无形的墙。要让干部走出机关院子，迈开步子深入一线接地气，与群众零距离接触，倾听群众呼声，为群众办实事、办好事、解难事，切实加强党同人民群众的血肉联系。

调查研究是谋事之基。领导干部在其位就要谋其政，就要履职尽责、尽心尽力，就要谋求一个地区、一个部门的发展，就要为人民谋利益。想做事、想谋事，是有事业心的表现，但是，干事不能想当然、心血来潮，不能主观武断、凭主观意志办事，不能空穴来风、一头热。谋事一定要建立在深入调查研究的基础之上。

领导干部想谋事，就需要带着问题，深入一线基层，深入群众调查研究，近距离联系群众，面对面听取群众意见，从群众中获取营养，再把群众的智慧集中起来。把调查研究搞好了，情况摸清了，问题找准了，思路理清了，目标明确了，政策措施配套了，就为谋事打下了坚实基础，成功就有了一半。

调查研究是成事之道。领导干部想干事，是好事，值得肯定。想干事，关键是能干事。不能干事，还空想事，既耽误时间，又费事。想干事，核心在于干成事，干不成事，就是误事。

领导干部要干成事，就要深入调查研究。要在调查研究中摸清底数，掌握基本情况，了解群众意愿，明确工作思路、工作目标、工作重点，制订可操作性强的工作方案、实施计划，作出正确的决策。唯有这样，才能把想干的事干成，干成对党和国家事业发展有用的实事、对人民群众有利的好事。

调查研究，是领导干部的基本工作方法，也是领导干部的基本功。毛泽东同志说过，没有调查研究，就没有发言权。所以，领导干部在任何时候都要注重调查研究，在深入群众、深入实际调查研究中掌握基本情况，边调查边研究，在调查研究中明确工作思路，找到解决问题的方法。

习近平总书记要求“关键是不要弄虚作假”，一句话点到了调查研究的命脉，戳到了目前调查研究中存在的问题根源。我们想问题、办事情、做决策，都应该建立在深入的调查研究基础之上。只有深入调查研究，全面掌握真实情况，发现问题所在，了解群众意愿，找到解决问题的办法，才能作出正确的决策，推动实际工作。如果调查研究弄虚作假，就不能得到真实的情况，就无法作出正确的决策，一旦误导决策，决策失之千里，就会犯下严重错误，后果不堪设想。

调查研究是很好的工作方法，是解决问题的有效手段，是联系群众的科学方式。如果调查得不到真实的情况，研究找不到解决问题的方法，折腾来折腾去，没有作出正确的决策，就会既扰百姓，又累干部，耽误时间，劳民伤财。所以，调查研究千万不能弄虚作假，弄虚作假只会自欺欺人、欺骗群众、贻误工作、耽误事业。

调查研究一定要真调查、真研究，不能走形式、走过场，不能愚弄群众、糊弄干部。要有明确的目标，坚持问题导向，带着问题去，带着选题去。调查研究前就要想好调查什么问题，研究什么问题，解决什么问题。

要改进调查研究的方式方法，采取专题调研与随机调研相结合，变走马观花为下马看花，变蜻蜓点水为沉到一线，深入到群众中去。不要专往好走、好看的地方去，不要被各级干部团团围住，不能只听干部讲，不让群众说，被表面的虚假现象蒙蔽。调查研究要深入到群众最需要的地方去，到矛盾、问题最集中的地方去，关注群众的期盼，帮助基层解决问题、化解矛盾。要深入到困难群众中去，与群众坐在一条凳子上，共喝一壶茶，近距离拉拉家常，听听群众的真实想法。这样的调查研究，才能真正联系群众，才能得到真实的情况，调查研究才有价值，才会对决策有帮助。

三、对作风之弊、行为之垢来一次大排查、大检修、大扫除，整治“四风”抓紧抓实，常抓不懈

面对世情、国情、党情的深刻变化，要应对精神懈怠危险、能力不足危险、脱离群众危险、消极腐败危险“四种危险”，如果让形式主义、官僚主义、享乐主义和奢靡之风这“四风”泛滥，我们党就会严重脱离群众。

习近平总书记要求“对作风之弊、行为之垢来一次大排查、大检修、大扫除”，顺应党心、深得民心。作风之弊、行为之垢已经给党和国家的事业带来严重危害，严重影响了党群、干群关

系，动摇了党的执政基础。从总书记的要求中，我们看到的是党中央加强作风建设、整治不正之风的坚强决心和工作力度。

对作风之弊、行为之垢来一次大排查，就是要以党章为镜子，重点围绕为民务实清廉要求，通过群众提、自己找、上级点、互相帮，深入查摆、认真梳理“四风”方面存在的突出问题。自己主动找问题，要正视自己，反思自己，查找在宗旨意识、工作作风、廉洁自律方面的差距，特别是要找出“四风”方面的突出问题。互相帮助找问题，要真诚坦率，对同志负责，通过交流谈心，真正把问题谈开谈透、找准找实。上级提醒找问题，上级党组织和督导组要针对领导班子、领导干部存在的问题，点明提醒，督促找准问题。

对作风之弊、行为之垢来一次大检修，就是要深刻剖析检查，紧密联系思想、工作和生活实际，联系成长进步经历，分析作风建设的实际状况和“四风”方面的突出问题，深入剖析存在问题的实质、根源和危害，明确努力方向和改进措施。勇于剖析自己，对查找出来的问题，要对号入座，敢于担责，自画像要像自己。对存在的突出问题，要从理想信念、宗旨意识、党性修养、道德品行等方面认清实质，深挖根源。

对作风之弊、行为之垢来一次大扫除，就是要对“四风”问题进行彻底整改。坚持惩前毖后、治病救人，以整风精神认真开展批评和自我批评，认真召开高质量的民主生活会，达到团结—批评—团结的目的。有话要放到桌面上来讲，知无不言、言无不尽。自我批评要坚决克服“不以为然”的思想，敢于揭短亮丑，触及思想深处，触及问题实质，不怕刺、不怕痛，不遮掩问题、不回避矛盾。相互批评要坚决克服“老好人”思想，动真碰硬，敢于交锋，勇于指出问题，真诚帮助提高，防止讲关系讲情面、只栽花不栽刺、搞一团和气。

党中央提出厉行勤俭节约，反对铺张浪费，有利于改进作风，加强党与人民群众的联系，提升党和政府在人民群众中的形象，顺党心、合民意，得到了广大干部群众衷心拥护。厉行勤俭节约，我们就可以集中资金办大事，把有限的资金用在改革发展上，用在改善民生上；反对铺张浪费，就能节约经费，把资金用在刀刃上。

勤俭节约是中华民族的传统美德。学习中华民族优秀传统文化，从“成由勤俭败由奢”、“俭则约，约则百善俱兴；侈则肆，肆则百恶俱纵”、“由俭入奢易，由奢入俭难”、“惟俭可以惜福，惟俭可以养廉”等古代名言警句中，我们可以看到勤俭节约的重要性，可以看到奢侈浪费的危害性。

厉行勤俭节约，反对铺张浪费，是一项长期的系统工程，要一抓到底、善始善终，坚决防止走过场、一阵风。如何一抓到底，抓出成效？习近平总书记指出：“抓而不紧，抓而不实，抓而不常，等于白抓。”抓紧抓实，常抓不懈，这是一种根本的工作方法，也是做好工作的根本路径。我们要深入贯彻总书记的重要指示精神，一抓到底，一鼓作气，善始善终，抓出实效。

抓就要抓紧，保持高压态势。要提高执行力，说到做到，不放空炮。不能抓一阵子放一阵子，紧一阵子松一阵子，热一阵子冷一阵子。铺张浪费之风一旦重新抬头，就会有过之而无不及。

抓就要抓实，务求实效。要采取务实管用的措施，实实在在地抓，把工作落到实处。那种边抓、边等、边看风向的做法，是作风不实的表现。对上忽悠组织，对中间欺骗同级，对下愚弄群众，只会助长铺张浪费歪风。

抓就要抓常，持之以恒。要经常抓、反复抓、长期抓。要保持工作常态，不松劲、不歇气，同时要注重建立长效机制，用制度来管人，严格执行制度，加强监督检查，严惩公款吃喝行为，不能让不正之风有喘息抬头的机会。

四、党员干部懂规矩、守纪律，自觉践行“三严三实”

早晨起来，人们通常有几件事要做：脱掉睡衣，洗脸刷牙，更换运动服，出去锻炼，回来进浴室冲洗，换上出门的衣服，吃早餐。就是这么几个简单的动作，我们都不能颠倒顺序。试想，如果穿着睡衣去跑步，肯定让人笑掉牙；洗完澡再去跑步，肯定是白白浪费一次水；吃完早餐去跑步，肯定都不科学。可见，程序对我们的生活很重要。

我们党是一个有严格组织纪律的马克思主义执政党，最注重程序，最讲程序。习近平总书记要求，要强化程序观念，少些“迈过锅台上炕”的做法，也少些“事后诸葛亮”的行为。作为一名领导干部，心中一定要有组织，时时事事都要讲程序，不能老子天下第一，自行其是，天马行空，不能把组织体系搞乱。领导干部要懂规矩、守纪律、听招呼，有担当、尽职责、负责任。

迈过锅台上炕，程序不对，路径也不对。上炕有该走的路，必须从厨房走到卧室，即使炕和锅台在一间屋里，也不应该从锅台上迈过去上炕，这样迈来迈去，锅台就会落满灰尘，做出饭菜吃起来也会感觉不到香味。

事后诸葛亮谁都会当，但是我们不要去当。因为，事情过了，问题出了，再来马后炮，显摆自己的小聪明，实质上是推卸责任，抹个两面光。要做诸葛亮，就做事前诸葛亮，把自己的智慧和才能展现出来。

领导干部强化程序观念，就要做到该报告的必须报告，不能目无组织，目无上级，蒙混过关，隐瞒真实情况不报，欺上瞒下；该打招呼的必须打招呼，对干部存在的苗头性、倾向性问题，要做到早提醒，早帮助，早诫勉谈话，不能放任放纵，任其发展下去；该履行的职责必须履行，要认真履职尽责，勇于担当责任，尽心尽力做好工作，不能只要职务不尽职责；该承担的责任必须承担，对分管的工作要敢于承担责任，不能推过揽功，更不能推卸责任。要有担当意识，遇事不推诿、不退避、不说谎，向组织说真话道实情，勇于承担责任。

习近平总书记要求各级领导干部都要树立和发扬好的作风，既严以修身、严以用权、严以律已，又谋事要实、创业要实、做人要实。总书记对作风建设提出“三严三实”的要求，并深入浅出地阐述了深刻内涵，使领导干部对作风建设有了更深入、更具体、更实在的认识。领导干部要认真学习领会，落实到行动中。

“三严”就是要“严”字当头。领导干部对自己“严”，就是对党和人民负责，就是对自己最大的爱护。领导干部严格要求自己，给自己戴上“紧箍咒”，就会多一分清醒、自觉和自律。

严以修身是基础。修身、齐家、治国、平天下，这是我国传统的道德理想。领导干部要不断提高自身的学习修养、文化修养、道德修养、人格修养、党性修养，做到有定力、有理想、有信念，始终保持一颗红心、一身正气。修身要严，从小处做起，不放松自己，不放任自己，不断提高自身的能力和水平。

严以用权是关键。领导干部要牢记权为民所赋、权为民所用，始终对权力保持一种敬畏，自觉“把权力关进制度的笼子里”，在规则、制度范围内慎用权力。千万不能把党和人民赋予的权力作为自己的私权，不搞特权，不滥用权力，不以权谋私，始终让权力在正确轨道上行驶。

严以律己是保障。领导干部对自己严一分，就是对自己爱护十分。心中要有一种敬畏，要敬畏党、组织和人民，敬畏党纪国法，敬畏手中的权力。要经常反省自己的言行，发现问题，及时纠正，校正自己前进的方向。要增强自律意识，提高自我约束能力，时时严格要求自己。牢记“手莫伸，伸手必被捉”，为政清廉，做一个清正廉洁的领导干部。

“三实”就是要“实”字为重。“空谈误国，实干兴邦。”“实”是做人之本、做事之基、做官之道。老老实实做人，踏踏实实做事，干干净净做官，才能更好地为党工作、为人民服务。

谋事要实才能干事。领导干部要发扬求真务实的精神，在具体工作中谋划事业和工作，想问题、办事情都要从实际出发，尊重客观规律，相信科学、依靠科学，注重实际效果、务求实效，不能好高骛远、脱离实际，不搞劳民伤财的形象工程、政绩工程。

创业要实才能成事。领导干部既要有创业精神，保持创业激情，又要立足实际创业，脚踏实地，真抓实干。在矛盾面前不回避，在困难面前不低头，在问题面前不退缩，求实效、出实绩，一步一个脚印地推动事业发展。

做人要实才能做事。领导干部要把握做人的根本，对党、对组织、对人民、对同志要忠诚老实。要做老实人，不阳奉阴违，不当面一套、背后一套。要说老实话、干老实事，踏踏实实做事，干一件成一件，不做有损于党和人民的事。

第三节　横下一条心纠正“四风”

在日常生活中，我们经常会讲“横下心来”这句话。横下心来就是要下最大的决心、用最大的力气。习近平总书记要求“横下一条心纠正‘四风’”，充分表明了党中央纠正“四风”的坚定决心和巨大魄力。

形式主义、官僚主义、享乐主义和奢靡之风的危害很大，已经严重破坏了党员干部的形象，严重影响了党在人民心中的形象，严重影响到党的事业发展，已经影响到全面建成小康社会、全面深化改革、全面依法治国、全面从严治党的顺利推进，必须坚决纠正。

一、充分认识“针尖大的窟窿能透过斗大的风”，始终坚守艰苦奋斗精神

2013年1月22日，习近平总书记在十八届中央纪委二次全会上的重要讲话中指出：一些人认为现在有点小问题、小毛病的人很多，国家管不过来，单位无暇顾及，与其保持操守，不如随波逐流，即使核实清查，也是法不责众，检查一阵子，享受一辈

子。俗话说，“针尖大的窟窿能透过斗大的风”。这类行为实际上就是以权谋私，必须下决心加以解决。这样既能净化社会风气，又能促进反腐倡廉。

党的十八大以来，以习近平同志为核心的党中央在全党深入开展以为民务实清廉为主题的群众路线教育实践活动，深入整治“四风”，有力地推进了作风建设，净化了党风政风，提升了党的形象，赢得了党心民心。但是，我们应该看到，作风建设不是一个阶段、一个时期的事，作风建设永远在路上，作风建设永远伴随着我们党的壮大，永远伴随着我们党的事业发展。

作风问题无小事，在群众眼里都是大事。作风问题再小，群众都看得很大。因为它关乎政风、民风，关乎党群干群关系，影响党和政府在群众中的形象。那些把作风问题看成小事、不当回事的干部，其实是对自己的放任放纵，必然让小问题变成大问题，最终一发不可收拾。

对不正之风的危害性，习近平总书记用一句“针尖大的窟窿能透过斗大的风”的大白话讲得很深刻，通俗易懂、生动形象地给了我们一个直白的告诫，让人过目不忘。针尖大的窟窿，小得几乎看不见，但是，我们千万不能轻视。在寒风刺骨的冬天，它确实能透过斗大的风，让人感觉到寒冷。它还能把人身上的热散发出去，让人无法保暖。更为严重的是，小窟窿如果不及时修补弥合，时间长了，必然会变成大窟窿。自认为是小窟窿就可以轻视，必然给自己添乱。

在作风建设上，各级干部不能轻视小问题，不能掉以轻心，随意放过一个小问题。把一些自认为“小”的问题看小、看轻，不以为然，不加检点，本身就是一种松懈懈怠、放任自流的表现。防微杜渐，防患于未然，才是积极的态度。

要严格要求自己，从小处着眼，以小见大。发现问题，再小的问题都要立即整改，改了心里就踏实了，不要让小问题变成大问题。小事变成大事，最终贻害党和人民的事业，毁了自己，追悔莫及，欲哭无泪。

各级党组织要经常抓、抓出习惯，长期抓、抓出长效，在坚持中见常态，形成长效机制，向制度建设要长效。要强化执纪监督，把顶风违纪搞“四风”列为纪律审查的重点。要建立警醒机制，抓早抓小，该提醒的要提醒，该“拉拉袖子”就“拉拉袖子”，该“拍拍肩膀”就“拍拍肩膀”，让干部及时把小问题解决掉，把小窟窿及时修补起来，以免酿成大错，这是对干部最大的关心、爱护和保护。

早在党的七届二中全会上，毛泽东同志就提出了“两个务必”的要求，其中一个“务必”就是要继续保持艰苦奋斗的作风。毛泽东同志的告诫，当代党员、干部必须牢记在心。习近平总书记在十八届中央纪委二次全会上指出：“能不能坚守艰苦奋斗精神，是关系党和人民事业兴衰成败的大事。”这与毛泽东同志的“两个务必”是一脉相承的，更让我们心中有一种震撼。

习近平总书记的话，直白的理解是，能坚守艰苦奋斗精神，党和人民事业就能兴旺、就能成功，不能坚守艰苦奋斗精神，党和人民事业就会衰落、就会失败。总书记把艰苦奋斗提高到关系党和人民事业兴衰成败的高度，我们一定要引起深思和警醒，谨记在心，落实到行动上。

中国共产党是靠白手起家的，是靠艰苦奋斗建立新中国、建立社会主义制度的，是靠艰苦奋斗开创中国特色社会主义事业新局面的。艰苦奋斗就是中国共产党的传家宝，任何时候都不能放弃。

习近平总书记用了一个关键词“坚守”，就是要警醒我们，要发扬艰苦奋斗精神，坚守艰苦奋斗这个底线。一段时期以来，享乐主义、奢靡之风抬头，有不少党员干部淡忘、抛弃了艰苦奋斗精神。有的大肆享乐，挥霍浪费，花国家的钱很大方、很大气、很阔气，毫不手软。没有钱就千方百计到财政部门要来花，有钱就大把花，自己享受享乐，长自己的威风，误人民的事业。这些不正之风，严重伤害了人民群众的心，动摇了我们党执政的根基，破坏了党群干群关系，损害了党的形象，必须坚决根除。我们必须按照总书记的要求，坚守艰苦奋斗精神，发扬艰苦奋斗作风，不断开创中国特色社会主义事业新局面。

二、不正之风离我们越远，群众就会离我们越近，要抓早抓小，有病就马上治

党风是党的性质、宗旨和世界观在行动上的表现，党风问题关系党的生死存亡，关系到建设中国特色社会主义事业的兴衰成败。中国共产党是在拥有十三亿多人口的中国执政的马克思主义政党，巩固党的执政地位，完成党的近期任务，实现党的远大目

标，完成全面建成小康社会、全面深化改革、全面依法治国、全面从严治党的战略布局，持续推动中国特色社会主义事业，实现中华民族伟大复兴的中国梦，需要得到全体中国人民的真诚拥护和支持。加强作风建设，整治不正之风，纠正不良作风，是我们必须担当的历史责任。

在发展社会主义市场经济条件下，商品交换原则不断渗透到党内生活中，有的党员、干部没有经受住各种诱惑考验，走到了人民的对立面。不正之风损害了党的形象，影响了党的事业发展，伤害了干部队伍。群众对不正之风是深恶痛绝的。

群众痛恨的，就是我们反对的。习近平总书记深刻指出："不正之风离我们越远，群众就会离我们越近。"这一"远"一"近"，我们得到的是民心，得到的是群众的支持，得到的是我们党和人民的血肉联系。不正之风离我们越远，我们党就能保持先进性和纯洁性，更有凝聚力和战斗力，更有执政能力，群众就会离我们越近，就会靠近我们党、贴近我们党、拥护和支持我们党。从这一"远"一"近"中，我们不难看到整治不正之风的巨大作用。让不正之风远离我们，越远越好；让群众靠近我们，越近越好。

作风问题具有顽固性和反复性，要有长期作战的思想准备，打一场持久战、攻坚战。要持之以恒地抓下去，真抓实抓，一抓到底，不见成效不松手，见了成效不放手。要严字当头，严格要求，严格纪律，严肃查处，以最严格的标准、最严厉的举措治理作风问题，始终保持对不正之风的高压态势，不能让不正之风抬头。

俗话说："小洞不补，大洞吃苦"；"小病不治，大病就来"。从一些腐败分子腐化堕落的过程看，他们大多经历过由小错到大错、由小腐败到大腐败的过程。如果抓早抓小，有病马上治，腐败分子造成的危害就会减少。习近平总书记要求："抓早抓小，有病就马上治，发现问题就及时处理，不能养痈遗患。"

抓早抓小，有病就马上治，就是要早发现问题早抓，小问题就抓。抓早，是时间问题，要抓得及时，早抓早好。抓小，是程度问题，不能看着小"苍蝇"长成大"老虎"。要坚持"老虎"、"苍蝇"一起打，既要重拳出击打"老虎"，又不放过一只小"苍蝇"，不能养痈遗患，让"苍蝇"变成"老虎"。对于腐败分子，不论其职务高低、涉案金额多少、涉案情节轻重，都要及时坚决打击。

抓早抓小，有病就马上治，可以减少腐败分子给国家造成的损失。抓早就是要早发现，早提醒，早打预防针，防患于未然；抓小就是要从小问题抓起，不放过任何问题。在一些腐败案件中，我们常常为腐败分子给国家造成的巨大损失痛心疾首。痛心过后，我们不难发现，如果早一点抓，在腐败分子"小"的时候就抓，小案就不会变成大案。抓早抓小，有病就马上治，就能把腐败消灭在萌芽状态，避免给国家造成严重损失。

抓早抓小，有病就马上治，可以有效预防和减少腐败现象的发生。更重要的是，可以从源头抓起，改变反腐败被动应对的局面，从被动走向主动。小事不小，小事不抓会变成大事，勿以小而不为。抓早抓小，有病就马上治，还是对党员干部的关心爱护。在发现党员干部有问题时，及时提醒诫勉，教育他们悬崖勒马，可以防止小贪变大贪。对党员干部违纪违法的倾向性、苗头性问题要抓早抓小，及时“拍肩膀”、“拉袖子”，防止小问题变成大问题、违纪问题变成违法问题、可以组织处理的问题变成必须移送司法机关的问题。

横下一条心纠正“四风”，就是要下最大的决心，任何时候都不动摇，不给自己留退路，坚定不移推进作风建设；就是要下最大的力气，用心用力抓好作风建设，一步一步往前推，一天一天取得实效，一年一年有新变化；就是要汇聚全党之力，上上下下行动起来整治“四风”，坚持露头就打，让“四风”无处藏身，不再有任何市场；就是要采取最有力的措施，有针对性地织成一张天罗地网，有效整治“四风”；就是要有最大的韧劲，知难而上、迎难而上，不松懈、不懈怠；就是要勇往直前，不断巩固已有成果，不断扩大战果，坚决不能让“四风”抬头。

横下一条心纠正“四风”，一抓到底、务求实效，就会让我们党更有凝聚力和战斗力，会让我们党更强大，更好地担负起国家、民族、人民赋予的历史责任，不断推进中国特色社会主义伟大事业，实现中华民族伟大复兴的中国梦。

横下一条心纠正“四风”，必须成为各级党组织、各级领导干部的自觉行动，成为一种责任担当，始终作为重要的议事日程和工作日程。要从自身做起，不沾染“四风”邪气，自觉抵制“四风”，同“四风”进行坚决斗争，切实纠正“四风”，营造风清气正的干事创业环境。

三、下大气力整治发生在老百姓身边的不良行为

党的十八大以来，以习近平同志为核心的党中央高度重视加强和改进作风建设，从自身做起，严格执行八项规定，深入整治“四风”，党风政风得到明显改善，极大地提振了人民对党的信心，政治生态进一步净化，廉洁从政的环境进一步改善，老百姓真切感受到了党的作风建设带来的新变化。

我们应该看到，作风建设永远在路上，作风建设是一个系统工程，要实现党风政风的根本好转，作风建设必须实现全覆盖。习近平总书记要求“要重视基层风气问题，下大气力整治发生在老百姓身边的不良行为”，充分说明我们党对基层群众的关注、关心和关爱，要求我们把作风建设向基层延伸。

老百姓看党风政风，很大程度上是通过身边的人和事来看。在现实生活中，一些基层干部存在着这样的问题：有的随意干预土地出让、转让，甚至逼着老百姓低价出让土地给开发商；有的肆意截留克扣基层物资经费，多领少发，甚至据为己有；有的处事不公，看人办事，欺负贫困群众和弱势群体；有的吃拿卡要，不给钱不办事，收了钱还乱办事；有的侵占群众利益，贪污腐化，甚至出现小官巨贪。老百姓对这些发生在自己身边的不良作风深恶痛绝。

基层不牢，地动山摇；基层不稳，国家难安。转变基层风气，有利于促进党风政风好转，有利于巩固党的执政基础，有利于提升党和政府在老百姓心中的形象。我们要高度重视基层风

气，对发生在老百姓身边的不良行为，对基层存在的一些突出问题，要作为党风廉政建设和反腐败工作的重要内容，要一抓到底、务求实效，不能听之任之、放任不管。

要关切老百姓的心理感受，找准老百姓的关注点，采取有效措施，从小处着手，在大处着力，切实维护群众的根本利益，不能让群众利益受到侵害。对发生在老百姓身边的不良行为，要严肃查处，绝不姑息，让老百姓真切感受到党和政府站在他们一边，为他们说话，为他们办事，维护他们的根本利益。

四、领导干部带头少出去应酬，多回家吃饭，坚决抵制享乐主义和奢靡之风

领导干部每天都要吃饭，吃自己的饭本不是问题，但是，用公款大吃大喝就是大问题，因为你花的是公家的钱，饱的是自己的肚子。必要的工作应酬本来不是问题，但是，成天泡在事不关己、毫无实际意义的应酬中就是大问题，因为你的精力没有用在工作上，而是把心思用在吃喝玩乐中。

习近平总书记要求领导干部“除了工作需要以外，少出去应酬，多回家吃饭”，具有很强的针对性。总书记提出的这一“少”一“多”，可谓好处多多。领导干部的应酬少了，吃喝玩乐就少了，不良作风就会减少；领导干部回家吃饭多了，学习充电的时间就会多了，家庭亲情就会多了。

大家心里清楚，不少应酬都在同级部门，虽然打着增进联系、协调关系的幌子，其实还是用公款吃喝，你请我、我请你，

排着队、轮番吃，在吃喝中比大方、比阔气，对挥霍国家的钱毫不心疼。不去应酬饿不死，少去应酬不会瘦。很多情况下，应酬是假，吃喝是真。真可谓吃坏民风、喝坏党风、糟蹋肠胃，这种无节制、无意义的应酬，实在没有一点好处。

对待应酬，领导干部心中一定要有定力，要严格要求自己，静得下心，管得住腿，守得住嘴，把好应酬关。大凡用心工作的干部，每天都投入到干事创业中，研究处理很多事务，其实已经劳累疲惫，很怕出去应酬。

领导干部少出去应酬，多回家吃饭，就不会给那些打着接待领导名目大吃大喝的人任何机会，本身就是对吃喝歪风的抵制，对改进不良作风大有帮助。领导干部少出去应酬，多回家吃饭，既可以节约很多时间，把那些泡在饭桌上的时间用来学习知识、思考问题，充实提高自己，又可以不滥吃滥喝，不会伤了胃，还可以和谐家庭关系，增进亲情，其乐融融，何乐不为？

据不完全统计，前些年，我国一年在餐桌上浪费的粮食价值高达2000亿元，被倒掉的食物相当于2亿多人一年的口粮。公款大吃大喝，舌尖上的浪费，触目惊心，成为一大社会公害，严重影响了党风、政风和民风，必须引起我们的高度重视。

经过几十年持续不断的努力，我国的经济实力、综合国力显著提高，成为世界第二大经济体，但是，我们要清醒地认识到，我国仍处于并将长期处于社会主义初级阶段的基本国情没有变，同时我国发展呈现一系列新的阶段性特征，出现一系列新情况新问题，改革发展任务很多，攻坚克难的难点很多，需要解决的民生问题很多。

“我们的财力是不断增加了，但决不能大手大脚糟蹋浪费！”习近平总书记的这句大实话，让老百姓听着很给力、很提气、很过瘾。各级领导干部要牢记总书记的教诲，坚持勤俭办一切事业，坚决反对讲排场比阔气，坚决抵制享乐主义和奢靡之风，在挥霍浪费上收手停步，不能大手大脚糟蹋浪费。要求真务实、勤俭办事，不讲排场、不比阔气，珍惜国家财力，用好每一分钱。

随着经济社会不断发展，我国的财力不断增加，但是，国家的财力特别是财政收入主要是用在关系国计民生的大事上，而不是让一些干部用来大手大脚地花钱长自己威风。解决前进道路上的问题，需要雄厚的物质基础、财政实力来支撑，需要大量的资金投入，我们还远远没有发展到可以无节制地大把花钱挥霍浪费的地步，还需要掰着指头数钱过日子，一定要树立过紧日子的意识。

国家的钱如果被大把大把地花在吃喝玩乐上，任意挥霍享乐、糟蹋浪费，就是没有用在正道上，实在是让人心疼不已。试想，如果那些钱是他家的，他舍得这样摆阔气、显威风吗？肯定不会。他一定会把自家的钱攥出汗来都不肯放手。

不心疼国家的钱，实际上是官品官德出了问题。一个不心疼国家钱财的干部，绝对是不合格的。

每一个领导干部都要按照党中央的要求，自觉抵制不正之风，自觉反对享乐主义和奢靡之风，让自己的心静下来，身正起来，手收起来，把有限的财力用在促改革、促发展、促民生、促和谐上，勤俭办一切事业，反对铺张浪费，反对讲排场、比阔气。不用国家的钱比阔，不浪费国家的钱，没有人会说你小气，群众只会说你正气。得到群众的表扬和认可，比什么都重要，真值！

第四节　作风建设要深入持久抓

在党的群众路线教育实践活动中，我们党集中时间、集中精力、集中火力、集中目标，深入整治形式主义、官僚主义、享乐主义和奢靡之风，党风政风为之一新，带动社风民风明显好转，努力营造了廉洁从政的政治生态，作风建设取得明显成效。

作风问题关系人心向背，关系党的执政基础，关系党的执政地位。加强作风建设，是我们党赢得人心、凝聚人心、汇聚力量的关键所在，是推进中国特色社会主义伟大事业的必然要求。习近平总书记提出“作风建设是永恒课题，要标本兼治，经常抓、见常态，深入抓、见实效，持久抓、见长效”。这是由作风建设的重要性、长期性决定的。作风建设永远在路上，我们一定要按照总书记指出的作风建设的方向路径，认真抓好作风建设。

我们要清醒地认识到，作风问题具有顽固性、反复性和长期性，抓一抓就会好转，抓和不抓大不一样，大抓和小抓大不一样；松一松作风问题就会缓过劲来，不正之风就会抬头反弹，有的还会变本加厉。

通过立破并举、扶正祛邪，不断巩固和扩大已经取得的成果，努力以优良的党风政风带动全社会风气根本好转。

一、风清则气正，气正则心齐，心齐则事成，作风问题抓和不抓大不一样，小抓大抓也大不一样

以习近平同志为核心的党中央坚持党要管党、从严治党，以坚定的决心和巨大的魄力，在全党深入开展以“为民务实清廉”为主题的党的群众路线教育实践活动，有效整治“四风”，纠正不良作风，严肃了党风党纪，切实加强了党和群众的血肉联系，党心民心进一步凝聚，极大地推动了国家治理体系和治理能力现代化，党在群众中的威信和形象进一步树立，形成了推动改革发展的强大正能量。中国人民从党中央的一系列务实举措中看到了国家富强、民族振兴、人民幸福的新希望。

风尚习俗谓之风气。习近平总书记指出：“风清则气正，气正则心齐，心齐则事成。”总书记把风清作为气正、心齐、事成的根本前提，强化了风清在治党治军、治国理政中的重要地位。三句话连为一体，互为基础，相互依托，层层递进，形成了有机的统一，无论对党和国家，还是对地区、部门，都具有重要的指导意义。

风清则气正。社会发展需要浓烈的正气，正气来自风清，风不清则气不正。深入开展党的群众路线教育实践活动以来，各地各部门聚焦“四风”顽症，对作风之弊、行为之垢进行了一次大

排查、大检修、大扫除。群众反映强烈的各种歪风邪气被正风肃纪，在反“四风”中被扫除。风清了，气就正了，我们欣喜地看到，中国的政治生态为之改善，党风政风为之一新，社会风气为之好转，人民的信心为之增强，国际社会对中国的信心为之提高。人民群众深切地感受到，随着风清了，不正之风远离了，旧习惯改了，潜规则不灵了，作风建设取得了新实效。

气正则心齐。民心齐方有天下治。随着党风、政风和社会风气的转变，随着正气树立起来，中国人民的凝聚力、向心力大幅提升，中国人民对党和政府的信心大增，对国家发展的方向普遍感到乐观。中国人民看到了国家和民族的希望，形成了众志成城之势。

心齐则事成。人心齐，泰山移。愚公移山，靠的是坚持不懈，关键是世代同心。十三亿多中国人民齐心协力、凝心聚力，心往一处想，劲往一处使，我们就一定能实现“两个一百年”奋斗目标，实现中华民族伟大复兴的中国梦。风清了，气就正了；气正了，心就齐了，十三亿多中国人民的心齐了，汇聚成了源源不断的巨大力量，党和国家的伟大事业必定从成功走向成功。

作风问题核心是党同人民群众的关系问题。党的十八大以来，以习近平同志为核心的党中央高度重视作风建设，从自身做起，严格执行八项规定，扎实开展以“为民务实清廉”为主题的群众路线教育实践活动，深入整治形式主义、官僚主义、享乐主义和奢靡之风等不正之风，切实纠正不良作风，取得了显著成效，党风、政风、社风明显改善。习近平总书记提出的“作风问题抓和不抓大不一样，小抓大抓也大不一样，只有动真格打硬仗，才能扫除顽瘴痼疾，取得人民满意的实效”，已经被党的十八大以来的实践充分证明。

中国共产党成立近百年来，团结带领全国各族人民，经过艰巨卓绝的斗争，建立了新中国，开辟了建设中国特色社会主义伟大道路，改革开放和社会主义现代化建设取得巨大成就，把一个积贫积弱、被动挨打的国家变成了有国际地位、有综合实力的世界第二大经济体。在新的历史时期，我们要清醒地认识到，坚持党要管党、从严治党，切实把党管理好、建设好，真正把作风问题解决好，是我们面临的迫切任务。

加强作风建设，必须按照习近平总书记的要求，坚持马克思主义群众观点，贯彻党的群众路线，把出发点和落脚点归结到实现好、维护好、发展好最广大人民根本利益上来，归结到为民务实清廉上来，使改进作风的过程成为贯彻执行党的理论和路线方针政策的过程，成为推动改革开放和社会主义现代化建设顺利进行的过程。

作风问题抓和不抓大不一样。作风问题具有长期性、顽固性和反复性，作风建设永远在路上。作风问题影响党的形象，影响干群关系，影响党的事业发展，这已经成为共识。对作风问题，我们要高度重视，以对党和人民高度负责的态度，对作风问题真抓实管。抓作风问题，可以防微杜渐，可以防患于未然，可以校正方向，可以营造风清气正的干事创业环境。作风出了问题，如果我们不抓，不以为然，视而不见，听而不闻，那么作风问题就会越来越严重，无限放大，泛滥成灾，影响人民群众对党的信心，成为党和国家事业发展的重要障碍。

作风问题小抓大抓也大不一样。小抓，即小打小闹，就会隔靴搔痒，不疼不痒，作风问题就会依然突出，甚至还会放大；大抓，就要下最大的决心，用最大的力气，用最狠的实招，全覆盖、零容忍地抓作风问题，把作风问题解决好。要坚持马克思主义群众路线、践行群众观点，把实现好、维护好、发展好最广大人民根本利益作为作风建设的出发点和落脚点，把改进作风的过程融入到贯彻执行党的理论路线方针政策的过程中，融入到推动改革开放和社会主义现代化建设的过程中，务求实效、务求全胜，使作风有一个全新的转变。

二、作风建设必须持之以恒，坚持不懈抓常、抓细、抓长

2013 年 6 月，在全党深入开展的群众路线教育实践活动取得了显著成效。通过开展这一活动，人民群众看到风清了、气正了、心齐了、劲足了，人民群众看到党的优良作风又回来了，党的号召力、影响力、凝聚力和战斗力明显提升了，党的威信和形象大大提高了。群众对这一活动点赞，脸上写满了满意的笑容。

群众路线教育实践活动作为一个活动，有开始，就会有结束。但是，随着活动的结束，群众又有许多担忧，正如习近平总书记所说：“广大干部群众最担心的是问题反弹、雨过地皮湿、活动一阵风，最盼望的是形成常态化、常抓不懈、保持长效。”

总书记明确提出“活动收尾绝不是作风建设收场”，这无疑是给广大群众吃下了一颗定心丸。加强党的作风建设，深入整治“四风”，纠正不良作风，深得民心，深得群众拥护，群众期盼作风建设不停步、不收场。活动收尾绝不是作风建设收场，作风建设永远在路上。

中国共产党是一个拥有8900多万名党员、在一个拥有十三亿多人口的大国长期执政的马克思主义执政党，要经受“四大考验”，应对“四大危险”，永远立于不败之地，就必须持之以恒地加强作风建设。

群众的担忧并不是无缘无故的。如果问题反弹，问题只会越来越大；如果雨过地皮湿，还会让更多的人滑倒；如果活动一阵风，风过尘埃会更多，这些都是需要我们引起高度警觉的。广大群众最盼望作风建设形成常态化、常抓不懈、保持长效，就是希望我们锲而不舍地把作风建设抓下去，不断引向深入，取得更大的实效；就是希望我们继续保持作风转变的好势头，让“好”落地生根，不让不正之风死灰复燃。

各级党组织要高度重视作风建设，急群众所急，忧群众所忧，解群众所难，不松劲、不懈怠，继续巩固已有的成果，壮大新的战果，锲而不舍、驰而不息地把作风建设不断引向深入，把目前作风转变的好势头保持下去，使作风建设要求真正落地生根，持续推动作风建设向纵深发展，迈向新阶段。各级领导干部要勇于担当，把作风建设紧紧抓在手上，认真履行党风廉政建设和反腐败工作主体责任和一岗双责的责任，从自身做起，严以律己，把工作做细做实，为转变作风作出应有的努力。

党的十八大以来，党中央突出抓整治“四风”问题，做的是正本清源、发扬传统的工作。教育实践活动有期限，加强作风建设无限期。加强作风建设，是新时期党的建设伟大工程的重要组成部分，始终伴随着我们党的执政过程。习近平总书记指出：“解决作风方面存在的问题，根本要靠坚持不懈抓常、抓细、抓长。”这就给我们加强作风建设提出了新要求。

抓常、抓细、抓长，是我们党加强作风建设的基本经验，也是新时期加强作风建设的根本要求。解决作风方面存在的问题，抓常是基础，抓细是根本，抓长是保障，三个重要环节统一于作风建设的全过程，任何一个环节都不可偏废。

抓常，就是要经常抓，突出经常性。要把作风建设作为各级党组织经常性的工作，列上党建工作的重要议事日程，纳入党员、干部的日常管理中，加强教育引导、加强监督检查、加强纪律约束。要把作风建设时时抓在手上，形成作风建设常态化，一天一天抓下去，一年一年抓下去。要把握作风建设的总体态势，一旦发现作风方面的问题，就要着手解决，把问题解决在萌芽状态，不能让小问题变成大问题，不能让作风问题抬头。要经常抓、见常态，把加强作风建设、改进作风作为经常性的工作，天天抓在手上，让作风建设常态化。不能热一头子，冷一阵子。要让各级领导干部自觉履行作风建设的责任。作风建设要经常抓，常抓不懈，做到势头不弱、力度不减、温度不降，以严格的标准检验作风，以有力的措施纠正不良作风，让好做法行之有效，让好机制扎根落地。

抓细，就是要从小处抓，突出务实性。党的作风是党的宗旨、性质的体现，党员、干部的作风直接影响到党和政府在群众中的形象。作风建设抓细，就要从细节入手，不放过党员干部作风方面的每一个细小问题。作风建设抓细，要发扬求真务实的精神，坚持抓大不放小，抓“大”要从面上入手，着力解决党员干部作风上存在的突出问题；抓“小”要从点上着力，切实解决党员干部作风上存在的小问题，防微杜渐，防患于未然。教育引导党员干部从自身做起，从点滴做起，从小事做起，时时处处严格要求自己。要深入抓、见实效，标本兼治，由表及里，由浅入深，深入抓好作风建设，务必取得实效。克服不良作风不可能一蹴而就，不可能毕其功于一役，形成优良作风不可能一劳永逸，对作风问题要深入抓下去，久久为功。要以踏石留印、抓铁有痕的劲头，咬定青山不放松的决心，不达目的不罢休的韧劲，持之以恒地抓作风建设，形成好的作风。

抓长，就是要长期抓，突出持久性。作风建设要取得实效，关键是坚持不懈地抓下去，始终保持整治“四风”和纠正不良作风的高压态势，对发现的问题严肃查处。作风建设不能搞一阵风，不能紧一阵、松一阵，不能一头子热、一头子冷。抓长，要高度重视制度建设，建立作风建设的长效机制，用制度来管人、管事、管权，用制度来规范党员、干部的言行。要抓好制度的落实，提高制度的权威性，确保制度出台一个就执行落实好一个，不要让制度成为稻草人和橡皮筋。要持久抓、见长效，把作风建设作为一场攻坚战和持久战，坚持不懈地抓下去，在作风建设上攻坚克难，打赢作风建设这场持久战。要通过完善制度、立破并举、扶正祛邪，建立作风建设的长效机制，形成清正严明的大气候，让歪风邪气无处藏身，把作风建设推向深入，把作风改到深处，让作风建设见长效、见实效。

三、改进作风要持续努力久久为功，不能用形式主义反对形式主义

逆水行舟，不进则退，这是常人都知道的道理。要想让船逆流而上，一篙也不可放缓，不可以松劲，更不可以放弃，需要坚持不懈、持之以恒地努力，只有这样，船才能乘风破浪，一路前行，到达成功的彼岸。一旦松劲、放缓，船就会顺流而下，远离成功的目标。

在坚硬的巨石面前，从高处落下的一滴水实在太渺小，可以说它的力量微不足道。滴水能穿破石头，靠的是坚韧不拔、毫不放弃，一滴也不可弃滞。只有这样，日积月累、年复一年，巨石才会被滴水穿透，一滴滴水才会展现出自己的力量。

抓作风建设需要的是逆水行舟、滴水穿石的坚持和韧劲，认定目标、毫不动摇，无所畏惧、勇往直前，一路向前、战无不胜。现在，改进作风到了节骨眼上，社会上有种种议论和思想情绪。很多人担心活动一结束就曲终人散，“四风”问题又回到“涛声依旧”了。还有一些人盼着紧绷的弦松一松，好让自己舒服舒服。一些人等着看中央还要出什么招，看左邻右舍有什么动静。

这是一种非常可怕的习惯性思维，这种曲终人散、等待观望的惯性思维对抓好作风建设是极为不利的，必须坚决杜绝。

习近平总书记明确提出：“作风建设永远在路上，永远没有休止符，必须抓常、抓细、抓长，持续努力、久久为功。”这充分表明了党中央抓作风建设的坚定决心。作风建设永远在路上，作风建设永远伴随着中国共产党的发展壮大。中国共产党是不轻言放弃的马克思主义执政党，一旦看准的问题，就会一往无前地解决，一旦想做的事，就会一抓到底，不达目的誓不罢休。

各级党组织一定要与党中央保持高度一致，把作风建设紧紧抓在手上，认准大方向，不等待观望，不松劲，不懈怠，深入推进作风建设，持续抓好各项整改任务的落实，把作风问题解决在萌芽状态，不让“四风”有抬头的机会，不让“四风”死灰复燃，绝不允许出现“烂尾”工程，决不能让“四风”问题反弹回潮，真正把作风建设抓成让党满意、让群众满意的工程。

各级领导干部要坚持正确方向，克服松松劲、歇歇气，左看看、右看看，走一步、看三步的错误思想，积极投入到作风建设中，从自身做起、从小事做起，坚守正道、弘扬正气，努力改进思想作风、工作作风、领导作风、干部生活作风，努力改进学风、文风、会风，不沾染歪风邪气。

唯物辩证法告诉我们，内容和形式是辩证统一的，形式是由内容决定的。内容是构成事物的一切内在要素的总和，形式是事物内在要素的结构或表现形式。做任何工作，都需要一定的组织形式、表现形式，但是，如果只讲形式，不重内容，那就是形式主义。

形式主义只重过程，不重结果，扎扎实实走程序，认认真真走过场；只图虚名，不务实效，搞镜中花、水中月，好看不中用。形式主义是我们党长期以来坚持反对的一种不正之风。毛泽东同志指出，形式主义害死人，实在是一种最低级、最幼稚、最庸俗的方法。习近平总书记提出“不能表面上热热闹闹，实际上用形式主义反对形式主义”的要求，切中了作风建设的要害，反映了群众的期盼，具有很强的针对性。

用形式主义反对形式主义，群众意见是很大的。在教育活动中，我们还能看到这样的情况，有的说的是反“四风”，做的还是“四风”那一套，我行我素，有过之而无不及；有的以会议落实会议，以文件落实文件，满足于召开多少场座谈会、发放多少张问卷，表面很重视，实际上是走过场，做给群众看；有的学习教育浅尝辄止，念上几个文件了事，不真学、真懂、真信、真用；有的听取意见不真心实意，听不进批评的意见，想听好话，想听戴高帽子的恭维话；有的查摆问题避重就轻，查一堆无关紧要的问题，看似很多，实则没有问题；有的开展批评敷衍塞责、隔靴搔痒，变着花样开展表扬和自我表扬；有的整改满足于提要求、定方案，没有实质性的举措，根本不解决问题。这是无法取信于民的，只会使形式主义抬头。

加强作风建设要反对形式主义，要弘扬求真务实的作风，认真贯彻习近平总书记“空谈误国，实干兴邦”和“三严三实”的要求，以踏石留印、抓铁有痕的精神，严字当头，实字托底，以严的标准、严的措施、严的纪律纠正不良作风。

要在抓常、抓细、抓长上下功夫，做到经常抓、见常态，深入抓、见实招，持久抓、见长效，以钉钉子精神抓下去，一抓到底，善始善终、善作善成。要坚持正确的用人导向，对那些埋头苦干、真抓实干的干部高看一眼，让他们得到重用；对那些作风飘浮、不干实事的干部嗤之以鼻，让他们没有市场，从而铲除形式主义赖以滋生的“土壤”。

第五章
坚持梦想，我们都是追梦人

第一节　中国梦凝聚中华民族力量

习近平总书记在参观《复兴之路》展览时指出："实现中华民族伟大复兴，就是中华民族近代以来最伟大的梦想。"总书记的话令人振奋，让人耳目一新。2012年11月29日，中国人民会记住这个日子，这是习近平总书记首次提出中国梦。从此，中国梦凝聚着几代中国人的夙愿，体现着中华民族和中国人民的整体利益，承载着中华民族伟大复兴的梦想和每一个中华儿女的共同期盼，走进中国，走向世界，让全体中国人民为之一振，让世界眼前一亮。

一、实现中华民族伟大复兴的中国梦，就是要实现国家富强、民族振兴、人民幸福

实现中华民族伟大复兴，就是中华民族近代以来最伟大的梦想，这种全新的理念，把中华民族的历史、现实、未来以及追求、目标、梦想融为一体。历史是一面镜子，里面装着一个民族的眼泪和欢笑、痛苦和期待。我们不应该忘记鸦片战争的烽火，不应该忘记圆明园的悲伤，不应该忘记卢沟桥的炮声。不忘记历

史，就是为了珍视现在，把握机遇，加快发展，为民族复兴奠定坚实基础；就是为了拥抱未来，凝聚民心，为实现中国梦增加巨大的精神动力。

中华民族是不屈不挠的伟大民族。几千年来，为了民族的复兴，无数仁人志士努力奋斗、肝脑涂地，无数英雄豪杰前仆后继、流血牺牲，最终让中华民族崛起在世界的东方。正是中华民族一代代的坚持，我们的国家不断从黑暗走向光明；正是在中国共产党的正确领导下，我们建立了新中国，在艰难困苦中确立了社会主义基本制度，在改革开放中开辟了中国特色社会主义道路，我们的国家从贫弱走向富强。有梦想的民族充满希望，有希望的民族动力无穷。中国梦是中华民族的梦，是中国人民的梦。一个中国梦，把中华民族多少代人的梦想凝聚在一起，把国家、民族、人民对未来的梦想聚合在一起。同一个中国梦，同一个梦想，让我们真情期待；同一个方向，同一个目标，需要我们努力奋斗。梦想在一起，道路就走在一起，心就在一起，手就拉在一起。为了实现中华民族伟大复兴，让我们从今天做起，努力、努力、再努力。

习近平总书记提出实现中华民族伟大复兴的中国梦后，让全体中国人民眼前一亮，看到了一幅祖国未来的美丽画卷；让世界为之一振，看到了中国改革发展的信心和力量。中国梦是马克思主义基本原理与中国实际和时代特征相结合的典范，是中国特色社会主义的重大思想理论成果，进一步丰富了中国特色社会主义的科学内涵。

中国梦成为当今中国改革发展、创新进步的高昂旋律，成为中国人民凝心聚力、团结奋进的精神旗帜。习近平总书记强调指出："实现中华民族伟大复兴的中国梦，就是要实现国家富强、民族振兴、人民幸福。"这就是中国梦的内涵和本质。

中国梦是国家的梦、民族的梦、人民的梦。中国梦把国家、民族、人民紧紧连在一起，就能把中国的优势发挥出来，把中华民族的力量凝聚起来，把十三亿多人民团结起来，最终为实现中华民族的伟大复兴注入强大动力。实现国家富强、民族振兴、人民幸福，总体方向和目标是一致的，并相互促进，统一于中华民族伟大复兴的中国梦中。

实现中国梦，要实现国家富强。中国人民长期经受贫穷落后的痛苦，深知落后就要挨打的滋味，深知只有国家富强、国家综合实力增强、国际地位提高，才能在发展中赢得主动。实现国家富强，是实现民族振兴、人民幸福的根本要求。

实现中国梦，要实现民族振兴。中华民族是一个拥有五千多年悠久历史的伟大民族，创造了灿烂的中华文明，铸就了伟大的民族精神，为世界文明发展作出了重要贡献。但是，在近代史上，中华民族却受尽屈辱。只有实现民族振兴，中华民族才能屹立于世界民族之林。

实现中国梦，要实现人民幸福。实现人民幸福，是中国共产党人的追求。人民幸福，就会珍惜幸福，发挥出更大的积极性和创造性。习近平总书记说："我们的人民热爱生活，期盼有更好的教育、更稳定的工作、更满意的收入、更可靠的社会保障、更高水平的医疗卫生服务、更舒适的居住条件、更优美的环境，期盼孩子们能成长得更好、工作得更好、生活得更好。”这就是人民的梦想，是对人民幸福生活的生动诠释，让人民看得到，摸得着，有盼头。

二、实现中国梦必须走中国道路，必须弘扬中国精神，必须凝聚中国力量

实现中华民族伟大复兴的中国梦，是中国人民最伟大的梦想。梦想之地繁花似锦，令人向往；梦想之路充满艰辛，要一往无前。实现中国梦，关键是选好路，走好路。习近平总书记深刻指出：“实现中国梦必须走中国道路。这就是中国特色社会主义道路。”

坚持中国特色社会主义道路，是中国共产党和中国人民的正确选择，具有深厚的历史渊源和广泛的现实基础。我们一定要进一步增强对中国特色社会主义的道路自信、理论自信、制度自信、文化自信，在实现中国梦的进程中，坚定不移沿着中国特色社会主义道路奋勇前进。

要实现中国梦，我们必须坚持走中国特色社会主义道路。在长期革命、建设、改革开放的历史进程中，中国人民经过艰苦卓绝的努力，通过艰苦探索实践，终于找到了中国特色社会主义道路。中国特色社会主义道路，为我国的改革发展注入了巨大的活力，提供了强大的动力，为实现中国梦提供了有力保障。这是经过实践、历史、人民检验的正确道路，是实现国家富强、民族振

兴、人民幸福的必由之路。

在当代中国，坚持中国特色社会主义道路，是实现中国梦的必由之路。坚持中国特色社会主义道路，集中体现了中国最广大人民的根本利益，是全面建成小康社会，实现国家富强的必然选择；是实现中华民族伟大复兴，让中华民族屹立于世界民族之林的必然选择；是创造人民美好生活，让中国人民幸福的必然选择。只有社会主义才能救中国，只有中国特色社会主义才能发展中国，只有坚持中国特色社会主义道路才能实现中国梦。只要我们坚定不移走中国特色社会主义道路，义无反顾向前进，我们就一定能实现中国梦。

实现中华民族伟大复兴的中国梦，已经成为全党、全国各族人民的共同目标和共同理想。目标催人奋进，理想令人向往。对中国、对中华民族、对中国人民来说，要实现中国梦，就必须有一种强大的精神力量来支撑。习近平总书记指出："实现中国梦必须弘扬中国精神。这就是以爱国主义为核心的民族精神，以改革创新为核心的时代精神。"这种精神是凝心聚力的兴国之魂、强国之魂。

无论是过去、现在还是将来，我们的祖国能够一路前行，最根本的就是我们拥有一种巨大的精神力量。中国人民具有爱国的优良传统，从"国家兴亡、匹夫有责"、"位卑未敢忘忧国"、"鞠躬尽瘁，死而后已"等名言中，我们感受到的是许多仁人志士浓烈的爱国情怀。爱国主义始终是把中华民族坚强团结在一起的精神力量。我们一定要弘扬伟大的民族精神和时代精神，形成团结一心的精神纽带、增强自强不息的精神动力，永远朝气蓬勃迈向未来。

实现中国梦，必须弘扬以爱国主义为核心的民族精神。中国梦把国家的梦、民族的梦和人民的梦紧紧连在一起。只有国家富强、民族振兴，人民才能过上幸福生活。只有国家好，民族好，大家才会好。实现中国梦，我们要热爱祖国、忠诚祖国、奉献祖国，把个人的成长进步自觉融入到国家、民族的发展进步之中，把个人的利益自觉融入到国家、民族的根本利益之中，立足本职，为国家富强、民族振兴努力工作，作出自己应有的贡献。

实现中国梦，必须弘扬以改革创新为核心的时代精神。当今时代是改革的时代，也是创新的时代。改革创新始终是鞭策我们在改革开放中与时俱进的精神力量。全面深化改革已经进入攻坚期和深水区。只有改革才有出路，不改革就根本没有路；只有创新才有突破，不创新就只能原地踏步。实现中国梦，必须攻坚克难，冲破改革的攻坚期；必须敢于涉险滩，闯过改革的深水区。所以，我们要始终保持一种昂扬向上的改革创新精神，遇河架桥、逢山开路，用改革的办法推进改革，用创新的手段推动发展，努力推进中国特色社会主义伟大事业，不断夯实实现中国梦的物质文化基础。

一个人的成长，一个民族的崛起，一个国家的发展，都需要有梦想。有梦想，就有阳光照耀，就有希望支撑。习近平总书记提出实现中华民族伟大复兴的中国梦后，在十三亿多中国人民中，在港澳同胞、台湾同胞、海外侨胞中引起强烈反响，中华儿女感到非常振奋。中国梦把国家、民族、人民的梦凝聚在一起，成为时代的最强音。中国梦实现之时，就是中华民族伟大复兴之时，就是国家富强、民族振兴、人民幸福之时。

中国梦是国家的梦，是民族的梦，是人民的梦。中国梦归根到底是人民的梦，必须紧紧依靠人民来实现，必须不断为人民造福。实现中国梦必须坚持中国特色社会主义道路。习近平总书记指出："实现中国梦必须凝聚中国力量。这就是中国各族人民大团结的力量。"

实现中国梦必须凝聚中国力量。中国人民拥有同一个中国梦，支撑同一个梦想，就有源源不断的力量。共同的梦想，共同的目标，共同的追求，把中华民族紧紧凝聚在一起。我们要坚持党的群众路线，牢固树立群众观点，在实现中国梦的过程中，要充分相信和依靠群众，充分发挥群众的积极性和创造性，尊重群众的首创精神，善于集中群众的智慧和力量。要把人民放在心中最高的位置，努力实现好、维护好、发展好最广大人民的根本利益，让人民共享改革发展成果，让人民切身感受实现中国梦的实惠，把最广大人民团结在党的周围，成为实现中国梦的强大支撑力量。

实现中国梦必须依靠全体中国人民。实现中国梦，为人民创造更加美好的生活，是一个伟大的系统工程。前景美好，任重道远，需要全体中国人民继续付出辛勤的劳动，作出艰苦卓绝的努力，作出无私的奉献。我们一定要立足岗位、脚踏实地，埋头苦干、求真务实，开拓进取、奋发有为，推进各项事业发展，贡献出自己的智慧和力量，努力为实现中国梦添砖加瓦。中国梦实现之时，我们就可以自豪地说：我努力过，我奉献过。

三、中国梦归根到底是人民的梦，必须紧紧依靠人民来实现，不断为人民造福

实现中华民族伟大复兴的中国梦，承载着国家、民族和人民的梦想。习近平总书记指出："中国梦归根到底是人民的梦，必须紧紧依靠人民来实现，必须不断为人民造福。"总书记把中国梦和人民的梦紧紧联系在一起，成为不可分割的整体。

中国梦归根到底是人民的梦。中国共产党的宗旨是全心全意为人民服务。人民对美好生活的向往，是我们的奋斗目标。中国梦的本质和内涵就是实现国家富强、民族振兴、人民幸福。把中国梦作为人民的梦，中国梦就有了最广泛的群众基础，就能得到全体中国人民的支持和拥护。实现中国梦，就是实现人民的梦，就能激发全体中国人民的创造精神。从本质上来说，中国梦和人民的梦的努力方向、奋斗目标是一致的，根本利益是一致的。中国梦实现之时，就是人民的梦实现之日。全国各族人民一定要牢记使命，心往一处想，劲往一处使，用十三亿多人的智慧和力量汇聚起不可战胜的磅礴力量。

中国梦必须紧紧依靠人民来实现，这充分说明人民是实现中国梦的依靠对象、依靠力量。实现中国梦必须凝聚中国力量，就是全体中国人民的力量。人民，只有人民，才是创造世界历史的动力。同样，人民，只有中国人民，才是实现中国梦的动力。中

国人民是中国梦的实践者、参与者、见证者，是实现中国梦的主体力量。我们要心往一处想，劲往一处使，朝着实现中国梦的共同理想奋进。我们要把中国梦作为自己的梦，立足岗位，用心工作，多作贡献，为梦想而努力奋斗。

中国梦必须不断为人民造福，这是实现中国梦的出发点和落脚点。全心全意为人民服务，为人民谋福祉，为人民谋幸福，是中国共产党的追求。要坚持以民为本、执政为民，关心人民的所思、所想、所盼，关切人民的幸福，努力实现好、维护好、发展好最广大人民的根本利益，切实改善人民的生活，不断提高人民的幸福感，让人民真切感受到中国梦带来的实惠。要按照习近平总书记的要求，让中国人民共同享有人生出彩的机会，共同享有梦想成真的机会，共同享有同祖国和时代一起成长与进步的机会。

四、汇聚起实现中国梦的强大力量，两岸同胞共圆中国梦

习近平总书记在北京会见第七届世界华侨华人社团联谊大会代表并发表重要讲话时提出，团结统一的中华民族是海内外中华儿女共同的根，博大精深的中华文化是海内外中华儿女共同的魂，实现中华民族伟大复兴是海内外中华儿女共同的梦。共同的根让我们情深意长，共同的魂让我们心心相印，共同的梦让我们同心同德，我们一定能够共同书写中华民族发展的时代新篇章。总书记这一番情真意切的话语，在海内外中华儿女中引起强烈反

响，进一步增强了中华民族的凝聚力和向心力，激发了海内外中华儿女为国家富强、民族振兴、人民幸福而奋斗的热情。

团结统一的中华民族是海内外中华儿女共同的根，共同的根让我们情深意长。在世界各地，有几千万海外华侨，他们都是中华大家庭的成员，他们共同拥有一个祖国，他们的根永远在中国。长期以来，一代又一代海外侨胞热情支持中国革命、建设、改革事业，为中华民族发展壮大、促进祖国和平统一大业、增进中国人民同各国人民的友好合作作出了重要贡献。作为中华儿女，根同在、心相连，他们真诚希望祖国团结统一，希望祖国繁荣富强。

博大精深的中华文化是海内外中华儿女共同的魂，共同的魂让我们心心相印。中华文明有着五千多年的悠久历史，是中华民族自强不息、发展壮大的强大精神力量。中华儿女的身上都有鲜明的中华文化烙印。中华文化是中华儿女共同的精神基因，是中华民族不断发展进步的原动力，是连通海内外中华儿女的中国魂。中华儿女有共同的魂，在世界上就会拥有特定的精、气、神。海内外中华儿女都是中华文化的笃信者、传承者、躬行者，都在从中华文化中汲取营养、智慧和力量，不断传承和弘扬中华文化，讲述好中国故事、传播好中国声音，促进中外民众相互了解和理解，为实现中国梦营造良好环境。

实现中华民族伟大复兴是海内外中华儿女共同的梦，共同的梦让我们同心同德。中国梦既是国家梦、民族梦，也是每个中华儿女的梦。实现国家富强、民族振兴、人民幸福，是每一个中华儿女的共同梦想。广大海外侨胞拥有赤忱的爱国情怀、雄厚的经济实力、丰富的智力资源、广泛的商业人脉，是实现中国梦的重要力量。只要海内外中华儿女紧密团结起来，有力出力，有智出智，团结一心奋斗，就一定能够汇聚起实现梦想的强大力量。

自古以来，台湾就是中国领土神圣而不可分割的一部分。大陆同胞和台湾同胞同根同源，是不可分割的。中华民族拥有五千多年的悠久历史和灿烂文化，为人类社会文明发展作出过伟大贡献。两岸同胞对中华民族的认同感，是两岸共圆中国梦的心理基础。实现中华民族伟大复兴，需要两岸同胞共同努力。习近平总书记真诚希望台湾同大陆一道发展，两岸同胞共同来圆中国梦，充分表达了中华民族的共同心声。

实现中华民族伟大复兴，实现国家富强、民族振兴、人民幸福，是中华民族的百年梦想。实现中国梦，让中华民族永远屹立于世界民族之林，是全体中华儿女的共同心声。实现中国梦，是两岸共同发展的必然要求，也是两岸应对各种挑战的现实需要。实现中国梦，是中华民族的共同事业，离不开台湾的参与，需要两岸同胞同心协力。两岸关系的和平发展，全方位交往，为两岸同胞共圆中国梦提供了有力保障。我们比历史上任何时期都更有信心、更有能力实现中华民族伟大复兴的梦想。

“兄弟同心，其利断金。”两岸同胞是一家人，有着共同的血脉、共同的文化、共同的联结、共同的愿景，根在一起，魂在一起，梦在一起，能够携手同心，一起前进。中国梦是两岸共同的梦，中国梦与台湾的前途息息相关，大陆和台湾是休戚与共的命运共同体。只要两岸双方秉持“两岸一家亲”的理念，顺势而为，齐心协力，推动两岸关系和平发展取得更多成果，就能造福两岸民众；只要两岸同胞同心同德、同心同力，共同致力于祖国统一，就能克服前进道路上的一切困难，共圆中华民族伟大复兴的中国梦。

五、任何外国不要指望我们会拿自己的核心利益做交易

2011年9月6日，中国政府发表的《中国的和平发展》白皮书，界定出中国核心利益的范围。中国的核心利益包括：国家主权，国家安全，领土完整，国家统一，中国宪法确立的国家政治制度和社会大局稳定，经济社会可持续发展的基本保障。

习近平总书记在十八届中共中央政治局第三次集体学习时指出，我们要坚持走和平发展道路，但决不能放弃我们的正当权益，决不能牺牲国家核心利益。任何外国不要指望我们会拿自己的核心利益做交易，不要指望我们会吞下损害我国主权、安全、发展利益的苦果。

任何国家，都有自己不可侵犯的核心利益。中国的核心利益，就是中华民族和中国人民的核心利益。维护中国的核心利益，就是维护十三亿多中国人民的根本利益。中国在对外交往中，维护国家核心利益始终是第一位的。

中国人民坚持自己选择的社会制度和发展道路，不允许外部势力干涉中国内政。中国坚持在和平共处五项原则基础上，同所有国家发展友好合作，不同任何国家和国家集团结盟，不以社会

制度和意识形态异同决定国家关系的亲疏。尊重各国人民自主选择社会制度和发展道路的权利，不干涉别国内部事务，反对以大欺小、以强凌弱，反对霸权主义和强权政治。

“任何外国不要指望我们会拿自己的核心利益做交易”，这话听起来很给力、很提气，让人备受鼓舞，给中国人民吃下了一颗定心丸。这充分表明了党和国家维护国家核心利益的坚定信心和原则立场。

维护中国的核心利益，既要维护中国特色社会主义制度、维护国家安全，又要维护国家主权和领土完整，任何国家不得干预中国内政，不得破坏中国的领土完整，维护国家的核心利益，党和国家有责任，人民有责任，我们应该共同担负起这份责任。维护中国经济社会的持续稳定发展，让人民过上幸福生活。

新中国成立以来，在中国共产党领导下，中国的综合国力显著提高，中国完全有能力维护好国家核心利益。旧中国出卖国家核心利益的历史早已一去不复返了，我们再也不会拿自己的核心利益做交易。中国正在全力推进中国特色社会主义伟大事业，我们会用发展的办法来解决前进道路上的困难，一路前行，不会受到任何干扰，不会出卖国家核心利益。任何指望中国会拿核心利益做交易的想法，都是幼稚可笑的。在维护国家核心利益上，中国有底气，中国人民有骨气！

第二节　所有人要拧成一股绳去干事创业

中国共产党是马克思主义执政党，全心全意为人民服务是党的根本宗旨，国家、民族、人民的根本利益是我们党最大的利益。党的事业就是国家的事业、民族的事业、人民的事业。习近平总书记深刻指出：“我们的目标越伟大，我们的使命越艰巨，就越需要所有人拧成一股绳去干事创业。”实现我们的长远目标和近期目标，完成我们的长远使命和近期使命，需要全党、全国人民的共同努力。

目标越伟大，使命越艰巨，越需要把全党全国人民团结起来。团结就是力量，团结出凝聚力、出战斗力、出生产力。十三亿多中国人民团结起来，8900多万名共产党员团结起来，拧成一股绳去干事创业，心往一处想，劲往一处使，就能化作巨大的力量，朝着伟大的目标迈进。

一、幸福不会从天而降，梦想不会自动成真，干事创业才有希望

人在饥饿难忍，前没有村、后没有店时，会想到要是天上掉

下馅饼，该是多好的事；人行走在漫无边际的沙漠中，饥渴难耐时，会想到天上的银河水淌下来，该是多好的事。但是，天上本没有馅饼，更不会自动掉下馅饼；天上的银河本没有水，更不会自动淌水。肚子饿，要靠劳动去创造，种植庄稼，收获粮食；口渴了，要靠一路奔走，寻找到水源。

习近平总书记指出："幸福不会从天而降，梦想不会自动成真。"这是一个朴实而深刻的道理。天上本没有幸福，幸福不会从天而降。农村老人告诫孩子要早起劳动时说：天上掉下一个金鸭蛋，你也要起早一点，不然就被别人拾走了。可见，幸福不在天上，就在我们自己的手上，就在我们的劳动中。

向往美好生活，期待幸福日子，这是中国人民的追求。我们共同拥有中华民族伟大复兴的中国梦，但是，梦想不会自动成真，不会自动变成现实，需要我们去努力。如果梦想可以自动实现，也就不叫梦想了。实现"两个一百年"奋斗目标，开创中华民族伟大复兴的美好未来，我们必须坚持一切为了人民，必须依靠辛勤劳动、诚实劳动、创造性劳动，实现对美好生活的向往。

渴望幸福，不能望梅止渴，不能画饼充饥；有美好梦想，有真情期待，不能坐下来等待。总书记告诫我们，劳动是财富的源泉，也是幸福的源泉。只要我们坚持劳动，就能创造出无穷的财富，获得源源不断的幸福。幸福要靠我们的劳动去创造，梦想要靠我们的双手去实现，需要我们行动起来，依靠辛勤劳动、诚实劳动、创造性劳动，不断用劳动创造财富，积累社会财富，夯实幸福的物质基础。

全面建成小康社会、全面深化改革、全面依法治国、全面从严治党，是党中央从坚持和发展中国特色社会主义全局出发提出的战略布局，是党中央治国理政的总方略，是实现“两个一百年”奋斗目标、实现中华民族伟大复兴的中国梦的“路线图”，我们担当的使命十分艰巨，需要付出艰苦的努力。

在建设中国特色社会主义的伟大实践中，在全面建成小康社会的攻坚期，在全面深化改革的关键时期，在全面依法治国、全面从严治党的进程中，我们一定要把所有人团结起来，把所有人的力量聚集起来，朝着同一个方向用力，同时发力，凝心聚力推动发展，只有这样，我们才能不断解决改革发展中的问题，不断战胜前进道路上的困难。

各级领导干部要把团结摆在突出位置，增强人民力量无穷的意识，把人民放在心中最高的位置，把实现好、维护好、发展好最广大人民的根本利益作为一切工作的出发点和落脚点，努力维护社会公平正义，让人民共享改革发展成果。要坚持党的群众路线，把最广大人民团结起来，充分相信和依靠群众，善于集中群众的智慧，注重发挥各方面的积极性和创造性，共同干事创业，为了共同的目标共同团结奋斗。

劳动光荣，工作快乐。实现中国梦的过程，就是一个劳动创造的过程，就是一个追求成功、享受幸福的过程。我们要牢记“空谈误国，实干兴邦”，凝心聚力、团结奋进，立足本职、爱岗敬业，努力工作、多作奉献，从一点一滴做起，从一天一天干起，为实现中国梦作出贡献。

二、牢记民族团结是我国各族人民的生命线，使各民族人心归聚、精神相依

我国是拥有56个民族的社会主义国家。做好民族工作，关键是搞好民族团结。民族团结关系到改革、发展、稳定的大局，关系到全面建成小康社会、建成社会主义现代化国家、实现中华民族伟大复兴的中国梦，关系到社会和谐稳定和各族人民的福祉。习近平总书记深刻指出："民族团结是我国各族人民的生命线。"我们只有守好民族团结这条生命线，把民族团结作为我国各民族人民生存和发展的根本保证，才能推进中国特色社会主义伟大事业。

守护民族团结这条我国各族人民的生命线，要坚持和完善民族区域自治制度。民族区域自治制度是我国必须长期坚持的基本政治制度之一，是建设中国特色社会主义政治的重要内容，是少数民族地区实现经济社会持续健康发展的根本保证。实行民族区域自治，是中国共产党根据我国的历史发展、文化特点、民族关系和民族分布等具体情况作出的制度安排，符合各民族人民的共同利益和发展要求。在新的历史时期，我们一定要坚持和完善民族区域自治制度，把握各民族共同团结进步、共同繁荣发展的民族工作主题，坚定不移执行党的民族政策，广泛开展民族团结教育，建设各民族共有精神家园，全面提高做好民族工作的能力和水平，推进民族团结进步事业，巩固和发展平等、团结、互助、和谐的社会主义新型民族关系，使各民族人心归聚、精神相依。

守护民族团结这条我国各族人民的生命线，要持续推进民族地区经济社会发展。要高度关注民族地区的发展和各族人民的生活改善，加大民族地区的扶持力度，加大扶贫开发力度，增强民族地区发展的动力和活力，让各民族群众早日脱贫致富，在全面建成小康社会中决不让一个兄弟民族掉队、决不让一个民族地区落伍。

守护民族团结这条我国各族人民的生命线，要大力繁荣民族文化。民族文化是中华民族优秀传统文化的重要组成部分，要珍视民族文化，有效保护和挖掘民族文化资源，加快民族文化建设，加强民族团结进步教育，进一步培育和践行社会主义核心价值观，建设各民族人心归聚、精神相依的共有精神家园。

三、改革开放是亿万人民自己的事业，必须坚持尊重人民首创精神

1978 年，安徽省凤阳县小岗村 18 位农民冒着极大的风险，在土地承包责任书上按下了红手印，立下生死状。一个出了名的穷村从此成为我国农村改革的发源地，拉开了我国农村土地联产承包责任制等改革的序幕。土地联产承包责任制极大地调动了我国广大农民的积极性和创造性，极大地解放了我国农村的生产力。从 18 个鲜红的手印中，我们看到了小岗村从吃不饱、穿不暖走向“中国十大名村”的轨迹，我们看到的是中国农民的首创精神。

中国人民是建设中国特色社会主义伟大事业的实践主体，是

中国改革开放的依靠力量。习近平总书记指出：“改革开放是亿万人民自己的事业，必须坚持尊重人民首创精神，坚持在党的领导下推进。”

实践证明，改革开放是中国人民的伟大创造，改革开放在认识和实践上的每一次突破和发展，改革开放中每一个新生事物的产生和发展，改革开放每一个方面经验的创造和积累，无不来自亿万人民的实践和智慧，人民群众在改革开放中发挥着巨大的作用，是改革开放的主体力量。改革开放一刻也离不开人民群众，改革开放的成功离不开人民群众的有力推动。

尊重人民的首创精神，要把人民摆在心中最高的位置。中国共产党是马克思主义执政党，全心全意为人民服务是我们党的宗旨，实现好、维护好、发展好最广大人民的根本利益是我们党一切工作的出发点和落脚点。要坚持党的群众路线，深入实际，深入群众，广泛听取群众的意见和建议，把群众的智慧集中起来，找准突破口，重点推进改革。

尊重人民的首创精神，要坚持人民的主体地位。要牢记群众是真正的英雄，充分尊重人民意愿，统一思想认识，形成广泛共识，让广大群众自觉参与改革、支持改革、投身改革、推动改革。要坚持以人为本、执政为民，让人民共享改革发展成果，关注民生、改善民生，激发全社会的创造活力，夯实深化改革的群众基础。

尊重人民的首创精神，要充分发挥人民作为中国特色社会主义建设者的作用。在改革开放的实践中，我们一定要真心实意依靠全体中国人民，尊重劳动、尊重知识、尊重人才、尊重创造，充分调动人民的积极性和创造性，充分发挥人民的智慧和力量，把全体人民团结和引导到建设中国特色社会主义的伟大事业中。

四、营造鼓励人们干事业、支持人们干成事业的社会氛围，共同为改革想招、一起为改革发力

党和国家的事业，就是人民的事业。实现中华民族伟大复兴的中国梦，必须凝聚全体中国人民的力量，全心全意依靠十三亿多中国人民，充分发挥人民的聪明才智，充分发挥人民的积极性和创造性，汇聚成巨大的力量，才能让梦想成真。

我们党提出，营造鼓励人们干事业、支持人们干成事业的社会氛围，放手让一切劳动、知识、技术、管理和资本的活力竞相迸发，让一切创造社会财富的源泉充分涌流，以造福于人民。

要鼓励人们干事业。为了生存和发展，为了追求美好生活，人人都要干事，都想干一番事业。这是一种良好的社会心态。社会财富靠人人创造。小河淌水大河满，小河无水大河干，每个人的“小”事业加起来，就能汇聚成人民的大事业。只有人人都想干事业，人人干成事业，我们党才会干成大事业。我们要保护人们干事业的积极性，鼓励人们干事创业，为国家多作贡献。

要支持人们干成事业。干成事业不容易，一开始就要下很大的决心，发挥自身优势，把干事业的路子找对。干成事业要找准自己的定位，担当很大的风险，才能把事业做大。干成事业是一件劳心劳力的事。同时，干成事业也是一件享受成功快乐的事。

在人们干事业的过程中，我们要尽一切可能支持他们，帮助他们，为他们搭建平台，为他们营造良好的发展环境。要维护社会公平正义，不看背景、不看关系、不靠门道，让人们享有平等的机会，享有平等的条件，公平参与竞争。这样，我们就能激发人们干事业的动力，形成人才辈出、人尽其才的生动局面，让人人都想干事业、都能干事业、都干成事业，这样，全社会就会充满干事创业的创造活力。

全面深化改革是一个复杂的系统工程，涉及面广，覆盖领域宽，是一场深刻的革命。全面深化改革不仅仅是推进一个领域的改革，也不是推进几个领域的改革，而是推进所有领域的改革，最终实现国家治理体系和治理能力现代化的目标。习近平总书记要求各地区各部门“引导广大干部群众共同为改革想招、一起为改革发力”。

改革开放以来，我们每一次在认识上的突破和在实践上的创新，每一次改革的成功实施，都离不开群众的智慧，无不来自群众的实践。农村家庭联产承包责任制是 20 世纪 80 年代初期在农村推行的一项重要的改革，是农村土地制度的重要转折，也是中国农村现行的一项基本经济制度。这项改革就是来自农民的创造。40 年前，安徽省凤阳县小岗村的 18 位农民在一纸分田到户的“大包干”生死契约上按下鲜红的手印，拉开了中国农村改革的序幕。

完成改革任务，实现改革目标，需要顶层设计，更需要紧紧依靠人民，要鼓励地方、基层、群众解放思想、积极探索，鼓励不同区域进行差别化试点。要充分调动各方面积极性，狠抓工作落实。改革任务越繁重，我们越要依靠人民群众支持和参与，善于通过提出和贯彻正确的改革措施带领人民前进，善于从人民的实践创造和发展要求中完善改革的政策主张，让人民群众感受到实实在在的改革成效。

随着全面深化改革的推进，会触及越来越多的深层次矛盾，会遇到越来越多的困难和问题，会遇到越来越错综复杂的既得利益羁绊。破解改革难题、闯过改革难关，需要我们敢于担当、攻坚克难，更需要发挥广大干部群众的作用。要善于引导干部群众共同为改革想招，一起为改革出力，各展其能、各尽其力，形成万众一心谋改革、携手共进促改革的新局面。

闭门造车出门不合辙，改革切忌关门拍脑袋。众人拾柴火焰高。全面深化改革，必须坚持党的群众路线，充分调动干部群众的积极性和创造性。改革的“招”从哪里来？要广泛征求群众的意见和建议，问计于民，共同想招，要发挥干部群众的聪明才智，善于集中民智，集思广益，破解改革难题。这样，我们就没有冲不破的藩篱，没有攻克不了的难关。

五、青年要扣好人生的第一颗扣子，同人民一道拼搏、同祖国一道前进

在现实生活中，我们不难看到，有的人好不容易花大价钱买了一件漂亮的衣服，想在朋友或同事面前显摆一下，却在匆匆忙忙中把扣子扣错了，把第一粒扣子扣进了第二个扣眼儿，结果闹

出了大笑话，弄得自己狼狈不堪。衣服的扣子扣错是一个小失误，可以很快改过来，但是，如果人生的扣子从一开始就扣错，那就是一个很大的错误，要付出沉重代价。

青年时代是人生的黄金期，青年处在价值观形成和确立的时期，是人生的起步阶段和关键时期。习近平总书记要求青年“人生的扣子从一开始就要扣好”，这一朴素生动的比喻，蕴含丰富的人生哲理，深刻揭示了社会主义核心价值观教育抓早、抓小、抓实的重要性，充分体现了总书记对中国青年一代的厚爱，殷切希望广大青年自觉践行社会主义核心价值观，努力在实现中华民族伟大复兴中创造自己的精彩人生。

青年是国家的未来和民族的希望，青年的精神状态决定着国家的发展状态。培养好青年，关系到我们党的事业后继有人。青年一代要自觉用社会主义核心价值观来武装头脑，内化于心，外化于行，转化为具体的实际行动，把成长进步与国家、民族的命运紧密结合起来，自觉抵制拜金主义、个人主义、享乐主义等，自觉为国家富强、民族振兴、人民幸福而努力奋斗。

青年最富有朝气、最富有梦想，青年兴则国家兴，青年强则国家强。青年一代扣好人生的第一粒扣子，就是要走好人生的第一步。一步错，步步错；一步好，步步好。要在勤学、修德、明辨、笃实上下功夫，加强道德修养、注重道德实践，善于明辨是非、善于决断选择；要立志报效祖国、服务人民，从现在做起，从每一天做起，自觉向实践和人民学习，扎扎实实干事、踏踏实实做人，做到知行合一，不断提高自己的本领，不要好高骛远、眼高手低。

社会主义核心价值观集中体现了国家发展、社会进步、个人成长的价值追求。“青春须早为，岂能长少年！”（唐·孟郊《劝学》）广大青年要从点滴小事做起，自觉践行社会主义核心价值观，展现精神风貌。同时，要发挥青年的优势，努力弘扬和传播社会主义核心价值观，影响和带动更多的人。在日常生活和工作中要吃苦在前、奉献在前，求真务实、勇于担当，用行动说话，坚守价值追求，做到知行合一，用自己的行为和品格影响带动群众，不断汇聚实现中国梦的强大精神力量。

2000 年，河北保定学院的 15 名毕业生响应国家西部大开发的号召，毅然放弃多家用人单位的录用及继续深造的机会，来到了新疆且末县中学任教。截至 2013 年，河北保定学院已有 97 名毕业生在新疆、西藏、贵州等地开展基层工作。虽然工作生活条件艰苦，但是十几年来没有一人退缩，这些毕业生全部扎根在西部大地，为西部的发展作出自己的努力。

青年是国家和民族的未来和希望，中国的当代事业发展离不开青年，中国的未来发展离不开青年。2014 年五四青年节即将到来之际，习近平总书记在给河北保定学院西部支教毕业生群体代表回信时指出：“同人民一道拼搏、同祖国一道前进，服务人民、奉献祖国，是当代中国青年的正确方向。”这是总书记对当代青年的殷切希望，饱含深情期待，是当代青年必须坚持的努力方向。广大青年要自觉投入到建设中国特色社会主义的伟大实践中，在实现中国梦中绽放出青春的光彩。

要同人民一道拼搏。实现中华民族伟大复兴的中国梦，承载了多少代中国人民的梦想，也承载着当代中国青年的梦想。有梦想，就有希望。梦想不会自动实现，需要奋斗拼搏。广大青年要同人民一道拼搏，就是要与人民同心同德同拼搏，始终高举中国特色社会主义伟大旗帜，坚定中国特色社会主义道路自信、理论自信、制度自信、文化自信，奋力开创中国特色社会主义事业新局面。

要同祖国一道前进。全面建成小康社会，建设社会主义现代化强国，需要当代青年贡献出无穷的力量。广大青年要把自己的成长进步，自觉融入实现国家富强、民族振兴、人民幸福的伟大进程中，与祖国同行，与祖国一道前进，跟上祖国前进的步伐，不断贡献自己的力量，展现自己的风采，创造精彩的人生。

要服务人民、奉献祖国。要始终对人民怀着一颗感恩的心，自觉投入人民的怀抱，在各自的岗位上为人民服务，为人民谋幸福，让人民过上幸福美满的生活。要把人民的幸福作为自己的幸福，把人民的快乐作为自己的快乐，努力为人民排忧解难，在服务人民中锻炼成长。要到祖国最需要的地方去，艰苦奋斗，努力工作，奉献祖国，在回报祖国中体现人生价值。

第三节　新时代属于每一个人

习近平总书记在 2015 年新年贺词中深情地说：“为了做好这些工作，我们的各级干部也是蛮拼的。当然，没有人民支持，这些工作是难以做好的，我要为我们伟大的人民点赞。”

总书记为人民“点赞”，一下子让十三亿多中国人民倍感温暖、备受鼓舞。这也成为党和国家送给人民的最重的新年礼物，人们争相传递总书记的“点赞”，喜形于色。总书记用一个网络流行语“点赞”来称赞人民，我们深切地感到总书记对人民支持党和政府工作的高度心理认同和感激之情。总书记“点赞”人民，让人民得到了极大的尊重和理解。有这声“点赞”，过去一年所有的努力都得到了认同。总书记“点赞”人民，必将温暖民心、增强信心，激发人民投身中国特色社会主义伟大事业，为实现国家富强、民族振兴、人民幸福而努力奋斗。

习近平总书记在新年贺词中还充分肯定“我们的各级干部也是蛮拼的”。总书记一句“蛮拼的”，是对各级干部的充分肯定和激励。有这句温暖无比的话，过去的一年再苦再累，心里也是高兴的，也是有成就感的。在新的一年里，我们还要继续努力拼搏、开拓奋进，立足岗位、尽职尽责，用心用力、做好工作，为党和人民的事业发展作出新的贡献。

一、我们都是新时代的主人翁，是新时代的见证者、开创者、建设者

习近平总书记提出："新时代属于每一个人，每一个人都是新时代的见证者、开创者、建设者。"总书记的这句大实话，一下子拉近了全体中国人民和中华儿女与新时代的联系，深刻揭示了每个人与新时代共生共荣、相互依存的关系。

新时代为每个人提供了成长成才、干事创业的机遇和舞台，每个人都可以为新时代增光添彩。随着中国特色社会主义进入新时代，我们每个人身处新时代，都不是置身事外的旁观者，更不是无关紧要的局外人。我们必须自觉融入新时代，投入新时代。因为，新时代是属于我们每一个人的，谱写新时代的新篇章，创造新时代的新辉煌，需要我们每一个人同心协力、不懈奋斗，实现对美好生活的向往，共享新时代的发展成果。

每个人都是新时代的见证者。党的十八大以来，中国特色社会主义进入了新时代。我们见证到，在以习近平同志为核心的党中央坚强领导下，神州大地发生了翻天覆地的变化，经济建设取得重大成就，全面深化改革取得重大突破，思想文化建设取得重

大进展，人民生活不断改善，生态文明建设成效显著，强军兴军开创新局面，港澳台工作取得新进展，全方位外交布局深入展开，全面从严治党成效卓著。这些伟大成就，让我们的获得感、幸福感、安全感大幅提升。

每个人都是新时代的开创者。党的十八大以来，我们党以巨大的政治勇气和强烈的责任担当，提出一系列新理念新思想新战略，出台一系列重大方针政策，推出一系列重大举措，推进一系列重大工作，解决了许多长期想解决而没有解决的难题，办成了许多过去想办而没有办成的大事，推动党和国家事业发生历史性变革。进入新时代，推动党和国家事业发展，需要我们做开创者，不做等待观望者，更不做坐享其成者。要自觉适应新时代的要求，在习近平新时代中国特色社会主义思想指引下，坚持解放思想、实事求是、与时俱进、求真务实，立足本职、攻坚克难，打赢三大攻坚战，推动经济社会高质量发展，不断开创事业发展新局面。

我们每个人都是新时代的建设者。幸福是奋斗出来的。人民是历史的创造者，人民是真正的英雄。在中华文明的发展进程中，在中华民族从站起来、富起来到强起来的伟大飞跃中，都凝聚着人民的辛勤和智慧，都有一代又一代中国人民的接续奋斗。在这个充满生机活力、四处洋溢希望的新时代，我们党团结带领全国各族人民，夺取中国特色社会主义伟大胜利。决胜全面建成小康社会，建设富强民主文明和谐美丽的社会主义现代化强国，实现中华民族伟大复兴的中国梦，需要我们每个人都做建设者，都做追梦人，需要全体中国人民和中华儿女要戮力同心、奋力向前，投身到新时代的建设事业中，为新时代增光添彩，作出自己应有的贡献。

一个时代有一个时代的主题，一代人有一代人的使命。习近平总书记向全党全国人民发出奋进新时代的伟大号召："只要精诚团结、共同奋斗，就没有任何力量能够阻挡中国人民实现梦想的步伐！"我们相信，十三亿多中国人民和全体中华儿女心往一处想、劲往一处使，只要每一个人都做新时代的见证者、开创者、建设者，就能汇聚起强大的力量，就能无往不胜、一路凯歌，不断创造中国人民的美好生活，让中华民族傲然屹立于世界民族之林。

二、每一代人有每一代人的长征路，每一代人都要走好自己的长征路

伟大的中国工农红军长征取得了伟大的胜利，已经载入中国共产党、中华人民共和国和中华民族的光辉史册。

中国共产党是胸怀共产主义远大理想的马克思主义政党，长期进行伟大长征，从来就没有停下脚步：我们党团结带领中国人民进行 28 年浴血奋战，打败日本帝国主义，推翻国民党反动统治，完成新民主主义革命，建立了中华人民共和国；完成社会主义革命，确立社会主义基本制度，消灭一切剥削制度，推进了社会主义建设；开启改革开放新的伟大革命，极大地激发了广大人民群众的创造性，极大地解放和发展了社会生产力，极大地增强

了社会发展活力，人民生活显著改善，综合国力显著增强，国际地位显著提高。中国彻底摆脱被开除球籍的危险，创造了人类社会发展史上惊天动地的发展奇迹，使中华民族焕发出新的蓬勃生机。

习近平总书记指出：“每一代人有每一代人的长征路，每一代人都要走好自己的长征路。”我们这一代人的长征，就是实现“两个一百年”奋斗目标、实现中华民族伟大复兴的中国梦的新长征。走好我们的长征路，坚持和发展中国特色社会主义，推动经济社会持续健康发展，是我们肩负的职责和使命。

今天我们进行的长征，是具有开创性、艰巨性、复杂性的事业。在我们的长征中，要坚持和发展中国特色社会主义伟大事业，扎实有效推进党的建设新的伟大工程，夺取许多具有新的历史特点的伟大斗争新胜利，需要我们敢于面对困难，善于解决困难，不断攻坚克难，不断取得新的胜利。

走好我们的长征路，需要我们始终高举中国特色社会主义伟大旗帜，坚定中国特色社会主义道路自信、理论自信、制度自信、文化自信。

走好我们的长征路，需要我们始终牢固树立政治意识、大局意识、核心意识、看齐意识，在思想上、政治上、行动上与以习近平同志为核心的党中央保持高度一致，自觉维护党的团结和统一，自觉维护党中央权威，认真贯彻党中央的决策部署。

走好我们的长征路，需要我们始终坚持党的群众路线，密切党与人民群众的血肉联系，不断提高人民的幸福指数，把最广大的人民团结在党的周围，从而得到人民的支持和拥护。

走好我们的长征路，需要我们统筹推进“五位一体”总体布局，协调推进“四个全面”战略布局，坚持创新、协调、绿色、开放、共享的新发展理念，把发展作为第一要务，推动经济社会持续健康发展，不断提高综合国力。

走好我们的长征路，需要我们始终坚持全面从严治党，创新推动党的建设，深入推进党风廉政建设和反腐败斗争，切实整治不良作风，不断提高党的凝聚力和战斗力。

三、让中国人民共同享有人生出彩的机会，共同享有梦想成真的机会，共同享有同祖国和时代一起成长与进步的机会

中国人民是勤劳、善良、朴实的人民，都有一颗上进心，都有美好的梦想，都对未来充满希望。有梦想就有目标，有目标就有方向，有方向就有奋斗，有奋斗就有未来。中国人民已经走进了希望的田野，走进了开满鲜花的新时代。

习近平总书记指出：“生活在我们伟大祖国和伟大时代的中国人民，共同享有人生出彩的机会，共同享有梦想成真的机会，共同享有同祖国和时代一起成长与进步的机会。”

习近平总书记提出的这三个“共同享有”，是我们党坚持以民为本、执政为民的具体体现，令人振奋，令人憧憬，激发起中国人民追求梦想的希望和动力。

中国人民共同享有人生出彩的机会，每一个人都可以追求人

生价值，创造出精彩人生；中国人民共同享有梦想成真的机会，只要把个人的梦想自觉融入到中华民族伟大复兴的中国梦中，不懈追求，努力奋斗，就能实现自己的梦想；中国人民共同享有同祖国和时代一起成长与进步的机会，我们遇上了千载难逢的好时代，只要努力学习、提高本领，努力工作、多作贡献，就能不断成长进步。

党和国家致力于维护社会公平正义，促进社会和谐，努力为人民创造人生出彩的平等机会，努力为人民实现梦想搭建共同平台，努力为人民成长进步提供舞台。我们党坚持科学发展，努力维护人民公平发展、公平竞争的权利，在经济社会发展的基础上，建立以权利公平、机会公平、规则公平为主要内容的社会公平保障体系，让人民共享改革发展成果，让全体人民实现学有所教、劳有所得、病有所医、老有所养、住有所居，朝着共同富裕方向稳步前进。

我们的人民有地位、有尊严。机会就在面前，关键靠我们自己把握。梦想不会自动实现，需要我们共同努力。只要我们自觉投入到实现中国梦的伟大实践中，团结奋进、艰苦奋斗，立足岗位、扎实工作，诚信敬业、无私奉献，就能让人生出彩，就能实现自己的梦想，就能不断成长进步。

四、让全体中国人民和中华儿女在实现中华民族伟大复兴的历史进程中共享幸福和荣光

实现人民对美好生活的向往，是中国共产党的初心所在，是

中国共产党为之奋斗不止的目标，是我们决胜全面建成小康社会、实现中华民族伟大复兴的目标所在。中国共产党成立近百年来，正是坚持人民立场，坚持人民主体地位，把人民放在心中最高的位置，坚守为人民谋幸福、为民族谋复兴的初心和使命，才能团结带领全国各族人民从一个胜利走向又一个胜利，中国共产党才能成为中国人民和中华民族的主心骨。

习近平总书记提出“让全体中国人民和中华儿女在实现中华民族伟大复兴的历史进程中共享幸福和荣光”，引起社会各界热烈反响。“共享幸福和荣光”，这一贴心暖心的话，让全体中国人民和中华儿女都感到无比温暖，对未来充满期待。在实现中华民族伟大复兴的历史进程中，共享幸福，就是最大的幸福，共享荣光，就是最大的荣光，这必将增强中华民族的凝聚力和向心力，极大鼓舞全国各族人民万众一心，奋进新时代，走向新辉煌。

在习近平新时代中国特色社会主义思想中，人民始终处在最核心的地位。让全体中国人民和中华儿女在实现中华民族伟大复兴的历史进程中共享幸福和荣光，我们必须认真贯彻习近平新时代中国特色社会主义思想，始终坚持人民立场，坚持人民主体地位，虚心向人民学习，倾听人民呼声，汲取人民智慧，把人民高兴不高兴、满意不满意、答应不答应作为衡量一切工作得失的根本标准，着力解决好人民最关心最直接最现实的利益问题。让全体中国人民和中华儿女在实现中华民族伟大复兴的历史进程中共享幸福和荣光，进一步彰显了我们党始终把人民放在心中最高的位置，一切为了人民，为了人民的幸福，为了人民的美好生活，进一步彰显了中国梦是国家的梦、民族的梦，归根到底是人民的梦。

新时代属于每一个人，每一个人都是新时代的见证者、开创者、建设者。创造新时代的辉煌，我们只有虚心向人民学习，倾听人民呼声，汲取人民智慧，团结人民共同奋斗，才能形成勇往直前的强大力量。只要坚持全心全意为了人民、真心实意依靠人民，始终与人民心心相印、与人民同甘共苦、与人民团结奋斗，我们党就能永远走在时代前列。

让全体中国人民和中华儿女在实现中华民族伟大复兴的历史进程中共享幸福和荣光，我们要按照新时代坚持和发展中国特色社会主义的基本方略，统筹推进“五位一体”总体布局，协调推进“四个全面”战略布局，持续推动经济社会健康发展，不断提高经济发展质量，让中国特色社会主义的优越性充分展现出来，让中华民族的影响力、凝聚力更加充分地展示出来，让全体人民在共享改革发展成果中实现共同富裕。

让全体中国人民和中华儿女在实现中华民族伟大复兴的历史进程中共享幸福和荣光，要弘扬中国人民的伟大创造精神、伟大奋斗精神、伟大团结精神、伟大梦想精神，不断激发推动经济社会发展进步的强大动力。要适应我国社会主要矛盾已经转化为人民日益增长的美好生活需要和不平衡不充分的发展之间的矛盾，把人民高兴不高兴、满意不满意、答应不答应作为衡量一切工作得失的根本标准，着力解决好人民群众最关心最直接最现实的利益问题，以更大的力度、更实的措施保障和改善民生，不断增强人民的幸福感、获得感和安全感。

第四节　我们都在努力奔跑

习近平总书记在2019年新年贺词中说“我们都在努力奔跑，我们都是追梦人”，让全国人民心中无比温暖。细心的人们发现，习近平总书记在这句话中两次用了“我们”，而没有用“你们”，因为，总书记就在我们中间，总书记也在努力奔跑，总书记也是追梦人，总书记就和我们在一起，带着我们奔跑追梦。习近平总书记深情回望2018年极不平凡的追梦之旅，热情礼赞每一位奋斗者，满怀信心寄语亿万人民勇敢踏上追寻梦想的新征程。一份深情、一份期待、一份嘱托，激励着每一个人向着梦想之地奔跑，在追梦中成就梦想。

一、人民有信仰，国家有力量，民族有希望

信仰是对世界观、人生观、价值观的信奉敬仰，并长期坚持和坚守的行为准则。人民的信仰是国家和民族的根本性问题。习近平总书记指出：“人民有信仰，国家有力量，民族有希望。”

人民有信仰，是民族的希望所在，是国家的力量源泉。信仰

的力量是无穷的。中华民族五千多年的历史告诉我们，一个国家和民族要生存和发展，在任何艰难困苦的情况下人民都要有信仰。近代以来，一代又一代仁人志士和人民群众为国家和民族救亡图存英勇奋斗，为实现中华民族的伟大复兴艰苦探索，靠的就是信仰；为实现民族独立和人民解放，为建立新中国，中国人民进行了无数艰苦卓绝的斗争，靠的就是信仰；通过社会主义革命、建设和改革，中国人民把一个极度贫困的旧中国发展成为充满生机活力的世界第二大经济体，靠的就是信仰。

人一旦丧失信仰，就会迷失人生的航向，就会在堕落中失去人生价值。一个国家、一个民族要同心同德向前进，必须有共同的理想信念作支撑。人民没有信仰，就会精神颓废空虚，缺乏进取精神，国家和民族就会缺乏发展的动力。

人民有坚定的信仰，就能凝聚国家和民族发展进步的力量。实现全面建成小康社会，建设社会主义现代化强国，实现中华民族伟大复兴的中国梦，实现国家富强、民族振兴、人民幸福，关键是人民要有信仰，有共同的理想信念、共同的精神支柱、共同的奋斗目标。十三亿多中国人民有信仰，中华民族就充满希望，就能傲然屹立于世界民族之林；十三亿多中国人民有信仰，中国就能经受住国际风云变幻的考验，就能在激烈的世界竞争中赢得主动，不断推进中国特色社会主义伟大事业。

统筹推进“五位一体”总体布局，协调推进“四个全面”战略布局，要坚持“两手抓、两手都要硬”的战略方针，在建设社会主义物质文明的同时，不断加强社会主义精神文明建设。我们要按照习近平总书记的要求，在全党全社会持续深入开展建设中国特色社会主义宣传教育，高扬时代主旋律，唱响时代正气歌，不断增强中国特色社会主义道路自信、理论自信、制度自信、文化自信，让全国各族人民坚定理想信念，向着更加美好的明天前进。

二、国家好，民族好，大家才会好

无论是古代、近代，还是当代，中国人民始终怀有一种浓浓的爱国情怀、家国情结，一代一代传承着爱国主义和民族精神。在这种深厚的家国文化中，每个人都把自己的前途命运与国家、民族的前途命运联系在一起。国之不存，家将焉附？没有国家，没有民族，就不可能有家，就不可能有个人。历史上涌现出的无数英雄人物，都是在保家卫国中建立了卓越功勋，谱写了爱国主义的壮丽篇章，为后人传颂。

习近平总书记提出“国家好，民族好，大家才会好”，这句平实的话语，听起来十分亲切，具有深刻的内涵和外延。中国人民的理想梦想、前途命运、幸福福祉，都与国家、民族的前途命运紧紧联系在一起。

我国改革开放的总设计师邓小平同志说“我是中国人民的儿子，我深情地爱着我的祖国和人民”，深深地打动了每一个中国人的心。邓小平同志把自己的一生融入国家富强、民族振兴的伟大事业中，受到了中国人民的爱戴。

从“我们都有一个家，名字叫中国”、“都说国很大，其实一个家”、“家是最小国，国是千万家”这些歌词里，我们可以看到家与国不可分割的联系。只有国家繁荣富强、民族崛起复兴，人民才能实现梦想，创造精彩人生，不断成长进步，过上幸福美满的生活。

只有国家强盛、民族振兴，人民才有幸福。我们始终要有一颗感恩的心，感谢国家和人民在我们个人的成长进步中给予的帮助支持、呵护爱护。我们要用自己的努力、自觉的贡献，来回报祖国和人民。

我们一定要牢固树立大局意识，把个人的梦想自觉融入到实现中华民族伟大复兴的中国梦中，把个人的成长进步融入到民族振兴中，把个人的快乐融入到人民幸福中，把小“家”融入到大“国”里，立足本职、爱岗敬业，无私奉献、多作贡献。

三、心有目标，在努力奔跑中追逐梦想

有梦想的国家就有富强的希望，有梦想的民族就有振兴的方向，有梦想的人民就有幸福的动力。梦想就是远方升起的太阳，想拥抱太阳，想享受太阳的温暖，就必须一直向前奔跑，即使面对狂风暴雨也不停息，要在追梦中不断靠近梦想，最终实现梦想。

“我们都在努力奔跑。”正因为马不停蹄地奔跑，一棒接一棒地奔跑，中国人民把一个从“一穷二白”出发的国家、一个濒临“被开除球籍”危险的国家，建设成为世界第二大经济体，国家的经济实力、综合国力、国际地位、世界影响显著提升。中国人

民用几十年时间走完了发达国家几百年走过的现代化历程，中国从站起来走到富起来再走到强起来，以崭新的姿态走到世界舞台的中央，光彩照人。

2018 年，全国各族人民持续奔跑，撸起袖子加油干，新时代的奋斗者奋力拼搏，取得显著成就，我们过得很充实、走得很坚定。我们战胜各种风险挑战，推动经济高质量发展，加快新旧动能转换，保持经济运行在合理区间。在习近平总书记的新年贺词中，还有一组亮眼的数字：对党和国家机构进行了系统性、整体性、重构性的改革，推出 100 多项重要改革举措，全国又有 125 个贫困县通过验收脱贫，1000 多万农村贫困人口摆脱贫困。17 种抗癌药降价并纳入医保目录，因病致贫问题正在进一步得到解决。1 亿多非户籍人口在城市落户的行动正在继续，1300 万人在城镇找到了工作，解决棚户区问题的住房开工了 580 万套，新市民有了温暖的家。很多港澳台居民拿到了居住证，香港进入了全国高铁网。

“我们都是追梦人。”中国进入新时代，仍处于并将长期处于重要战略机遇期。加快经济结构优化升级、提升科技创新能力、全面深化改革、扩大对外开放、加快绿色发展将给我们提供新动能，“一带一路”不断延伸发展给我们带来新机遇，构建人类命运共同体、推动全球经济治理体系变革给我们带来新空间，中国持续发展的路正在拓宽。2019 年，我们将隆重庆祝中华人民共和国 70 周年华诞，全面建成小康社会进入决战阶段，打赢三大攻坚战任务艰巨，农村 1000 多万贫困人口的脱贫任务必须如期完成，推动高质量发展需要持续发力。新征程上，需要我们继续奔跑，共同追梦，咬定目标使劲干，以坚如磐石的信心、只争朝夕的劲头、坚忍不拔的毅力，一步一个脚印把前无古人的伟大事业推向前进。

四、找准角色定位，当好人民的勤务员，当好人民公仆

2018 年 2 月 12 日，在春节即将来临之际，习近平总书记深入四川调研，看望慰问各族干部群众，在成都市郫都区战旗村考察时与村民亲切交谈，82 岁的抗美援朝老党员冯家祥握着总书记的手说："您是我们的好领袖，中国人民的福星。"总书记答道："我是人民的勤务员，是为人民服务的。"

做人民的勤务员，是习近平总书记长期坚持的信条。2015 年 7 月 17 日，习近平总书记到中国中车长春轨道客车股份有限公司考察，同企业职工座谈时说："到地方考察调研，最希望同广大工人、农民和各方面的群众直接接触，听听你们的意见和建议，这对我们决策很有帮助。党的各级领导干部都是人民的勤务员，中央领导是人民的大勤务员。请大家开门见山，把真实想法一吐为快。"

毛泽东同志说过："我们一切工作干部，不论职位高低，都是人民的勤务员，我们所做的一切，都是为人民服务。"周恩来总理看望著名京剧表演艺术家盖叫天，正在练功的盖叫天又惊又喜、不知所措。周恩来总理脱下身上的大衣披在他的身上说："你是'国宝'，我是人民的勤务员啊！"

全心全意为人民服务，是我们党的根本宗旨，是每一个共产党员对党和人民的庄严承诺。习近平总书记说：“我是人民的勤务员，是为人民服务的。”这是党的总书记把人民放在心中最高的位置、不忘为人民服务宗旨的生动体现。

“我是人民的勤务员”，是一句耳熟能详的话。习近平总书记在与群众交谈时多次说到这句话，可见这句话已经扎根在总书记心里。这既是总书记对党员角色的低调定位，又充满了对人民群众的深情厚谊。总书记一句“我是人民的勤务员”，让人感到亲切贴近、可亲可敬，可以看到总书记在人民面前谦虚的品格；一句“是为人民服务的”，可以透视出总书记把党的宗旨深深扎根在心中。

习近平总书记提出坚持以人民为中心的发展思想，就是坚持把人民放在心中最高的位置，坚持发展为了人民、发展依靠人民、发展成果由人民共享，充分体现了以习近平同志为核心的党中央对人民的关心厚爱。“人民对美好生活的向往，就是我们的奋斗目标”、“中国梦归根到底是人民的梦”、“小康不小康，关键看老乡”、“让人民群众在每一个司法案件中都感受到公平正义”……习近平总书记的这些重要论述，充分彰显了总书记心系人民、情牵人民、为了人民的人民情怀。

党的十八大以来，习近平总书记经常深入到人民群众中送祝福、问冷暖、听民声、解民忧，真正成为人民的勤务员。从曾经“苦瘠甲于天下”的甘肃定西到冰天雪地的内蒙古阿尔山，从陕北高原上的梁家河黄土地到红色圣地井冈山革命老区，从“堆银砌玉”的张北草原到坡急沟深的四川大凉山，从云南鲁甸地震灾区到大理洱海畔的白族农家……习近平总书记的足迹遍及大江南北，深入群众嘘寒问暖，走进农家小院访贫问苦，与群众坐在一条凳子上共谋脱贫攻坚，与人民群众心心相印，以行动彰显着人民勤务员的本色。

各级领导干部就是要当好人民的勤务员，全心全意为人民服务。要认清人民勤务员的角色，找准人民公仆的定位，自觉把人民装在心上、揽在怀里、捧在手上、疼在心里，真心实意为人民办实事、办好事，为群众排忧解难，在服务人民中树立良好形象。那种把公仆和主人身份倒置的做法，就是典型的官本位，就是淡忘为人民服务宗旨的突出表现，必然脱离群众，失去民心，最终为群众所抛弃。

2014 年 8 月 27 日，习近平总书记在中南海听取兰考县委和河南省委党的群众路线教育实践活动情况汇报时发表重要讲话，指出要坚持不懈强化宗旨意识，解决好党员、干部是人民公仆的角色定位问题，党员、干部只有为人民服务的责任和义务，必须严格要求自己，各级党组织要加强教育引导、加强监督检查、加强纪律约束。

全心全意为人民服务，是我们党的根本宗旨，也是党员、干部的根本宗旨；党员、干部是人民的公仆，必须全心全意为人民服务。这就是党员干部的角色定位。

但是，在现实生活中，我们不难看到一些党员干部存在着这样一些问题：有的淡忘了宗旨意识，把为人民服务错位成人民为他们服务；有的角色定位发生错位，由人民“公仆”变为人民“主人”，对群众颐指气使；有的淡忘群众观点，严重脱离群众，自认为可以主宰群众、支配群众，甚至侵害群众利益，变成腐败分子；有的看不起群众，认为群众野蛮无知、不讲道理，怕接触群众，怕与群众对话，从心理上拒绝亲近群众；有的对群众漠不关心，对群众反映的问题不理不睬、久拖不办，从感情上伤害群众。

公仆的第一个字就是“公”，这就要求党员、干部要一心为公，一切为了党和人民的根本利益，不能有任何私心。同时，党员、干部要自觉当好人民的公仆，在人民面前不能官气十足，不能搞封建人身依附关系，成为一些贪官污吏的奴仆。我们要清醒地认识到，党员、干部不论是身居高位，还是手握重权，都要做到位高不擅权、权重不谋私；党员干部只有为人民服务的责任，没有当官做老爷的权力；只有为人民服务的权力，没有凌驾于群众之上、侵害群众利益的权力。

党员、干部来自人民，根植人民，如果找不准角色定位，就会严重脱离群众，甚至走到群众的对立面。党员、干部一定要自觉坚定理想信念，把人民放在心中最高的位置，找准自己的角色定位，自觉把角色定位定格在人民公仆上，强化为人民服务的公仆意识，始终保持同人民群众的血肉联系，经受住精神懈怠危险、能力不足危险、脱离群众危险、消极腐败危险的考验，成为让党放心、让人民满意的好公仆。

五、团结奋进，大家撸起袖子加油干

习近平总书记在2017年新年贺词中指出：“只要我们十三亿多人民和衷共济，只要我们党永远同人民站在一起，大家撸起袖子加油干，我们就一定能够走好我们这一代人的长征路。”

总书记一句朴实生动的话语“大家撸起袖子加油干”，一时成为网络上的金语，迅速传播开来。这句话带有浓浓乡愁，让人感到亲切温暖，感觉总书记就在身边，他已经撸起袖子加油干了，我们也要撸起袖子加油干，实在是催人奋进。

撸起袖子加油干，是一种干事创业的行为状态，更是一种勇于担当的精神状态。我们要深入领会，真正内化于心、外化于行，撸起袖子加油干。

梦想就在前面，蓝图已经绘就，目标已经明确，就看我们的实际行动了。天上不会掉馅饼，等没有出路，干才有希望。只要全党全国各族人民撸起袖子加油干，就能形成巨大的合力，聚集巨大的力量，在实现“两个一百年”奋斗目标、实现中华民族伟大复兴的中国梦的道路上迈出新步伐。

习近平总书记告诫我们，空谈误国，实干兴邦，撸起袖子加油干，就是要求我们不要空谈，要重实干，大家都动手，大家都出力，大家都奉献。邓小平同志说：“世界上的事情都是干出来的，不干，半点马克思主义都没有。”在全面建成小康社会的决战决胜阶段，在推进经济社会持续健康发展的过程中，需要我们大家撸起袖子加油干，埋头苦干，真抓实干。统筹推进

"五位一体"总体布局，协调推进"四个全面"战略布局，不断深化供给侧结构性改革，不断增强经济发展活力，需要我们大家撸起袖子加油干。确保 2020 年实现全面建成小康社会，是党中央作出的战略部署，是我们党向人民作出的庄严承诺，需要我们撸起袖子加油干，切实抓好精准扶贫、精准脱贫，如期完成任务。

"大家撸起袖子加油干"，看似平实的一句话，却富有深刻的内涵。"大家"，就是我们一起，党和人民一起，8900 多万名共产党员一起，450 多万个基层党组织一起，十三亿多人民一起。我们都是中国特色社会主义伟大事业的建设者，没有旁观者；"撸起袖子"，就是要勇于担当、奋发有为，挑重担、干重活，不能拈轻怕重；"加油干"，就是要使出浑身的力气，把最大的潜能发挥出来，出真力、用真劲，竭尽全力把工作做好。

"大家撸起袖子加油干"，是习近平总书记对十三亿多中国人民提出的希望，人人都在列。党员干部要发挥带头示范作用，团结群众、凝聚力量，冲在前面、干在前面，面对挑战、攻坚克难，夙夜在公、无私奉献，平常时候看得出来，关键时刻站得出来，危急关头豁得出来。"大家撸起袖子加油干"，要有明确的目标方向，要有工作重点，要有时间表、路线图，有很好的工作预期。党员干部就是要盯住目标加油干，出一身汗，蜕一层皮，给人民群众带来更多福利和实惠，不断增强人民群众的获得感和幸福感，让老百姓把笑容写在脸上，把满意写在心上。

六、我将无我，不负人民，为中国的发展奉献自己

2019 年 3 月 22 日，习近平主席在罗马会见意大利众议长菲科时说："这么大一个国家，责任非常重、工作非常艰巨。我将无我，不负人民。我愿意做到一个'无我'的状态，为中国的发展奉献自己。"

"我将无我，不负人民。"习近平总书记的深情表白迅速刷屏，赢得广泛赞誉，引起了强烈反响。短短八个字，充分展现了总书记把人民装在心中最高的位置、一心为了人民的高尚品质，让世界看到了一位大国领袖的责任担当、忘我境界。

党的十八大以来，以习近平同志为核心的党中央统筹推进"五位一体"总体布局，协调推进"四个全面"战略布局，我国经济实现了高质量发展，我国经济总量稳居世界第二位，对世界经济发展的贡献超过了三分之一，国家综合实力大幅提升，人民生活水平显著改善，中国人民的幸福指数显著提高，中华民族以崭新的姿态走到世界舞台的中央，充分体现了中国共产党"我将无我，不负人民"的崇高精神。党中央高度关注民生，致力于改善民生，深入推进脱贫攻坚，紧紧抓住人民群众关心的难点问题，努力实现幼有所育、学有所教、劳有所得、病有所医、老有所养、住有所居、弱有所扶，为人民办了一桩桩一件件看得见、摸得着的实事，真正做到了不负人民。

"我将无我"彰显的是一种大境界，就是把自己的一切都交给党、交给国家、交给人民，始终保持一种忘我精神，为党和人民

鞠躬尽瘁。心底无私天地宽，心中无我有“大我”。只有做到“无我”，才能实现“大我”，才能全身心投入到党和人民的事业中，在为实现中国特色社会主义共同理想和中国梦远大理想中体现自身价值。习近平总书记说过：“人民把权力交给我们，我们就必须以身许党许国、报党报国，该做的事就要做，该得罪的人就得得罪。不得罪腐败分子，就必然会辜负党、得罪人民。”这就是“我将无我，不负人民”，一切为了党和国家，一切为了中华民族和中国人民，担当起该担当的责任，绝不辜负人民的期待，充分体现出总书记坚定的信念、博大的胸襟、崇高的境界和对人民的忠诚。

“不负人民”就是不辜负人民，不负人民重托，回应人民期待，不断满足人民对美好生活的向往。党的总书记、人民的领袖、军队的统帅承诺“不负人民”，让中国人民心里倍感温暖、倍感踏实。这饱含着总书记对人民的无限尊重、敬重和热爱，是为中国人民谋幸福、为中华民族谋复兴的责任担当、无私奉献。群众利益无小事，一枝一叶总关情。党的十八大以来，习近平总书记始终坚持立党为公、执政为民，把人民放在心中最高的位置，把实现好、维护好、发展好最广大人民的根本利益作为一切工作的出发点和落脚点，深入到人民群众中考察调研，几乎走遍了祖国的大江南北，真心实意聆听人民心声，为人民办实事、办好事、解难事，就是为了不负人民，让人民过上更加美好的生活。在深入推进反腐败斗争中，习近平总书记提出：“不得罪成百上千的腐败分子，就要得罪十三亿人民。”就是因为有这种“不负人民”的责任担当，反腐败斗争才取得了压倒性胜利。

“我将无我”与“不负人民”是相互联系、辩证统一的。只有“我将无我”，才能“不负人民”，只有做到“不负人民”，才能体现“我将无我”，就是要有无我的境界、为民的情怀。民心是最大的政治，我们党来自人民、根植于人民，一切为了人民。人民是我们党执政的根基和力量源泉，中国共产党把全心全意为人民服务作为根本宗旨，写在自己的旗帜上，向人民作出了庄严承诺。以人民心为我心，以党业为我们的事业，以国家为我们的家，不负人民的信任，不负人民的期待，不负人民的重托，不断推进中国特色社会主义伟大事业，谱写中华民族伟大复兴的中国梦的新篇章，是每一个共产党人的责任和担当。这就需要我们保持“我将无我”的境界，“先天下之忧而忧，后天下之乐而乐”，真正把心交给人民，一心为民，全心全意为人民，毫无私心，无私奉献，真心真意为人民谋利益，实心实意为人民谋幸福。

图书在版编目（CIP）数据

新时代的温度 / 李维著 .—北京：东方出版社，2019.7
ISBN 978-7-5207-1074-9

Ⅰ . ①新…　Ⅱ . ①李…　Ⅲ . ①中国共产党—党员—学习参考资料
Ⅳ . ① D261.42

中国版本图书馆 CIP 数据核字（2019）第 117401 号

新时代的温度
（XIN SHIDAI DE WENDU）

作　　者：李　维
责任编辑：刘　峥　许正阳
出　　版：东方出版社
发　　行：人民东方出版传媒有限公司
地　　址：北京市朝阳区西坝河北里 51 号
邮政编码：100028
印　　刷：三河市金泰源印务有限公司
版　　次：2019 年 7 月第 1 版
印　　次：2019 年 7 月第 1 次印刷
印　　数：1—100000 册
开　　本：710 毫米 ×1000 毫米　1/16
印　　张：21.75
字　　数：228 千字
书　　号：ISBN 978-7-5207-1074-9
定　　价：49.80 元
发行电话：（010）85924663　85924644　85924641